国家出版基金项目
NATIONAL PUBLICATION FOUNDATION

"十四五"时期国家重点出版物出版专项规划项目

突发公共卫生事件应急物流丛书

应急物资逆向物流管理

郝　皓　秦宝燕　王治国　著

中国财富出版社有限公司

图书在版编目（CIP）数据

应急物资逆向物流管理／郝皓，秦宝燕，王治国著. —北京：中国财富出版社
有限公司，2024.11

（突发公共卫生事件应急物流丛书）

"十四五"时期国家重点出版物出版专项规划项目

ISBN 978 - 7 - 5047 - 7751 - 5

Ⅰ.①应… Ⅱ.①郝… ②秦… ③王… Ⅲ.①物资管理 - 应急系统 -
物流管理 - 研究 Ⅳ.①F252.1

中国版本图书馆 CIP 数据核字（2022）第 151431 号

策划编辑 赵雅馨		**责任编辑** 赵雅馨		**版权编辑** 李 洋	
责任印制 尚立业		**责任校对** 杨小静		**责任发行** 敬 东	

出版发行 中国财富出版社有限公司

社 址 北京市丰台区南四环西路 188 号 5 区 20 楼	**邮政编码** 100070	
电 话 010 - 52227588 转 2098（发行部）	010 - 52227588 转 321（总编室）	
010 - 52227566（24 小时读者服务）	010 - 52227588 转 305（质检部）	
网 址 http：//www.cfpress.com.cn	**排 版** 宝蕾元	
经 销 新华书店	**印 刷** 宝蕾元仁浩（天津）印刷有限公司	
书 号 ISBN 978 - 7 - 5047 - 7751 - 5/F·3461		
开 本 710mm×1000mm 1/16	**版 次** 2024 年 11 月第 1 版	
印 张 21	**印 次** 2024 年 11 月第 1 次印刷	
字 数 262 千字	**定 价** 90.00 元	

学术顾问委员会

主 任 委 员：范维澄

副主任委员：丁俊发　　贺登才　　吴清一

　　　　　　王宗喜　　黄有方　　马士华

委员（按姓氏笔画排序）：

　　　　　　冯耕中　　刘志学　　何明珂　　汪　鸣

　　　　张　锦　恽　绵　翁心刚　魏际刚

编 委 会

前　言

　　2020 年春节前后暴发的新冠疫情无疑是一场重大的突发公共卫生事件，是近百年来人类遭遇的影响范围最广的全球性大流行病。面对前所未知、突如其来、来势汹汹的疫情，中国果断打响疫情防控阻击战。经历顽强奋斗和巨大牺牲，中国有效遏制了病毒传播，为全球战 "疫" 作出了重要贡献。在这场战 "疫" 中，找国数万一线物流企业和百万一线物流人的保障能力得到全面的考验和锤炼，应急物资的物流和供应链效率取得了大幅度提升。然而，调研显示，在应急物资的回收、质检、重新包装、重复利用、维修和废弃处理等逆向物流环节仍存在不少问题。

　　2020 年 2 月 14 日，习近平总书记在中央全面深化改革委员会第十二次会议上强调，要健全统一的应急物资保障体系，把应急物资保障作为国家应急管理体系建设的重要内容，按照集中管理、统一调拨、平时服务、灾时应急、采储结合、节约高效的原则，尽快健全相关工作机制和应急预案。2020 年 2 月 21 日，习近平总书记提出，要加快补齐医疗废物、危险废物收集处理设施方面短板。

　　在应急物流管理中，因为应急救援工作注重时间效率和社会效益，所以在突发公共卫生事件发生后，往往在很短时间内，大量的应急救援物资就会运入灾区。在救灾工作结束后，多余的应急救援物资如果闲置，就会造成巨大的资源浪费。在灾区现场的救灾废弃物如果得不到及时处理，会造成严重的环境污染。因此，把逆向物流引入应对突发公共卫生事件的应急物流管理中，对于突发公共卫生事件的应对处理具有重要作用，既可以提高应急救援物资的利用效率，又可以减轻环境污染，从而产生良好的经济效益和社会效益。然而，应急物资逆向物流具有过程复杂和弱经济性等特点，需要在政府的引导下，设计出适应应急物资逆向物流发展规律的特殊机制，才能保证应急物资逆向物流的有效实施。其主要特点如下。

一是突发性与时间紧迫性。新冠疫情的突然发生导致对应急物资需求量的激增，进而导致回收量的激增，这就要求必须在最短的时间内，以最快捷的流程和最完善的方式进行应急物资的回收。此时，运用传统的物流运行机制已经不能满足应急情况下的逆向物流需要，必须有一套应急的逆向物流机制来组织和实现逆向物流活动。例如，对已经使用过存在污染的医疗废弃物（如口罩、一次性防护服等）进行统一回收集中处理和销毁，保证医疗中心的正常运转；对可再次利用的应急物资（如折叠装、帐篷、棉被等）进行快速回收分类清洗消毒等，再分配到有需求的场所。

二是弱经济性与社会公益性。在突发公共卫生事件中，"生命至上"的理念超越了平时物流"经济效益第一"的原则，不再将物流经济性作为物流活动的中心目标。并且，随着社会组织的发展，除了中国邮政，菜鸟物流、顺丰速运、京东物流以及"三通一达"等大型的商业物流公司也联络海内外组织、企业等紧急开辟应急物资免费运输与回收的绿色通道，为疫情地区的应急物资逆向物流贡献了重要力量。

三是不确定性与分散性。应急物流与逆向物流都存在不确定性，应急物流的不确定性在于不知何时何地会发生突发事件，需要大量物资进行配送；逆向物流的不确定性在于不知何时何地会产生需要回收的需求。相对于正向物流的集中管理、统一调拨、统一配送的特点，逆向物流在末端回收的分散性对物流快速运作的要求更高。并且与正向物流所配送的应急物资品质一致不同，回收的应急物资由于已经一次或多次使用而导致物资品质不同，进一步加深了应急物资逆向物流运作的困难程度。

本书充分结合新冠疫情下应急物资逆向物流管理的特点，主要内容如下。第一章从相关背景和国内外研究现状出发，对突发公共卫生事件下的应急物资逆向物流的内涵、构成、障碍与瓶颈进行界定。第二章阐述应急物资逆向物流的相关理论基础，涉及逆向物流、闭环供应链、应急物流及循环经济等理论体系。第三章围绕应急物资逆向物流系统构建，提出了应急物资逆向物流协同管理模式和工作流过程，建立了应急物资逆向物流管理基本机制和协调机制。第四章构建不确定环境下的应急物资逆向物流预测模型。采用灰色系统理论和人工神经网络的方法，并且考虑了多影响因素建立应急物资逆向物流预测模型，用于有效预测应急物资逆向物流发生量。精准预测应急物资逆向物流能够为应急物资逆向物流的管理者提供有效的决策支持，提高其应急物资逆向物流的决策水平。第五章构建了包括应急物资回收、运输、分类等设施在内的应急物资逆向物流网络，采用预测模型与混合整数规划结合的方法，构建多周期多目标动态选址模型，解决了应急物资逆向物流网络设施选址优化问题，有助于应急物资逆向物流网络的规划和运营管理，实现应急物资的优化配置。第六章是在预测模型研究基础上，对应急物资逆向物流企业效率进行评价，建立了 DEA –

TOPSIS 评价模型。第七章构建了由应急物资逆向物流处置中心主导的，处置中心、回收商和物资需求中心组成的二级逆向供应链。采用了斯坦伯格博弈的方法，比较分析了外包回收模式、自营回收模式和联营回收模式，探索了应急物资逆向物流回收模式设计的策略，为应急物资逆向物流在进行回收模式设计时提供参考。第八章介绍了应急物资逆向物流的传统技术、新兴技术以及未来的技术发展趋势，尤其对人工智能、区块链、云计算和大数据等融合发展进行了针对性剖析。第九章介绍了国内外应急物资逆向物流的相关政策及法律规制，并针对当前我国应急物资逆向物流立法存在的不足，提出了我国应急物资逆向物流立法完善的建议。第十章鉴于当前对应急物资逆向物流的研究尚处于初级阶段，介绍了美国、日本、德国、英国、俄罗斯等国家应急物资逆向物流的发展现状，总结了各国的经验，提出了我国应急物资逆向物流管理的启示和建议。

本书作为"突发公共卫生事件应急物流丛书"之一，已经入选"十四五"时期国家重点出版物出版专项规划项目、2023 年度国家出版基金项目。本书具有以下特点。一是强调理实结合，即学术性与实践性融合，本书的主干研究内容基于作者多年来发表的学术论文和所承担的国家级及省部级科研项目，同时结合新冠疫情下对物流企业应急物资逆向物流运营的实地调研和实践总结，在建模优化与理论丰富等方面具有一定的原创性成果，既有理论的创新研究，又有实践探讨与实证分析。二是注重中外比较和前沿热点，本书既关注应急物资逆向物流理论的前沿趋势和研究热点，又重视国内外的比较研究，如各国政策法律法规和领域发展现状，通过比较分析发现差异并借鉴吸收。三是着眼系统化和深入性，本书立足于应急物资逆向物流的整体系统，从系统设计、逆向预测、网络构建、效率评价、回收模式等逻辑关联的内容深入分析，从而对应急物资逆向物流的关键问题进行较为全面的探索和求解。

感谢中国物流与采购联合会贺登才副会长对书稿提出的许多宝贵建议，感谢上海第二工业大学副校长徐玉芳教授、经济与管理学院院长卓武扬教授、经济与管理学院党委书记姚莉教授、研究生部主任崔立教授，上海市物流协会陈震秘书长，上海市市场监督管理局标准创新处李菁处长、周勤副处长，上海市质量和标准化研究院高级工程师路欢欢女士，全国物流标准化技术委员会李红梅秘书长等在本书撰写和出版中予以的帮助和支持。

本书撰写过程中还得到了上海第二工业大学林慧丹副教授、辜应康副教授、周艳军副教授、许肇然博士、尉芳芳博士、邵洲洲博士、周怡博士的帮助和支持，张骞博士，张继、孙亦辰、陶世鹏、梅雪芸、程艳瑾、许文仙、王信洋、蔡如意等参与了其中文字的修改工作。本书的出版得到了上海第二工业大学地高建项目（A30DB212103－0329）、国家社科基金项目"区块链背景下新能源汽车动力电池回收生态系统构建及治理研究"（20BGL200）的资助，在此一并表示衷心感谢。

本书的编写花费了作者大量的时间与精力，但应急物资逆向物流是一个理论性与实践性都很强的研究领域，一方面有许多知识尚缺乏深入理解，另一方面新的知识不断涌现，再加上作者才疏学浅，书中难免存在疏漏或不当之处，恳请读者朋友们批评指正。

郝 皓

2023 年 12 月

目　录

第一章　绪论

第一节 相关背景概述

一、突发公共卫生事件下的逆向物流挑战

2020 年春节前夕，一场突如其来的新冠疫情波及湖北省武汉市等地，进而扩散至全国，这场突发性的公共卫生事件对我国的国民经济和社会秩序均造成了巨大的损失和影响。截至北京时间 2022 年 4 月 9 日 6 时 30 分左右，全球累计新冠确诊病例超过 4.98 亿例，累计死亡病例超过 620 万例[①]。尽管我国始终采取最全面、最严格、最彻底的防控举措，成功遏制了疫情在国内扩散蔓延的势头，然而，全球新冠疫情远未结束，未来或将出现更加危险的变异病毒，这样的境况令多数国家及地区数次延长国家紧急状态，全球产业与经济正在遭受前所未有的巨大挑战。

突发公共卫生事件进入人们的视野，从 SARS（严重急性呼吸综合征）事件开始，随后相继出现各种新型的传染病疫情，如 H1N1、H7N9 等。SARS 在我国流行暴发后，我国着力加强卫生应急体系建设，重点加强了卫生应急法制、卫生应急机制、卫生应急预案制定等工作，突发公共卫生事件应急能力得到了大大提高。然而，无论是 SARS 事件还是新冠疫情，都是公共卫生事业发展史上的重大事件。

突发公共卫生事件一旦发生必定会给国家的经济以及社会的发展

---

① https：//baijiahao. baidu. com/s？id = 1729674198893550405&wfr = spider&for = pc

带来损失。由于社会的发展、科技的进步，人与人之间的交流不再局限于小范围，这更加剧了传染病的传播范围。据有关部门的统计，中国每年由于突发公共卫生事件导致的经济损失约为 500 亿元①。

在这次新冠疫情特殊时期，医护人员使用后的口罩、防护服、护目镜等医疗废物数量大幅增长。医疗废物所含的致病细菌以及病毒是普通生活垃圾的几百倍甚至上千倍，一旦处理不当就可能影响环境和公众健康。据生态环境部统计，自 2020 年 1 月 20 日起至 4 月 10 日，全国累计处置医疗废物 25.2 万吨，全国医疗废物处置能力为 6074 吨/天，相比疫情前的 4902.8 吨/天提高了 23.9%。

2020 年 1 月，生态环境部印发《新型冠状病毒感染的肺炎疫情医疗废物应急处置管理与技术指南（试行）》，要求建立新冠疫情医疗废物应急处置资源清单，规范新冠疫情医疗废物应急处置活动，严防死守疫情的最后一道关卡。

2020 年 2 月 21 日，在中共中央政治局会议上，习近平总书记提出，要补齐医疗废物和危险废物处理的短板。按照这一要求，国家卫生健康委联合生态环境部以及相关共十个部门，联合印发了《医疗机构废弃物综合治理工作方案》。按照要求，到 2020 年年底，每个地级市都要建成一个规范的处理医疗垃圾的处置场。到 2022 年 6 月，在全国所有的县区都要形成医疗垃圾从收集到转运、处置的科学体系，从而使所有的医疗废物都能被科学、有效、安全地收集、转运和处置。

---

① 芦艳荣. 构建应对突发事件的政府采购信息联动机制［J］. 中国政府采购, 2013（5）：49－50.

　　另外，大量医用口罩、酒精、消毒剂、防护服、工作帽、护目镜等紧缺物资急需有力的物流保障。面对捐赠物资的接收、入库、分发和救援供应物资的调拨、运输、配送，应急物流发挥的作用举足轻重，对疫情防控进展产生重要影响。因此，保障救援工作有两大核心要素，一是以最快的速度筹措到大量的救灾器械及必需物资；二是将这些器械物资及时配送、供应至灾区，进而满足救援工作对各类物资的需求。

　　在应急物流管理中，因为应急救援工作注重时间效率和社会效益，所以在突发公共卫生事件发生后，往往在很短时间内，大量的救援物资被运入灾区。救灾工作结束后，这些多余的救援物资如果闲置，就会造成巨大的资源浪费；灾区现场的救灾废物如果得不到及时处理，也会造成严重的环境污染。

　　与此同时，通过近年来广泛的相关案例研究，发现在突发公共卫生事件下的应急救援中，应急救援物资（即应急物资）分配不均的问题常有发生。首先，由于灾害发生后的信息传递往往容易受阻，各个受灾点对于应急物资的需求预测也不够准确，因此物资浪费与匮乏的现象时常发生。其次，社会舆论效应导致人们对重灾区过度重视，而在一定程度上忽视了应急救援紧急程度较低的受灾点，因而导致了物资、人力等资源分配不均等一系列若干问题。值得关注的是，次生、衍生灾害的发生造成其他非主灾区对救援物资的需求骤增。由于突发公共卫生事件对物资的需求具有阶段性，而次生、衍生灾害的发生具有滞后性，很多重灾区的闲置物资恰是其他次生、衍生受灾点的急需物资。

　　因此，如何进行应对突发公共卫生事件的应急物资逆向物流管理是一个非常重要的问题。把逆向物流引入应对突发公共卫生事件的应急物流管理中来，会影响现在应急物资的供应和回收方式，从而产生良好的经济效益和社会效益。但由于应急物资逆向物流的过程复杂，且显性的经济效益比较低，因此需要在政府的引导下，设计出适应应急物资逆向物流管理发展规律的特殊机制，才能保证应急物资逆向物流的有效实施。

二、实施应急物资逆向物流管理的作用

在突发公共卫生事件下有效实施应急物资逆向物流，能够减少环境污染并规避应急物资的不必要浪费现象，从而减少政府投入应急物资的采购成本，具体包括以下几个方面的作用。

（1）应急物资逆向物流管理可以帮助政府在救援时减少环境污染，提高救援工作的生态保护效益。应急物资的随意丢弃可能会引起大量的污染，引入应急物资逆向物流管理机制后可以形成应急物流供应链的闭环控制，从而最大限度地减少环境污染和提高应急物资的利用效率，更好地进行应急救援。

（2）在突发公共卫生事件下，由于灾区亟须救援，因此有大量的应急物资需求。政府有时在短时间内不能保证这些应急物资的充分供应，原因可能是物资储备不足，也可能是道路和交通情况的限制。在这种情况下，如果能发挥应急物资逆向物流的作用，把某些灾区闲置的应急物资进行回收，送到邻近的有需求的救援地点，就可以解决应急物资局部供应不足的问题。

（3）利用应急物资逆向物流体系可以帮助收集应急物资使用时反馈的信息，一方面，通过回收网络可以把物资使用的反馈信息返回到

应急物资供应商，帮助供应商发现产品的质量问题，以提高其产品质量，减少"牛鞭效应"对应急物流供应链的负面效应，从而提高应急物资供应商的供货水平。另一方面，突发公共卫生事件发生时，救灾现场的信息收集工作可能比较困难，灾区需求信息可能有一些偏差，导致运到救灾现场的应急物资可能和实际救援需求有一些差别。通过应急物资逆向物流体系可以及时对某些救援现场不需要的救援物资进行回收，把回收的救援物资送到有需要的灾区现场，实现救援物资的更好配置。

第二节　国内外研究现状

目前，国内外学者的相关研究现状及趋势主要包括应急物流、应急物资筹运、应急逆向物流以及医疗废弃物（即医疗废物）回收方面的研究。

一、应急物流研究现状

应急物流是指以提供自然灾害、公共卫生、社会安全、事故灾难等突发性事件所需应急物资为目的，以追求时间效益最大化和灾害损失最小化为目标的特殊物流活动，是突发公共卫生事件的重要保障，是社会生产生活的基本条件。目前国内学术界对应急物流的研究主要集中在以下一些方面：应急物流体系构建、应急物流保障机制、应急物流配送网络、应急物流风险评估以及应急物流绩效评价等方面。

在应急物流体系构建方面，研究主要围绕应急物流体系的现存问题，对预案管理、指挥调度、采购储备等方面进行体系优化。如袁强等人（2020）总结历次重大突发公共事件，特别是新冠疫情中应急物流管理的经验教训，构建主要由政策保障、运输配送、信息管理、物资管理等政府部门组成，贯穿应急物资采购环节、应急物资运输环节、应急物资配送环节、逆向物流全流程的"政、企、军、民"应急物流体系。邹江等人（2019）分析了军民融合式应急物流体系构建中存在的问题，并提出军民融合式应急物流体系构建的策略。杜潘（2016）从应急物流构建要素、设计原则、构建过程等方面构建应急物流体系，并提出应急物流的预案、指挥调度、应急物资储存、应急物流库存管理四个优化方向。程琦等人（2009）从技术操作和战略运作层面解决了自然灾害应急物流管理体系的分级和分阶段管理、政府和社会资源的协调机制、应急物流公共信息平台的构建方法和应急物流风险预警管理机理等重大问题。Tovia F.（2007）对应急物流体系进行了深入分析，发现现实的应急物流系统与理想的应急物流系统之间存在差距，定义了应急救援管理机制和应急救援协调机制，构建数学模型，较好地评估了理想与现实之间的差距。谢如鹤等人（2005）提出应从保障机制到救灾款项、技术平台与物流中心的建设以及应急物资的采购、运输与储备等方面来构建应急物流体系。

在应急物流保障机制方面，研究主要围绕区块链技术、法律法规、应急预案等方面推动应急物流保障机制的研究，保障对象包括受灾人员和救灾人员。如李旭东等人（2020）剖析了应对突发公共卫生事件对应急物流的需求与区块链技术优势之间的耦合机理，从高效运行、助力捐赠、智能发展三个维度入手，构建了区块链在保障应急物流高效运行、促进应急物流助力捐赠、推动应急物流智能发展等领域的典型应用模式。刘伯超（2015）针对我国灾害性事件应急物流系统法律保障机制中存在的问题，从完善法律法规、加快应急物流标准化立法、完善资源征用补偿机制等方面提出了相应策略。徐慧敏（2014）对美日两国应急物流法律保障机制进行分析，得出两国应急物流法律保障系统在法律制度、标准化立法以及补偿机制等方面对完善我国应急物流法律体系的启示。张薇（2013）指出两个影响应急物流保障机制的关键因素，即响应速度和保障能力，并就如何加强应急管理，从多方面强化物流保障体系的建设提出了相应的对策。刘霞等人（2010）从法律法规、应急预案、协调机制、制度管理等方面，提出了我国应急保障的发展方向。欧忠文等人（2005）最早提出应急物流保障机制包括监测预警及应急预案机制、全民动员机制、政府协调机制、法律保障机制、绿色通道机制、应急报告与信息公布机制和应急基金储备机制七个方面。

在应急物流配送网络方面，研究主要围绕网络选址与网络路径优化两方面构建研究模型，并用数据验证模型的可行性。如刘明等人（2020）针对突发疫情环境下的应急物流网络优化问题，定义了应急服务水平函数，刻画了决策者对疫区应急物资需求满足程度与应急救援总成本控制之间的偏好侧重。并融合疫区人口流动、人口密度、政府预防策略、应急配送半径等现实因素，建立了基于服务水平的疫情应急物流网络优化模型。Zahedi A. 等人（2020）考虑应急物流配送需求的异质性和动态性，同时进行货物分配计划和车辆路线规划，建立了紧急情况下必要措施的多目标模型。冯情情（2017）根据定位—路径问题进行建模，设计改进的非支配排序遗传算法（NSGA－Ⅱ）并结合爬山算法进行算法优化，确定应急物流配送中心和救灾点之间的物资配送路线，从而构建完整的华东地区应急物流配送网络，并对形成的网络进行分析。徐琴等人（2008）考虑在城市突发公共事件发生后城市部分道路毁坏造成的交通拥堵情况下，建立以应急救援时间为模糊数、以系统总的应急救援时间满意度最大为目标的定位—路径问题（LRP）模型，提出一种两阶段启发式算法。Tzeng G. H. 等人（2007）采用多目标规划方法，对多目标救灾物资分配模型进行了深入研究。Matsutomi T. 等人（1992）使用模糊数学的原理刻画目标函数，求解救护车仓库的位置问题。

在应急物流风险评估方面，研究主要围绕系统分析应急物流特点和应急物流风险特征，提出应急物流风险评估的参考模型。例如，李柯等人（2017）基于因子分析确定影响应急物流的风险因素，从事前、事中、事后三个环节拓展指标体系，并建立应急物流风险的贝叶斯网络模型。采用历史数据进行实例分析，实现应急物流风险预测以及应急物流风险控制，评估得出，事中处理阶段应急物流发生风险的可能性最大。王庆荣等人（2013）提出了基于投影寻踪的虚拟应急物流风险分析与识别模型，在此基础上，通过引入罚函数法，提出了基于粒子群算法的求解思路。张杰等人（2012）从应急物流的角度来评价突发公共卫生事件的风险大小；同时建立了风险预警模型，最后提出对应的风险控制策略，为企业顺利应对突发公共卫生事件提供行之有效的参考依据。王艳秋（2012）提出了应急物流风险识别的两阶段模型，初步识别影响应急物流风险的因素，最终得出应急物流风险因素的重要性排序和综合评价等级，为应急物流风险的防范和应急管理提供理论依据。李志伟（2008）采取层次分析法（AHP）和 BP 神经网络技术纵向相结合方法，建立了应急物流风险评估与预测模型。首先建立了应急物流风险评估的评价指标体系，给出了 AHP 筛选指标的方法，然后设计了改进型神经网络模型评价与预测步骤。

在应急物流绩效评价方面，研究主要围绕针对应急物流系统构建绩效评价指标体系，并通过实例验证了模型的可行性。如姚嵘（2017）构建了包含能力绩效与效益绩效两个维度的应急物流绩效评价指标体系，并选择 BP 神经网络建立绩效评价模型，通过案例分析验证了模型的有效性和可操作性。张乃平等人（2016）提出一种基于证据推理方法的应急物流绩效评估模型，并利用专家给出的评价信息构造置信规则库，通过多次融合评价指标的证据信息来确定应急物流绩效水平所属等级；有效解决了其绩效评价过程中部分指标评价信息不完全甚全没有任何评估信息的情形。张强（2014）应用平衡计分卡（BSC）构建了详细的军地应急物流绩效评价指标体系，应用专家打分法分析了指标权重，以 AHP 为基础建立了评价指标的判断矩阵，并通过"和积法"对判断矩阵进行了求解，总结了军地应急物流绩效评价的程序。冀巨海等人（2014）提出一种基于可拓物元模型的应急物流绩效评价方法，将粮食应急物流绩效评价系统、评价指标以及其特征值作为物元，利用初等关联函数得出了指标特征值和绩效等级的关联度，由最大关联度离差确定指标权重，进而得出综合关联度评价。杨雪等人（2014）统筹经济效益与社会效益两大救援目标，建立全面、综合、有代表性的指标体系；进而结合定性分析，运用定量分析方法——数据包络分析模型，对突发自然灾害下应急物流的绩效进行评价。陈蕙珍等人（2013）针对地震灾害下应急物流系统（ELS）绩效评价的问题，首先建立了 ELS 运作模型与绩效评价指标体系，并在上述基础上建立了基于 BP 神经网络的评价模型。

综上所述，国内外相关学者从不同角度对应急物流体系构建、保障机制、配送网络、风险评估以及绩效评价等进行了研究，但依然存在一些不足与空白之处。

一是研究过程的真实性和周密性有待提高，现有应急物流算法方面的研究，都是应用随机生成的算例进行模拟，缺乏实证性研究。由于应急物流是各方相互影响的动态过程，因此，要更多地把研究方法改善成能应用到不确定性因素环境下的研究，将应急物流模型运用于实际的应急救援，以提高应急响应效率，提升现实推广和应用价值。

二是研究成员过于单一，主要来自相关高校的研究团队，未来应当通过更多的横向课题、软科学研究项目使得高校、政府、企业加强研究合作，取长补短，使产学研三者紧密结合。

三是研究缺少成熟的理论体系和完整的分析框架，由于影响居民生活安全的公共事件频发，为了应对新出现的问题，研究应该从整体出发，系统地解决存在的问题，从而建立完善的理论体系和分析框架。

二、应急物资筹运研究现状

美国学者 Carter W. N. 最早提出应对应急物资进行分类，并应确保在最快的时间送到事发地。应急物资筹运是突发公共事件的重要保障，是社会生产生活的基本条件。现有国内外相关文献对应急物资筹运的研究主要包括应急物资预先装备、应急物资采购模型、应急物资运输调度、应急物资配置供应等方面。

在应急物资预先装备方面，当前研究主要围绕应急物资需求动态预测与应急物资储备库存模型，是应急物资预先装备与受灾群众基本生活的重要保障。如任慧等人（2020）以物资储备的公平效用和预期调配成本为目标，构建基于云服务的考虑预期调配的应急物资储备模型，并设计改进的非支配排序遗传算法（NSGA - Ⅱ）对模型求解。周敏（2019）建立了基于灰色 - 马尔可夫链的应急物资需求预测模型、基于系统动力学的应急物资供应策略仿真模型、基于直觉模糊AHP 的应急物资供应能力评价模型，对灾区应急物资分别进行了预测与评价，从而提出预先装备的供应策略。张磊（2018）提出了基于时序变化的救灾物资需求预测模型，针对受灾人口的年龄分布对物资需求量的影响进行分析，建立向量模型来描述人口结构对生活类救援物资的影响，并证明了针对饮用水和帐篷等救援物资动态需求预测模型的合理性。郭子雪等人（2017）引入对称三角模糊数表示影响因素的模糊特征，提高了应急物资需求预测的准确性；同时，建立基于多元模糊线性回归的应急物资需求预测模型，并给出多元模糊线性回归预测模型的参数估计方法。研究结果表明，灾害级别、受灾人口、受灾面积是影响应急物资需求预测的重要因素。陈艺娴（2016）将传统的ABC 分类法和卡拉杰克矩阵理论相结合，构建救灾应急物资分类体系，根据每类物资的特点定性地选择相应的储备模式。同时，运用运筹学的存储理论构建了救灾应急物资的库存控制模型。王兰英等人（2015）为了提高预测精度，基于应急物资需求预测的特点，引入直觉模糊集来描述案例的不精确属性。在定义直觉模糊集的相似度基础上，构建了源案例的特征因素矩阵，提出了基于模糊案例推理的应急物资需求预测模型。亢丽君（2013）以某次突发公共卫生事件后应急物资需求实际情况作为研究背景，建立基于 PSO - BP 神经网络的应

急物资需求预测模型，对该模型进行仿真研究与对比分析。Davidson
R. 等人（2005）对应急救援物资预先装备问题进行了进一步研究，
他们认为不仅要考虑时效性，还需要考虑公平性，避免出现社会骚动
现象。

在应急物资采购模型方面，当前研究主要围绕应急物资供应链采
购问题，通过构建模型，实现应急物资合理优化采购的目标。扈衷权
等人（2019）设计了一个政府主导的基于数量柔性契约的双源应急物
资采购模型。田军等人（2013）设计了一个基于能力期权契约的双源
应急物资采购模型，有效减少政府实物储备量的同时，大大降低了缺
货风险，同时也合理补偿了灾后供应商因被安排突击生产而增加的成
本，有效实现了应急物资供应链的采购协调，政府和供应商企业双方
达到了双赢的效果。张琳等人（2016）构建了一个以政府主导的
Stackelberg 模型，通过常规采购和柔性采购相结合的方式，建立政企
联合储备应急物资的合作关系。刘乃娟（2011）提出应急物资采购定
位模型，并分析应急物资采购的方式、原则及其操作程序；根据应急
物资需求的主要内容及其特征，分析影响应急物资采购供应商选择的
评价指标体系，建立多目标规划模型。

在应急物资运输调度方面，现有研究主要围绕算法模型，对应
急物资运输调度进行规划、优化，解决运输距离最小化、运输时间
最少、运输成本最小等多目标问题。如刘扬等人（2019）基于应急
物资需求的不确定性，构建了应急物资多阶段分配与调度模型，并
引入了 NSGA－Ⅱ搜索救灾物资分配和调度方案，设计了救灾物资
多阶段分配与调度集成优化算法和编码调整策略。张国富等人
（2017）构建一种面向多储备点、多发放点、多种应急救援物资的

并发分配与调度多目标优化模型，设计了二维二进制编码、个体修正策略以解决多发放点之间潜在的应急救援物资冲突。王海军等人（2015）假定每个需求点的应急物资需求量与两点之间车辆运输时间是不确定的，利用机会约束方法建立了在一定应急限制期下，时间最小化和成本最小化的双目标随机规划模型，并应用了遗传算法对模型进行求解。胡飞虎等人（2014）先后采用标准及改进的遗传算法，以调度完成时间最短为目标，对多种类型车辆从多个仓库点运载多种物资到多个灾害点的问题建立了相应的数学模型。缪成等人（2006）综合了多货物多起止点网络流问题与多种运输方式满载车辆调度问题，设计了一种多模式分层网络，并利用延期费用和划分时段的方法构建多目标数学规划模型。

在应急物资配置供应方面，现有研究主要围绕应急救援资源配置的基本规律，提出应急救援物资合理配置与供应的实践措施。如Zonouzi M. N. 等人（2020）基于数据挖掘方法提出了一个新的数学模型，在应急物资分配不确定的情况下，最大限度地覆盖救护车和救援车的需求点。王熹徽等人（2020）以总社会成本（物流成本和痛苦心理成本之和）最小为应急救援目标，构建了一个考虑灾民疏散与重新安置、临时避难所选址和物资分配的集成优化模型。熊晓雯（2019）构建了地震灾害应急医学救援物资配置模型，并根据应急医学救援物资分配的最佳方式与运送的优化途径，提高应急医学救援措施的有效性和应急医学救援物资的利用率。王卫国（2016）结合唐山市城市地震灾害应急救援资源配置规划实证研究，提出城市地震灾害应急救援资源配置规划要点。并基于应急救援的实践经验与教训，创建了救援资源需求与满足需求模型、信息—灾情—决策模型、合理配置模型以及综合模型等。王新平等人（2012）针对突发公共卫生事件应急管理体系中应急物资需求的不确定性和连续性，以及应急救援是一个同时在多疫区间展开的多周期救援过程这一实际，提出了多疫区多周期应急物资协同优化方案与配置供应模式。唐康（2011）将应急物资分配响应时间作为主要变量，考虑受灾点对应急救援物资需求的动态变化，分别研究应急物资分配问题中的单阶段和多阶段物资分配问题。陈达强（2010）总结了应急物流系统的内涵和系统，以"应急响应时间最早""参与出救点最少"为优化目标，提出了基于应急物资供求特性分析进行优化分配的研究思路。

综上所述，国内外相关学者从不同角度对应急物资预先装备、采购模型、运输调度、配置供应等进行了研究，但依然存在一些不足与空白之处。

一是当前各种应急物资运输调度模型针对的问题单一，与实际问题有较大差距，不具有实际性与通用性。未来应通过实际调研与产学研合作的方式，挖掘更多实际问题，找准关键的优化目标和约束条件，形成规范通用的应急物资运输调度模型，以满足决策者要求。

二是当前一批新兴的优化算法，及其与现有算法的混合算法，在应急物资问题上具有广阔的前景。但这些算法的特性还没有被充分了解，未来可构建算法基准测试平台，对不同算法进行综合评估，以针对不同条件下的应急物资问题，选择最适合的算法或其混合算法。

三是区块链、大数据、云计算、人工智能等新技术应用可为应急物资管理提供更多的解决思路。未来应把握地区协同发展新趋势，积极推进应急物资新发展，打造绿色智造、融合发展新态势，形成全新的产业链和价值链，打造面向全球的前沿创新平台，促进应急物资研究跨学科、跨领域发展，以业聚人、以人兴业，努力为全国乃至全球人工智能发展贡献价值。

三、应急逆向物流研究现状

应急逆向物流是指包括对各类突发公共事件所需的应急物资回收利用过程实施高效率的计划、组织、指挥、协调和控制。具体来说，对应急物流中可回收或者失去了原有使用价值的应急物资，根据实际需求进行回收、处理、包装、储存并再次配送的物流活动[①]。目前，国内外学者围绕应急逆向物流的研究主要有：应急回收体系、应急回收物资、应急回收网络、应急回收决策等方面。

在应急回收体系方面，应急回收体系是应急逆向物流的根本保障，它具体负责回收、处理、仓储、运输等物流计划、控制工作。林朝阳（2016）简要分析应急逆向物流管理体系构建的意义及面临的主要问题，相应地提出有效的解决措施，旨在促进应急逆向物流管理的顺利进行。王浩等人（2015）认为应急逆向物流体系有助于形成应急物流供应链的闭环控制，从而最大限度地减少环境污染和提高应急物资的利用效率，更好地进行应急救援。并从统筹规划应急物资回收工作、双向应急物流网络建设、明确逆向应急物流的责任机制等方面提出了构建应急回收体系的对策。赵淑红（2014）给出了在应急物流管理中心领导下的，在应急物资集散点管理站、应急物资协调中心、物

---

① 郭婧博. 自然灾害下应急逆向物流的系统动力学模型研究及仿真［D］. 重庆：重庆大学，2013.

资储备点管理中心的配合指导下，由应急物资生产企业、销售企业、物流企业、废弃物资回收处理机构、环卫部门以及非政府组织参与的双向应急物流协作模式。研究发现，该双向应急物流协作机制能有效整合社会资源和专业力量，提高应急资源的正向供给与逆向回收效率。

在应急回收物资方面，应急回收物资是构成应急逆向物流的重要因素，也是在应急逆向物流系统中实现空间与时间间隔跨越的目标客体。郭婧博（2013）认为这类物资具有以下特征：可重复利用、检测处理后使用、时间敏感性较低。主要包括三类：一是生活资料类，包括衣被、毯子、救灾帐篷、饮水器械、净水器等；二是救生器材类，包括救生舟和救生船等救生设备、探生仪器、破拆工具、顶升设备、小型起重设备等；三是救治物品类，包括各类医疗器械。郭影等人（2019）将临期回收策略和响应供给策略引入易逝性应急物资库存系统，同时考虑应急系统中需求时间不确定性的这一突出特性，建立临期回收策略和应急供给策略的随机规划模型。Brown C. 等人（2016）提出受分拣技术、分拣攻击和政府重视程度等因素的影响，被遗弃的应急物资会使环境遭受二次破坏并增加了灾后重建的难度。廖灿等人（2012）得出应急逆向物流不仅能保证短期内应急物资的快速供给，也能够降低生产成本和政府采购成本的结论。

在应急回收网络方面，应急逆向物流与应急物流具有兼容性，一般可共用一个网络，均可采用三级结构设计，分别设立了应急物流中心、物资中转站及物资需求中心三个运输节点。但是，应急逆向物流的活动主要集中在应急物流中心与物资需求中心，其中包括对回收来的应急物资执行拣货、分类、维护、消毒、包装、贴签、发运等操作。周树尧等人（2020）建立了一个多出救点、多受灾点、多种物资的应急物资储备决策模型，用于解决政企合作模式下基层应急物资回收储备点的选择与储备量决策问题。余佳等人（2019）认为应急逆向物流包括废旧物资的回收利用以及可重复利用物资的回收再利用，并根据随机 Petri 网理论，构建考虑逆向物流的应急物资配置模型，通过对同构于该模型的马尔可夫链进行仿真，求得各种状态的稳态概率，结合马尔可夫链性质对关键因素进行静态分析和动态分析。Battini D. 等人（2016）围绕闭环供应链问题，考虑了复杂环境中与运输资源相关的约束，运输车辆的容量和交货时间限制。所提出的模型针对许多测试问题优化了资源分配和预定位决策。该研究的主要目标是最大限度地减少灾难的总影响，并着重于物流设施管理与物料分配模式相结合的情况，其中更多地关注应急物资的回收网络问题。

在应急回收决策方面，当前，应急方法及应急决策支持系统研究成果有限，对突发环境污染事件应急决策支持程度不够。孙丹丹等人（2020）针对突发公共卫生事件干扰需求和成本扰动的情况，构建了零售商回收、制造商回收和第三方回收等类别闭环供应链的应急决策模型。蔡凌（2017）立足于突发环境污染事故应急工作需求，以化学品突发环境污染事件应急决策为主要研究方向。为提高该类突发环境事件应急决策效率，该研究借助计算机技术、模拟分析技术、现代通信技术等技术构建了化学品突发环境污染事件应急决策支持系统，实现了化学品突发环境污染事件污染情况预测、应急处置技术方案生成、多方案比选等功能。郭婧博等人（2013）进行了基于系统动力学的自然灾害应急逆向物流回收决策研究，综合分析了受灾点对物资的需求及逆向回收占用资源等其他因素，建立了回收频率与救援满意度之间的函数关系，并利用系统动力学软件 Vensim 对系统模型进行仿真，并为我国应急逆向物流提供了决策支持和对策建议。

综上所述，国内外相关学者针对应急逆向物流主要从不同角度对应急回收体系、物资、网络、决策等进行了研究，但依然存在一些不足与空白之处。

一是当下对于应急逆向物流的研究往往只留于表面，点到即止，尚未形成一个完整的体系，这让零散的研究成果略显片面。由于逆向物流存在着诸多特性，而应急物流也是极其特殊的物流种类，未来需要越来越多的研究去构建应急逆向物流研究体系，为后来的研究者们搭桥点灯。

二是当前关于应急逆向物流的研究数量很少，而在突发公共卫生事件等一系列威胁生活与健康的大型事件面前，存在着过多应急物流中的废物流，需要通过成熟的体系与优化的网络使其能够安全流通，无废循环，无害处理。

三是需对应急物流中的废物流进行价值评估。对分类后的物资的使用价值进行评估，并根据其使用价值采用不同的处理方法。因此，未来可加强对应急逆向物流绩效评价的研究探讨。

四、医疗废弃物回收研究现状

Jang Y. C.（2006）提出，根据世界卫生组织估计，有将近20%的医疗废弃物可被视为高危型的废弃物，其具有传染性、毒性或者放射性。在这样的背景下，越来越多的研究者从以下方面研究医疗废弃物回收问题：医疗废弃物回收体系模式、医疗废弃物回收评估框架、医疗废弃物回收网络规划、医疗废弃物回收技术发展。

在医疗废弃物回收体系模式方面，为了降低医疗废弃物从产生源头到最终处理全过程造成的安全隐患，就要规范医疗废弃物回收体系模式。全洁（2019）基于医疗废弃物回收行为中各主体的功能分析，对医疗废弃物回收体系进行了整体设计。研究采用了 ABM 方法对物流体系中的各个参与主体（医院群体、运输公司、处理厂、政府以及非政府机构）的内部演化模型以及各主体之间的交互关系进行深入分析，构建了医疗废弃物物流体系社会行为交互模型。卢冰原等人（2014）给出了一种在政府主管部门监管下的，由城市各级医疗机构、医疗废弃物回收处理企业和相关物流企业参与的，具有城市医疗废弃物管理中心、医疗废弃物物流指挥中心、医疗废弃物收集站（点）、医疗废弃物处理企业等角色的多级协作处理模式。石丽红（2011）提出了一种综合考虑社会效益和经济效益的医疗废弃物回收处理模式。该模式以逆向物流理论为指导，着眼于减少医疗废弃物对人体健康和环境的危害、节约成本、优化资源配置，促进我国社会经济的可持续发展。Ananth A. P. 等人（2010）的研究着眼于推动改善现有医疗废弃物管理状况，为了建立健全医疗废弃物回收体系模式，呼吁改变所有利益相关者的思维方式，以减少传染性物质和有毒物质对社会公共卫生所带来的风险。赵亚东（2013）提出了改进后的以第三方集中处置机构为主体的医疗废弃物物流结构，并以沈阳市为例对医疗废弃物物流运作优化模型进行了参数赋值，采用 CPLEX 12.4 优化软件进行求解，并对结果进行仿真分析。

在医疗废弃物回收评估框架方面，医疗废弃物回收管理关系卫生环境和人民健康，但医疗废弃物回收并不是孤立的物流问题，必须建设有效的医疗废弃物回收评估框架。Aung T. S. 等人（2019）研究基于世界卫生组织关于医疗废弃物安全管理的准则，对缅甸部分医疗人员进行了结构化的问卷调查，使用多准则决策（MCDM）技术，开发了一种新颖的医疗废弃物回收评估框架。研究发现，医疗废弃物回收处置的方法主要是露天燃烧和不受控制地倾倒。田华等人（2015）通过保障体系、指标体系和运行体系三个方面进行定性、定量评估，建立了动物医疗废弃物收集处置指标评估优化体系，为收集处置工作提供了实践依据。邓乔丹（2011）通过问卷调查了解广东省部分大医院的医疗废弃物管理水平，运用模糊数学理论构建综合评价方法，针对广东省部分大医院的医疗废弃物管理水平进行客观综合性评价，并对现有或潜在的各种医疗废弃物管理问题进行详细分析，提出相应对策。

在医疗废弃物回收网络规划方面，建立优化的医疗废弃物回收网络是城市医疗废弃物管理中的关键问题之一。为了避免造成回收运输中的环境污染、财产损失和居民健康风险，构建合理的医疗废弃物逆向物流网络十分必要。Yu H. 等人（2020）针对流行病暴发中的逆向物流网络设计制定了一种新颖的多目标多周期混合整数程序，目的是在极短的时间内对成倍增加的医疗废弃物和医疗危害进行有效管理。李凌云（2019）将不确定性考虑在内建立了以成本最小化为目标、带有模糊参数的医疗废弃物逆向物流网络规划模型，并且设计了遗传算法对该模型进行求解分析。研究结果表明，在一个回收周期内，优化的医疗废弃物逆向物流网络比原有的逆向物流网络成本节约了56%。肖鸿等人（2019）为规划医疗废弃物逆向物流回收网络结构，构建了多目标混合整数规划模型，并以三明市下辖的12个行政区域为例进行求解，综合考虑实际因素对关键回收物流网络节点进行了具体选址。刘晓艳（2019）提出了城市医疗废弃物暂存处置中心选址模型，确定了最佳暂存处置中心的位置和数量。同时，考虑到医疗废弃物回收运输过程中的风险，加入了人员、环境与财产的风险评价模型，并结合城市道路网络的拥堵情况，将所有指标量化，建立回收运输车辆路径优化风险与成本双层规划模型。蒲松等人（2018）建立了以总成本最小为目标、带时间窗的、变化单位运营成本的医疗废弃物回收路径鲁棒优化模型。运用"时空＋容量"的三维网络图重建模型，设计了基于拉格朗日启发式的求解算法。

在医疗废弃物回收技术发展方面，技术发展改变了医疗废弃物以往的回收管理模式，为医疗废弃物管理提供快捷、方便、科学的管理和决策支持。郑晨光等人（2019）认为医疗废弃物闭坏管理模型叮以在物联网环境下实现医疗废弃物标准化模型；医疗物联网实时定位系统（RTLS）能够形成医疗废弃物追随管理解决方案；而基于物联网技术的医疗废弃物云信息平台可实现医疗废弃物的追溯、监控、查询、分析等全程管理。方书起等人（2019）介绍了国内外现行的针对医疗固体废弃物处理的法律法规，并针对几种废弃物处理技术，详细地分析了其研究现状和处理过程中出现的问题及解决方法。马颖慧（2011）将医疗废弃物处理的相关技术与计算机技术和 GIS 技术相结合，建立信息数据库；然后从医疗废弃物的分类、保管、收集、运送到最终处置，进行全程信息追踪，数据入库并实时更新；结合信息数据库建立医疗废弃物管理信息系统，提供数据输入、数据查询、数据库管理和维护、模型库管理、系统管理等功能。这种管埋方法改变了以往信息滞后的局面。

综上所述，医疗废弃物具有感染性、传染性、腐蚀性等特点，带来了潜在环境危害和公共卫生风险，在处理过程中存在对其危害认识不够、管理不规范、设施不健全、填埋不彻底、焚烧不充分、人员培训不足等问题。国内外相关学者从不同角度对医疗废弃物回收体系模式、评估框架、网络规划、技术发展等进行了研究，但依然存在一些不足与空白之处。

一是当前研究尚未将重点放在用于医疗废弃物处理的临时逆向物流网络的设计上，该网络如果处理不当，可能会加快重大传染病传播等诸多影响公共卫生安全的风险。

二是当前关于医疗废弃物回收的研究成果只能抓住局部的短期数据，不能形成长期观察与调研记录，但医疗废弃物回收问题往往是瞬息万变的，这意味着未来的研究应当首先寻找与医院合作交流的契机，获取覆盖范围更广、更准确、更有参考价值的数据，从而使已有研究成果得以充实。

三是当前制约医疗废弃物回收研究取得新突破的主要原因是缺乏医疗废弃物的产生量、组成成分、感染性医疗废弃物的分离率等权威统计数据，以及医疗废弃物管理中存在的不确定性。因此，未来研究应更多地考虑可再利用的医疗废弃物与不可再利用的医疗废弃物的数量比例，以及多阶段内经济成本和经济收入增长等因素的不确定性。

第三节　突发公共卫生事件下
应急物资的界定

一、突发公共卫生事件的内涵与特征

我国《突发公共卫生事件应急条例》将突发公共卫生事件定义

为：突然发生，造成或者可能造成社会公众健康严重损害的重大传染病疫情、群体性不明原因疾病、重大食物和职业中毒以及其他严重影响公众健康的事件。

美国国家灾害医疗系统将突发公共卫生事件定义为"需要紧急医疗护理或医疗服务的灾害、大规模传染病、生物恐怖袭击和其他严重灾难性事件"。

突发公共卫生事件是威胁人类健康、社会安全，并造成重大社会经济负担的重要公共卫生问题。除了具备危机的突发性、破坏性、不可预见性、紧迫性、信息不充分、资源严重缺乏、舆论关注性这几大基本特征外，突发公共卫生事件还有以下一些特征。

第一个特征是成因的多样性。比如，各种烈性传染病。许多突发公共卫生事件与自然灾害（如地震、水灾、火灾等）有关。突发公共卫生事件与事故灾害也密切相关，例如，环境污染事件、生态破坏事件、交通事故等。社会安全事件也是形成突发公共卫生事件的一个重要原因，如重大刑事案件等。

第二个特征是分布的差异性。在时间分布差异上，不同的季节，传染病的发病率不同。在空间分布差异上，区域不同，传染病的发病率也会不同。此外还有人群的分布差异等。

第三个特征是传播的广泛性。尤其是当前我们正处在全球化的时代，某一种疾病可以通过现代交通工具跨国流动，而一旦传播，就会造成全球性的传播。传染病一旦具备了三个基本流通环节，即传染源、传播途径以及易感人群，它就可能在无国界情况下广泛传播，这是第三个特征，也就是传播的广泛性。随着经济全球化，一些突发公共卫生事件在空间上波及的范围越来越广，可跨多个地区和国家。截至北京时间 2022 年 4 月 9 日 6 时 30 分左右，全球累计确诊新冠病例超过 4.98 亿例，累计死亡病例超过 620 万例。在人员物资大流通的经济全球化时代，也带来了疫情传播的全球化，疾病可以通过各种渠道迅速波及多个国家。

第四个特征是危害的复杂性。也就是说，重大的突发公共卫生事件不但对人们的健康有影响，而且对环境、经济乃至政治都有很大的影响。以本次新冠为例，其病原体是以前未知的新型冠状病毒，从基因序列的测试、病毒的起源到病毒的流行特征都需要开展研究，疫情的发展动向不明。与此同时，危机管理部门又需要在开展上述研究的过程中果断采取措施，控制疾病的发展。

第五个特征是治理的综合性。治理需要四个方面的结合，一是技术层面和价值层面的结合；二是直接的任务和间接的任务相结合，治理既是直接的任务也是间接的社会任务，所以要结合起来；三是责任部门和其他的部门结合起来；四是国际和国内结合起来。只有通过综合治理，才能使突发公共卫生事件得到有效治理。另外，在应对突发公共卫生事件时，还要注意解决一些深层次的问题，比如社会体制、机制的问题，工作效能问题和人群素质的问题。

第六个特征是新发的事件不断产生。近年来，人禽流感疫情使人们"谈禽色变"；前段时间的人猪链球菌病、手足口病等威胁着人们的健康。

第七个特征是食源性疾病和食物中毒的问题比较严重。比如 1988 年上海甲肝暴发；1999 年宁夏沙门氏菌污染肉品引起食物中毒；2001 年苏皖地区肠出血性大肠杆菌 O157：H7 食物中毒；2002 年南京毒鼠强中毒；2004 年劣质奶粉事件；等等。这些事件都属于食源性疾病和食物中毒引起的突发公共卫生事件。

第八个特征是突发公共卫生事件频繁发生。这和公共卫生体系的建设及经费的投入都有关系。经费投入不足，忽视生态保护，以及有毒、有害物质滥用和管理不善，都会使突发公共卫生事件频繁发生。

第九个特征是突发公共卫生事件的危害严重。突发公共卫生事件不但影响我们的健康，还影响社会的稳定，影响经济的发展。突发公共卫生事件有很多的特征，管理突发公共卫生事件的有关部门一定要掌握这些特征。

二、突发公共卫生事件分级与分类

（一）突发公共卫生事件分级

根据《国家突发公共卫生事件应急预案》规定，根据突发公共卫生事件性质、危害程度、涉及范围，突发公共卫生事件划分为特别重大（Ⅰ级）、重大（Ⅱ级）、较大（Ⅲ级）和一般（Ⅳ级）四级。

其中，特别重大突发公共卫生事件主要包括以下几种。

（1）肺鼠疫、肺炭疽在大、中城市发生并有扩散趋势，或肺鼠疫、肺炭疽疫情波及2个以上的省份，并有进一步扩散趋势。

（2）发生传染性非典型肺炎、人感染高致病性禽流感病例，并有扩散趋势。

（3）涉及多个省份的群体性不明原因疾病，并有扩散趋势。

（4）发生新传染病或我国尚未发现的传染病发生或传入，并有扩散趋势，或发现我国已消灭的传染病重新流行。

（5）发生烈性病菌株、毒株、致病因子等丢失事件。

（6）周边以及与我国通航的国家和地区发生特大传染病疫情，并出现输入性病例，严重危及我国公共卫生安全的事件。

（7）国务院卫生行政部门认定的其他特别重大突发公共卫生事件。

（二）突发公共卫生事件分类

根据事件的表现形式可将突发公共卫生事件分为以下两类。①在一定时间、一定范围、一定人群内，当病例数累计达到规定预警值时所形成的事件。②在一定时间、一定范围内，当环境危害因素达到规定预警值时形成的事件，病例为事后发生，也可能无病例。

根据事件的成因和性质，突发公共卫生事件可分为：重大传染病疫情，群体性不明原因疾病，重大食物中毒和职业中毒，新发传染性疾病，群体性预防接种反应和群体性药物反应，重大环境污染事故，核事故和放射事故，生物、化学、核辐射恐怖事件，自然灾害等影响公众健康的事件。

三、突发公共卫生事件下应急物资的概念

目前对应急物资尚未形成统一的定义。有人认为应急物资是指在应急物流的实施和保障中所采用的物资，而另一部分学者认为应急物资是指为了有效应对突发公共事件，减少突发公共事件带来的损失所采用的资源的总和。综合各类定义以及相关文献描述，应急物资可以定义为：应对自然灾害、事故灾难、公共卫生事件和社会安全事件等突发公共事件中所需要的保障性物资。

突发公共卫生事件下应急物资可分为通用类和卫生应急物资。通用类应急物资适合一般情况下救灾工作的普遍需要，是比较重要的物资，如食品、饮用水等，几乎每次应急救援都是必需品。卫生应急物资则包括医疗救援物资、传染病防控类专用物资、专用个体防护器材与设备、快速侦检设备、消毒与杀虫等防疫物资与器材等。

《突发公共卫生事件应急条例》规定，国务院有关部门和县级以上地方人民政府及其有关部门，应当根据突发公共卫生事件应急预案的要求，保证应急设施、设备、救治药品和医疗器械等物资储备。县级以上各级人民政府应当加强急救医疗服务网络的建设，配备相应的医疗救治药物、技术、设备和人员，提高医疗卫生机构应对各类突发公共卫生事件的救治能力。《中华人民共和国传染病防治法》更是明确，县级以上人民政府负责储备防治传染病的药品、医疗器械和其他物资，以备调用。

以上可见，做好应对突发公共卫生事件需要的经费、药品、医疗器械和其他物资的储备，国务院有关部门和县级以上地方人民政府及其有关部门是各有其责的。

四、突发公共卫生事件下卫生应急物资的特点

在突发公共卫生事件发生初期，救援保障工作组的快速反应能力受到很大挑战。受到事件的影响，基础性设施的破坏会导致更多不可预测的配送风险，也会导致卫生应急物资保障网络建设的难度增加，而这些卫生应急物资保障工作必须在限定时间内完成。与常态医疗保障相比，卫生应急物资保障处于一个保障量大、时效性强、困难多的

特殊时期。卫生应急物资主要有以下特点。

（1）难以预测性。突发公共卫生事件的发生往往是不可预测或不可以安全准确预测的，因此，同常态医疗保障相比，卫生应急物资具有不可预测或不可准确预测的突发性特点。由于很难在第一时间掌握突发公共卫生事件发生的原因、范围和强度，因此也很难及时准确掌握并了解该事件所导致的生命伤害，很难对卫生应急物资需求的种类、数量和结构进行预测。

（2）不确定性。我国是一个地形复杂、气候多样的大国，在世界上也是自然灾害严重的国家之一，加之目前我国社会处在一个全面转型期，各种突发公共卫生事件发生频率很高，因此对于卫生应急物资的需求无论是数量还是品种上，各地区需求差异化很大，加之突发公共卫生事件突发性强、波及面广等特性，导致事件发生强弱程度、影响范围、持续时间和损失程度等要素都始料不及，也很难及时作出预测与评估，所以卫生应急物资方案设计应将不确定的指标作为考量基础。

（3）时间紧迫性。时间是卫生应急物资的显著特征，"应急"两字体现的是特殊时期、特殊情况下的特殊解决原则。应急物资部门应该在第一时间内采取紧急措施与行动，作出科学合理的判断与决策，组织协调相关部门，提高保障效率。

（4）需求阶段性。在突发公共卫生事件处置过程中，不同阶段对卫生应急物资的需求侧重点是不同的，如在事件发生初期，卫生应急物资首先是以生命救护类物资保障需求为重点，而在后期，主要是以卫生防疫类物资保障需求为中心。

第四节　突发公共卫生事件下应急 物资逆向物流的内涵

一、应急物资逆向物流产生的背景

突发公共卫生事件发生后，由于城市系统组元众多，存在着复杂的相互作用与非线性机制，呈现出高度的动态开放性，使得城市突发公共卫生事件具有复杂的、快速的关联效应及积累、扩散效应，各灾情发生地（灾区）的物资需求难以准确预测；同时，救灾物资中相当一部分是由民众和社会公益团体捐助并自发向灾区运送，进一步增加了应急物流管理部门对应急物资的管理难度。这些都导致了部分救助站（或应急物资灾区管理站）出现较多富余物资的现象。此外，随着受灾市民和不同救援机构对应急物资的消耗，各类废弃物也大量产生。

按照废弃物的污染性、危害性不同，可以分为一般废弃物和危险废弃物。在城市突发公共卫生事件救援中，常常会产生大量的化工类、医疗类危险废弃物，这些废弃物无论是否可回收利用，都应由具备专业资质的特种废弃物处理机构及时收集处理。一般废弃物根据可利用程度可分为一般可回收废弃物和一般不可回收废弃物，前者可由物资生产企业或有关处理企业进行处理，实现循环再利用；后者可由环卫部门处理。此外，还有包括器材工具类在内的多种可重复使用物资在救灾任务结束后需要进行回收。

应急物资逆向物流涉及环节众多，专业性强、实施难度大，依靠传统的政府应急职能部门与地方武警（驻军）相结合的方式难以完成。

二、应急物资逆向物流的内涵

应急物资逆向物流是指以回收应急物资和合理处置大规模闲置的应急物资为目标，通过现代信息技术和管理手段，对应急物资进行回收、检测、物料的拆分和重新包装、废弃处理、维修与重新利用等过程的逆向物流活动，包括对各类突发公共卫生事件救援所需的应急物资回收和利用过程实施高效率的计划、组织、协调和控制。

应急物资逆向物流主要包括两个方面的活动，一是回收处理废弃物资；二是再利用可重复使用的物资。其中，回收处理废弃物资指的是发生突发公共卫生事件后，收集、分类与处理受灾地区中类似于医疗废弃物与生活垃圾等的众多废弃物资。可重复利用的物资主要包括以下五种类型：生活类、救援类、医疗类、通信类、供电类。

从表面上看，应急物资逆向物流可以不是应急物流的一个必备环节，因为此时的资源不再是"应急"，而是"处理后备用"，是资源后期的理性处理，是灾害事件处理完成之后对前期耐用应急资源的合理处理问题。但在本质上是应急物流的延伸，是应急物资逆向物流是否优化和下期应急物流的组成部分。

应急物资逆向物流主要包括回收、改变状态和无害化处理等，这保证了应急物资的可持续利用和对环境的有效保护，是应急管理中重要的一环。回收是将可以利用的应急物资收集起来重新进行适当储备，是事件后期耐用应急资源的主要处置方式。这不但减少了资源的浪费，而且节省了大量的社会资源，提高了社会的节约意识。改变状态是针对已经使用的应急物资而言。对于这类应急物资可以根据事件后的重建需要，进行合理的形态改变，将其使用到其他需要的地方。无害化处理是针对事件后已无使用价值的应急物资而言。为有效保护环境和减少次生事件的发生，要对已经失效的应急物资进行无害化处理，减少对环境的污染。

三、应急物资逆向物流的构成

应急物资逆向物流的构成实体要素主要包括以下五个。

1. 应急物资

应急物资构成了应急物资逆向物流的流体要素，它也是建立应急物资逆向物流系统以实现空间与时间间隔跨越的目标客体。这类物资具有以下特征：可重复利用、检测处理后使用、时间敏感性较低。它主要包括三类，一是生活资料类，包括衣被、救灾帐篷、饮水器械、净水器等；二是救生器材类，包括救生舟、救生船等救生设备，探生仪器，破拆工具，顶升设备，小型起重设备等；三是救治物品类，包括各类医疗器械。

2. 应急回收网络

应急物资逆向物流与应急物流具有兼容性，一般来说共用一个物流网络。为了提高应急回收的效率，尽量减少应急物资逆向物流的中间环节，应急物流正向与逆向网络采用了三级结构设计，分别设立了应急物流中心、物资中转站及物资需求中心三个运输节点。应急物资逆向物流的活动主要集中在应急物流中心和物资需求中心。

（1）应急物流中心。应急物流中心是基于行政区域或地理位置划分的应急物流设施，主要负责对回收来的应急物资执行拣货、分类、维护、消毒、包装、贴签、发运等操作，将灾区所需物资运送至物资需求中心或物资中转站，而将不需要的救援物资进行储存。

（2）物资需求中心。物资需求中心分为物资分发点与避难所两类，分别承担不同的物流作用。物资分发点主要承担物资的分发和集中回收，是应急物流供应网络的末端，同时也是应急物资逆向物流网络的始端。

3. 应急物资逆向物流管理中心

应急物资逆向物流管理中心是应急物资回收的组织和人员保障，它具体负责应急救援物资的回收、处理、仓储、运输等物流计划、控制工作，是应急物资逆向物流系统运作的组织实体。

4. 应急物流信息系统

应急物资逆向物流与正向物流共用一个信息系统。在应急物资逆向物流启动阶段收集、分析、评估受灾地对各类物资的闲置情况，跟踪物资需求中心收到的物资的品种、数量、地点等数据，为应急物资逆向物流执行机构制定、实施物资回收方案提供技术支持。

5. 应急物流运输系统

一般情况下，应急物流和应急物资逆向物流共用运输系统。运输工具子系统为应急物流及逆向物流提供载体，它包括公路、铁路、航空等多种运输方式。运输工具子系统的重点是配合救援物资回收方案，制订高效的车辆调度计划，以实现运输工具在灾区内循环流转，完成救援物资运输任务。

四、应急物资逆向物流的障碍和瓶颈

（1）在应急物资产品的供应上，数量不足、成本高昂成为应急物资产品供应的主要障碍。因而，寻求一种节约成本、短期能保证供应量的新物流方式成为应急管理的焦点。

（2）应急物资逆向物流具有投资大、过程复杂、初期效益低等特点，实施具有一定的难度，需要在政府的合理引导下设计出应急物资逆向物流发展的特殊机制，才能保证逆向物流的顺利实施。

（3）应急物资逆向物流可能会扰乱现有的正向物流的秩序，对现有的供应水平产生不良影响；逆向物流初期投资巨大，许多供应商不具备这种资金条件，并且在收益方面不如正向物流明显，因而很多供应商回避采取逆向物流措施；回收过程是一个比较复杂的过程，工作难度大、回收数量难以预测、回收质量难以保证，加之逆向物流现有的资源和技术条件不足、长期不受重视，使得逆向物流实施具有一定的困难。

第二章　相关理论基础

第一节　逆向物流

一、逆向物流的背景与内涵

（一）逆向物流的产生背景

中共十八大以来，我们国家强调绿色循环和可持续发展，这和逆向物流息息相关。中国人民大学的著名经济学教授杨志等人曾在 2008 年发表了题为《逆向物流：循环经济的必然选择》的文章，阐述了逆向物流是循环经济的核心环节，它的发展能有效推动循环经济的发展，所以必须搞好逆向物流的运作。

谈到逆向物流，必然会想到中国传统文化，也就是正逆物流的"阴阳"关系。正如马路上有正着过来的车，也有逆着过去的车，所以双通道才是真实的世界，逆向物流和正向物流是孪生兄弟关系。随着当今供应链全球化和中国经济崛起，逆向物流对于实现国家能源保留，赋予企业优势竞争力起到越发关键的作用。特斯拉创始人马斯克的梦想是移居火星，但问题是火箭一次性使用成本太高，SpaceX 火箭造价约为 5000 万美元，燃料成本约为 20 万美元，每次发射成本在 6000 万美元左右，在目前实现第一级火箭回收的前提下，可降低成本 70% 左右，所以他实现了 SpaceX 火箭的循环使用。他认为人类最终要放弃我们美丽的地球家园，移民到火星。而逆向物流主张的是：为了人类在移民火星前在地球多生活一万年。

2016 年，我国加入《巴黎协定》，对保护自然生态系统作出了承诺。中共十九大报告中明确提出，推进绿色发展。加快建立绿色生产和消费的法律制度和政策导向，建立健全绿色低碳循环发展的经济体系。构建市场导向的绿色技术创新体系，发展绿色金融，壮大节能环保产业、清洁生产产业、清洁能源产业。推进能源生产和消费革命，构建清洁低碳、安全高效的能源体系。推进资源全面节约和循环利用，实施国家节水行动，降低能耗、物耗，实现生产系统和生活系统循环链接。降低物耗第一次列入国家规划中，而这与我们物流密切相关。2017 年 1 月 3 日，国务院办公厅发布《国务院办公厅关于印发生产者责任延伸制度推行方案的通知》，指出到 2020 年，生产者责任延伸制度相关政策体系初步形成，产品生态设计取得重大进展，重点品种的废弃产品规范回收与循环利用率平均达到 40%。到 2025 年，生产者责任延伸制度相关法律法规基本完善，重点领域生产者责任延伸制度运行有序，产品生态设计普遍推行，重点产品的再生原料使用比例达到 20%，废弃产品规范回收与循环利用率平均达到 50%。同年，国务院办公厅发布《国务院办公厅关于积极推进供应链创新与应用的指导意见》，明确指出要建立逆向物流体系。鼓励建立基于供应链的废旧资源回收利用平台，建设线上废弃物和再生资源交易市场。落实生产者责任延伸制度，重点针对电器电子、汽车产品、轮胎、蓄电池和包装物等产品，优化供应链逆向物流网点布局，促进产品回收和再制造发展。

在应急物资方面，目前国内外学者对于应急物资保障的研究主要集中在应急物资需求预测、应急物资筹措及应急物流配送（物资调度、车辆调度及路径选择）等方面，针对应急物资逆向物流领域的研究成果甚少。当前主要针对新冠疫情发生以来，出现的应急替代产品因不符合标准而不能采购、应急物资采购法律依据不足难以满足疫情需要等问题，政府、企业、研究者大多聚焦于提升"战时"应急物资供应能力等疫情防控工作。

作为应急物资逆向物流展开的前提和基础，如何以最快的速度将大量的医疗器械、应急物资及时供应、配送至灾区，满足救援对各类物资的需求，固然是保障应急工作的核心；但在突发公共卫生事件的背景下，由于信息不通畅或者疾病传染的风险，应急物资分布的不均衡与大量产生医疗废弃物的情况也常有发生。一方面，对于可重复利用物资的回收再利用成为解决这种不平衡情况的重要方法，既能提高应急下的物资需求满足度和保障效率，又能提高应急物资利用率，降低了物资成本；另一方面，医疗废弃物具有很强的空间传染、急性传染和潜伏传染的危害，携带的病毒、病菌是普通生活垃圾的几十倍乃至数百倍，因此，对医疗废弃物进行正确回收处理，能够减轻对水体、大气、土壤的污染和对人体健康所造成的威胁。

（二）逆向物流的内涵发展沿革

逆向物流有狭义和广义之分。狭义的逆向物流是指对那些已经废弃的产品再制造、再生以及物料回收的过程，而且这种过程经常是由于环境或产品已过时造成的。广义的逆向物流除了包含狭义的逆向物流的定义之外，还包括减少正向物流中使用的物料数量，其目的是减少回收的物料数量和使产品能够再使用以及更方便地进行再循环处理，既通过减少使用资源以达到废弃物减少的目标，又能够使得正、逆向的物流更有效率。

逆向物流的内涵发展历史悠久，最初由美国学者 Douglas Lambert 和 James Stock 于 1981 年提出，他们将逆向物流描述为"与大多数货物正常流动方向相反的流动"。1992 年，James Stock 在写给美国物流管理协会（Council of Logistics Management，CLM）的研究报告中最早提出了逆向物流这一概念。同年，美国物流管理协会正式给出了逆向物流的定义。逆向物流是指在循环利用、废弃物处置和危险物质管理方面的物流活动。广义上，逆向物流包括废弃物的源头缩减、循环利用、替代利用以及废弃物处置等各方面与物流相关的活动。

1998 年，James Stock 对逆向物流进行了重新定义，同年，Carter 和 Ellram 将逆向物流定义为物品在渠道成员间的反向传递过程，即从产品消费地（包括最终用户和供应链上的客户）到产品来源地的物理性流动。企业通过这一过程中的物料再循环、再利用，使其在环境管理方面更有成效。

而后，美国逆向物流执行委员会（Reverse Logistics Executive Council，RLEC）主席 Rogers 博士和 Tibben – Lembke 博士出版了逆向物流著作 Going Backwards: Reverse Logistics Trends and Practices。他们将逆向物流描述为"逆向物流是对原材料、加工库存品、产成品以及相关信息从消费地到来源地的高效率、低成本的流动而进行规划、实施和控制的过程，其目的是恢复物品价值或使其得到正确处置"。Rogers 和 Tibben – Lembke 认为，逆向物流是为重新获取产品的价值或使其得到正确处置，将产品从消费地移动到来源地以获得利益或妥善处理的过程。他们认为，逆向物流的配送系统是由人、过程、计算机软件和硬件以及承运商组成的集合，其相互作用，共同实现产品从消费地到来源地的流动。1999 年，上述定义被美国物流管理协会采用，成为逆向物流最通用的一个定义。

　　欧洲各国历来非常重视环境问题，从包装容器的回收再利用，到电子产品、机械产品的回收再利用，都通过立法强制规定了企业的责任，因此欧洲的逆向物流发展具有与美国不同的特点。1998 年，欧洲逆向物流工作委员会（The European Working Group on Reverse Logistics）对逆向物流的定义是：The process of planning, implementing and controlling flows of raw materials, in process inventory, and finished goods, from a manufacturing, distribution or use point to a point of recovery or point of proper disposal。即逆向物流是对原料、在制品及成品从制造厂、配送站或消费地向回收点或其他处置场所的流动而进行规划、实施和控制的过程。与 Rogers 和 Tibben – Lembke 给出的定义相比，该定义的范围更广。该定义强调，逆向物流的起点并不仅仅是消费地，还包括供应链上没被消费的剩余库存；另外，产品也不一定是被送回到它们的来源地，即逆向物流的终点可以是资源恢复链上的任何节点。例如，被回收的计算机芯片或集成电路板就不一定被返回到原来的供应链中，而是被应用于其他的产品链。

　　美国物流管理协会在 2005 年更名为美国供应链管理专业协会，该协会在其公布的《供应链全景——物流词条术语（2003 年 9 月升级版）》中，对逆向物流进行了重新解释：由于修理和信誉问题，对售出及送达客户手中的产品和资源的回流运动所实施的专业化物流管理。

　　我国正式定义逆向物流是在国家标准《物流术语》（GB/T 18354—2006）中，逆向物流的定义为："物品从供应链下游向上游的运动所引发的物流活动。"

综上所述，虽然各学者对于逆向物流的定义表述有所不同，但关于逆向物流的内涵是基本相同的。可以从流动对象、流动目的和物流活动构成等方面来阐述逆向物流的内涵。

（1）从流动对象看，逆向物流是产品、运输容器、包装材料及相关信息，从其最终目的地沿供应链渠道向上游或向处理设施点的流动过程。其中，产品包括用旧的产品、报废产品、有缺陷的产品、功能正常的积压物资以及顾客的无条件退货等。

（2）从流动目的看，逆向物流是为了重新获得废弃产品或有缺陷产品的使用价值，或者对最终废弃物进行正确处置，减少对环境的污染。

（3）从物流活动构成看，为实现逆向物流的目的，完整的逆向物流应包括对产品或包装物的回收、重用、翻新、改制、再生循环、最终处置等多种形式，还包括产品正向物流过程中的资源缩减活动。

随着逆向物流实践及认识的发展，逆向物流的定义还将继续发展。但正如欧洲逆向物流工作委员会认为的那样，逆向物流其实是一个概括性的词语，有广义与狭义之分。从狭义上看，逆向物流是通过分销网络系统将所销售的产品进行回收、处理的过程；从广义上看，逆向物流代表了与物料重新利用、节约资源及保护环境有关的一切活动，因此也应该包括减少正向物流过程中的物料消耗，如生产过程中的原料节约、边角余料的重新利用、包装物的重新利用、次品的改造等，以便有更少的物料回流，使正向物流量和逆向物流量同时缩减。逆向物流的定义虽然一直发生变化，但这些定义均与再循环相关。从逆向物流的不断实践中对定义进行提炼、丰富，更加有助于对逆向物流内涵的全面理解。

二、逆向物流的特点、分类与发展趋势

(一) 逆向物流的特点

逆向物流的最终目标在于让逆向物流不再存在，即如何从源头开始，实现产品的可循环设计。产品不是最后被动收回的，而是生态设计的，即产品设计时就是可拆解、可循环，如果达不到，就再制造、再利用、再资源化，最后最差才变垃圾。所以，逆向物流是分类产生价值，传统的正向物流核心在"流"上，而逆向物流更侧重"物"。同时，逆向物流作为企业价值链中特殊的一环，和正向物流是相伴发生的，二者有相似之处也有各自不同的特点。二者的共同点在于都具有装卸、运输、储存、加工等物流功能。但是，二者在实际操作中也存在许多不同之处。以下为逆向物流具有的鲜明特性。

1. 逆向物流市场供需存在高度不确定性

逆向物流的不确定性是指因回收产品的损坏程度不同，造成产品再加工和制造时间不确定以及原材料的需求不确定，增加了回收的产品再利用市场需求的随机性。与正向物流系统不同，逆向物流系统不仅要考虑市场对再加工产品的需求的不确定性和定价问题，还要考虑废旧品的回收成本和再加工方式的分配问题，尤其是汽车零部件和消费电子产品，据美国国家零售联合会的统计，汽车零部件和消费电子产品的退货率约为20%，而消费者的消费偏好受市场新产品价格和供给量的影响，变动较大。由此很难掌握供需的平衡性。

2. 多元化因素致使逆向物流产生领域较分散

正向物流通常是在人们的计划和掌控之下，在规定的时间内以指

定的数量从供应链上的某一节点流动到另一个指定的节点。但是在逆向物流中，每时每刻都有废弃物的产生，分散在社会的各个角落。逆向物流的多元化使得逆向物流具有较强的分散性，人们难以掌控。针对此特点，一些企业提供线上下单、线下上门回收的服务，节省了逆向物流因分散性而增加的回收成本。

3. 多因素影响致使回收业务运作复杂

逆向物流的恢复过程和方式因产品的生命周期、产品特性、所需资源、设备等条件不同而复杂多样，所以与正向物流中的新产品生产过程相比，复杂性更大。公司实施逆向物流会直接受到许多因素的影响，例如，消费者、供应商、竞争对手和政府机构。因此对于公司而言，很难做出有关恢复方式的战略决策来高效且经济地运作逆向物流系统。

4. 逆向物流使产品出现价值递减性与递增性的规律

一些回流产品，由于逆向物流过程中会产生一系列的运输、仓储及处理费用，因而会使其本身的价值递减。而另一些回流物品，对消费者而言没有什么价值，但是通过逆向物流系统处理后，又会变成二手产品、零件或者生产的原材料，获得了再生的价值，因此逆向物流又具有价值的递增性。

（二）逆向物流的分类

1. 按照逆向物流的来源分类

（1）商业退回。这是因为产品的过期或者产品的质量问题而引起的产品退回。

（2）产品召回。这是因为生产商而造成所销售的产品被发现有整批量的缺陷问题。

（3）保修退回。这是因为在产品维修期内或者质量保证期内的产品退回。

（4）制造退回。这是因为制造出的产品的质量未达标或者生产过剩而造成退回。

（5）全生命周期结束退回。在产品使用期限到期后，产品被退回而进行的再制造或者废弃处理。

2. 按照逆向物流产品的特征分类

按照逆向物流产品的特征，逆向物流可分为低价值产品逆向物流、高价值产品逆向物流、可以直接再利用的产品逆向物流。

3. 按照逆向物流再利用方式分类

（1）直接再利用。废旧产品未受损或受损程度极小，不经修理可直接再利用。

（2）翻新、再加工、维修。废旧产品功能在一定程度上受到损害，经抛光、翻新、再加工、修理维护等措施可使产品恢复再利用。

（3）再制造。废旧产品功能在受损严重的情况下，经过拆卸、检查修理或者零部件替换等措施手段，经过再制造恢复成具有新产品价值的再利用方式。

（4）再循环。对于无法再制造的废旧产品，考虑将其再循环处理成为新的原料，不保留回收物品的原有结构。

（三）逆向物流的发展趋势

逆向物流的本质是在追求经济效益的同时不损害生态环境，实现经济社会发展与生态环境保护的"双轮驱动"，其最终目标是实现经济、社会和环境的协同与可持续发展，对于建设美丽中国，实现"中国梦"具有重要的现实意义。

如果说2001—2015年是中国"逆向物流1.0"时代的话，那么种种迹象表明，从2016年开始，国内迈入"逆向物流2.0"时代，这个时期最重要的特征是"互联网＋逆向物流"逐步形成。未来，"逆向物流3.0"时代将是云计算、物联网、大数据、区块链的应用舞台，我们应积极顺应时代潮流，主动谋划、加紧布局、密集发力，全力打造要素齐全、开放协同的生态高地。

1. 从"互联网＋"回收，到"区块链＋"循环经济

2015年6月，李克强总理主持召开国务院常务会议，以推动"互联网＋"行动，大会通过了《"互联网＋"行动指导意见》。2016年1月，国家发展改革委办公厅印发《"互联网＋"绿色生态三年行动实施方案》，推广"互联网＋"回收的新模式。因此，在当前"互联网＋"方案的背景下，加上我国政府的大力鼓励，基于B2B、B2C和其他电子商务模式的在线回收平台，应运而生。

如深圳淘绿信息科技股份有限公司将互联网思维融入传统回收行业，构建了专注于再生资源行业的回收服务第一平台，集线上回收交易平台、二手商城平台、拆解物交易平台、积分系统于一体；上海森蓝环境资源有限公司首创废弃电器电子产品"5H"回收模式，即回收服务中心（通过网络、微信、电话、电子货架等各种方式预约登记回收信息—客服及时响应—安排调度上门回收）、回收服务点、回收服务台、回收中转储存库、回收服务移动站；广州市城管委依托绿创科技建设的"城市废弃物智慧监管平台"，依托物联网技术，对环卫管理所涉及的人、车、物、事进行全过程实时、动态管理，实现了广州市域范围内七大类垃圾的全过程闭环管控，绿创科技开发的"92回收"利用"互联网＋"工具对分类回收环节进行了信息化改造，利用互联网手段覆盖大量的再生资源产生者和回收者，引导并控制再生资源的分类回收渠道。

2019年10月24日，习近平总书记在中央政治局第十八次集体学习时强调，把区块链作为核心技术自主创新重要突破口，加快推动区块链技术和产业创新发展。区块链技术是新一轮科技革命和产业变革的重要法宝，当下，国家正面向产品溯源，构建完善产业生态，探索"区块链＋"的应用领域。

而区块链技术在物流行业的应用，使得物流商品具备了资产化的特征。区块链可以将信息化的商品价值化、资产化，主要是因为区块链技术所记载的资产不可更改，不可伪造。而固定了商品的唯一所有权，可以使所有物流链条中的商品可追溯、可证伪、不可篡改，实现物流商品的资产化。利用区块链基础平台，可使资金有效、快速地接入物流行业，从而改善中小企业的营商环境。

如今，区块链技术应用已延伸到数字金融、物联网、智能制造、供应链管理、数字资产交易等多个领域。然而，在循环经济领域中，区块链技术可以和逆向物流天生结合。通过区块链技术可以降低逆向物流的回收成本，追溯产品的生产和运送过程等。

在逆向物流过程中，在节点连接的散状网络分层结构中，应用区域链技术能够在整个网络中实现产品回收信息的全面传递，并能够检验信息的准确程度。这种特性在一定程度上提高了回收的便利性和智能化。

在未来的智能逆向物流回收中心，我们能够根据回收物的属性特点、库位存放规律或者顾客需求等建立区块链账本，在这个账本中，我们可以设置信息的共享程度，保留私密信息，共享其他信息。回收中心的工作人员或者其他行业人员便可实时共享数据，以便及时进行调整。

2. 强化绿色技术支撑，推动绿色物流发展

绿色物流是指在物流过程中抑制物流对环境造成危害的同时，实现对物流环境的净化，使物流资源得到最充分合理的利用。当前我国的绿色物流还处于刚刚兴起的阶段，绿色主要表现在绿色运输、绿色包装、绿色流通加工、绿色装卸及绿色仓储等方面。随着国家的大力提倡，我国的绿色物流得到了快速发展，顺丰速运、京东物流、菜鸟物流等领头物流企业纷纷跟进，实现自己的绿色物流。

逆向物流是通过对经济系统进行物流和能流分析，运用生命周期理论进行评估，旨在大幅度降低生产和消费过程的资源、能源消耗及污染物的产生和排放。在这一意义下，绿色技术体系包括用于消除污染物的环境工程技术，包括用以进行废弃物再利用的资源化技术，更包括生产过程无废少废、生产绿色产品的清洁生产技术。建立绿色技术体系的关键是积极采用无害或低害新工艺、新技术，大力降低原材料和能源的消耗，实现少投入、高产出、低污染，尽可能把污染物消除在生产过程之中。同时，要把清洁生产的着眼点从目前的单个企业延伸到工业园区，建立一批生态工业示范园区，依靠科技进步和技术创新，使逆向物流技术与管理相结合转化成现实的生产力。

3. 从传统的被动式回收向主动式逆向物流管理发展

主动式逆向物流管理就是以降低企业产品风险、提高单位产品利润率为核心，采取主动积极的逆向物流方式，追溯退货产品在其全生命周期的显性或隐性问题，如质量缺陷、设计错漏、产品过期、产品换季滞后等，通过有效计划、组织、运行、控制，改善优化企业的供应链管理（包括采购与库存管理）、质量管理、研发管理、售后服务、生产管理和产品市场定位，从而达到树立企业品牌形象、提升客户忠诚度、促进客户重复购买、降低服务成本、强化核心竞争力的共同目标。

主动式逆向物流管理不再将逆向物流视为被动式存在体进行管控，而是突破常规思维，由此及彼、由表及里地跨界延伸到供应链整个过程，将逆向物流本体作为"透视镜"识别与产品风险相关的供应链各个环节存在的问题，提高运营管理效率。如葛莱（Graco）是一个在全球颇受认可的婴儿用品品牌，也是很多家长的首选。但即使如此值得信赖的品牌也可能会产生问题。2017 年 5 月 10 日，葛莱不得不召回约 25000 辆 My Ride 65 敞篷儿童座椅，这是因为这些座椅的安全带在发生碰撞事故时可能撕裂，不能很好地保护儿童的安全。

主动式逆向物流管理与传统物流的 5R 原则不同，一般应当遵循"PPT – SIR"原则，即预测（Predict）、预防（Precaution）、跟踪（Track）、快速（Speed）、识别（Identify）、矫正（Recovery）。如果正向物流管理 5R 原则的目标在于满足客户需求、提高企业的效率效能，那么主动式逆向物流管理的"PPT – SIR"原则的目标则在于让企业远离产品"危机风险"和提高客户的"黏合度"，并且其应该贯穿于产品整个生命周期。

4. 第三方逆向物流是未来的发展趋势

在"互联网＋"时代下，电子商务平台迅速兴起，并在多个领域得到广泛应用。而电子商务产业的迅速兴起也促使第三方逆向物流管理形式应运而生。第三方逆向物流管理形式主要采用合同形式，为企业节约更多的时间和精力，从而研发和生产更多核心的产品，为企业物流管理节约时间、提供便利。这种第三方逆向物流管理形式的应用虽然具有一定的优势，但同时也应该对此进行严格监督，严格执行合同的规定，避免由于物流管理的问题而影响企业的正常生产。同时，企业还应该对逆向物流管理模式进行创新，为企业逆向物流管理提供新的生命力，从而为企业其他业务尤其是核心业务的开展奠定基础、提供便利。逆向物流外包模式是企业物流运作模式发展的趋势和方向，也是物流专业化发展的产物，应该说其适用范围是广泛的，适合于大多数企业。

三、逆向物流对于应急物资的理论价值

一方面，可以将应急物资中有再利用价值的部分，加以分拣、加工、分解，使其成为有用的物资，重新进入应急供应链，以缓解人民对物资的应急需求。通过应急物资的循环再利用，也能够有效降低生产过程中的能源耗费，降低碳排放。另一方面，应急物资的高效循环能够实现整个应急产业链闭环，从而节约自然资源、降低生产成本和污染治理成本。对于部分基本或完全丧失了使用价值的最终排泄物，可以进行焚烧，或送到指定地点堆放掩埋，从而达到环保目的。

下文将根据逆向物流的内涵与特点，研究如何实现应急物资循环

利用机制，让回收变得更容易、让处理变得更可持续，这是逆向物流对应急物资的理论价值与应用关键。同时，应急物资回收逆向物流提供给人们参与循环经济的途径，还能够倡导绿色环保理念，有助于整个社会形成一种良好的环保意识。成为促进区域可持续发展，实现社会效益、环境效益与经济效益三者有效统一的重要选择。

第二节 闭环供应链

一、闭环供应链的背景与内涵

（一）闭环供应链的产生背景

习近平总书记在党的十九大报告中指出："要牢固树立社会主义生态文明观""推进资源全面节约和循环利用"。资源与环境是人们赖以生存的基础，资源节约、环境友好是国家经济持续健康发展的重要原则。闭环供应链（Closed Loop Supply Chains，CLSC）是强调以生产者为主导的闭合循环网络，它是在 20 世纪 90 年代中后期随着"生产者责任延伸制度"的实施逐步兴起的。起初，研究人员只是将正向物流和逆向物流分割成两个互相独立的领域进行研究，但这样分离的研究方式往往无法进行全局优化，一定程度上增加了制造商成本和风险。因此，闭环供应链应运而生，突破了建立在单向物流基础上的开环供应链系统的研究范畴。因此，闭环供应链是传统正向供应链与包括从回收到再制造的逆向供应链的有机结合，是履行生产者责任、促进绿色低碳经济发展的重要途径。

闭环供应链产生的直接原因是环境的持续恶化、资源日益消耗短缺和法律法规的限制等。欧盟在环境和资源保护方面立法非常广泛，这些法规在欧盟以及和欧盟进行贸易的国家都有法律效力，欧盟立法带来了示范效应、环保方面的改善、回收利益的驱动，其核心主旨就是要求制造商在产品的生命周期之内及之后承担一定的环境责任，完成废弃产品的回收、处置、再利用等一系列工作。因此，闭环供应链的深度和复杂程度都远超出了传统供应链，它涉及从战略层面到运作层面的一系列变化，是正向物流与逆向物流的有机合成，而不是简单的"正向物流 + 逆向物流"。

（二）闭环供应链的内涵发展沿革

闭环供应链是 2003 年提出的概念，用于集成正向供应链和逆向供应链。闭环供应链是指企业从采购到最终销售的完整供应链循环，包括了产品回收与生命周期支持的逆向物流，是对逆向物流概念的进一步发展。早期的供应链管理只关注经济效益，对可持续发展的重要性没有达到应有的认识，在生产环节中存在极大的浪费。供应链发展到这一阶段亟须进行变革，在传统供应链的基础上新增回收、筛选、再处理等一系列作业环节和相关的网络，将各个逆向的活动与传统供应链框架相结合，从而形成了一个闭环结构。闭环供应链的基本含义是指基于传统的正向供应链，考虑逆向物流、可持续发展和循环经济的理念，与产品回收、处理、废弃过程的逆向供应链相结合，形成一个"资源—生产—消费—再生资源"的闭环过程，从而实现产品全生命周期的有效管理。闭环供应链除了传统供应链的内容，还对可持续发展具有重要意义，所以传统的供应链设计原则也适用于闭环供应链。

因此，闭环供应链的内涵可概述为两个部分：一是包含一条主供应链；二是包含一个或多个供应回路。主供应链是正向供应链，指的是产品从原材料的获取到产品报废的整个过程，供应回路代表的是逆向供应链，这条回路的主要目的是收集废旧产品，提取其剩余价值，从而实现最大的经济效益。闭环供应链管理的直接目标并不是节约资源和保护环境，但其对产品原材料的回收等过程确实在一定程度上促进了资源的再利用。更为重要的是，闭环供应链的构建需要相当大的再生设施、技术和网络构建方面的投资和支持，其所带来的环境和资源状况的改善并不是免费之举。废旧产品的加工再处理、废旧零部件的回收和运输等都需要消耗一定的能源。由此可以看出，单一地考虑实施闭环供应链管理是无法实现环境保护与资源可持续发展的目的，因为这并不是闭环供应链所追求的管理目标。要想实现环境与资源的共同发展，就应该积极融合绿色供应链与闭环供应链的发展理念，既倡导供应链的绿色化管理，同时也不放松对供应链末端废旧资源的逆向回收，从而实现经济效益与环境效益的协调统一。

二、闭环供应链的特点、分类与发展趋势

（一）闭环供应链的特点

供应链的一大特点在于不确定性。对传统供应链而言，不确定性产生的根源主要有三个方面，供应过程、制造过程和客户需求过程。由于增加了逆向供应链回收产品采集、检测分类及再处理等过程，因此，闭环供应链的不确定性更复杂，主要体现在供应、回收、需求、

生产与再制造、外界环境等方面。

其中，供应的不确定性主要表现为原材料供应提前期的不确定性、货物的可得性，以及供应量的不确定性；回收的不确定性主要表现为废旧产品回收状态的不确定性，包含回收时间、回收数量和回收质量等因素；新产品的需求不确定性存在着时间、空间上的差异性以及需求结构的变动等问题，而再制造产品在消费市场区域分布、需求数量以及销售价格等方面的不确定性比新产品更加难以描述；生产与再制造的不确定性体现在生产系统的复杂性与再制造技术的不完善上，这使得再制造过程要比传统的生产制造过程具有更大的不确定性；外界环境如恶劣天气导致原材料数量减少、价格上涨，影响了供应链上每个主体的运作情况，尤其是政府的支持或限制政策等社会原因将对整个闭环供应链甚至行业产生巨大影响。在闭环供应链的整体竞争力不强、利益分配不均衡的情况下，极易造成这种动态企业联盟的解体。

除此以外，闭环供应链还有如下特点。

（1）高度复杂性。闭环供应链不仅包括传统的正向供应链，还包括从消费者开始经由回收程序到最终再制造等一系列的逆向物流过程，废品的逆向流动涉及回收产品的数量、质量以及时间的高度不确定。闭环供应链系统的设计需要在考虑效率与效益的基础上考虑对环境的影响，这就使得闭环供应链系统比传统供应链系统的设计更加复杂。因此，在广度及深度上闭环供应链系统都比传统的供应链系统更加复杂。

（2）供需不平衡。经过一系列的翻新、维修、再制造及其他回收处理过程后，废旧产品、零部件或原材料可以进行再销售。然而，由于产品的回收和需求无法估计和衡量，并且存在一定的滞后效应，导致废旧产品的回收供应与销售需求无法匹配。

（3）利用率较高。在再制造过程中，可能会使原先的废料变成有用的产品，最大限度地提高材料利用率，减少浪费并节约资源。

（4）目标多样性。传统供应链管理的目标是经济利益最大化，而闭环供应链管理除了要考虑经济利益外，还需要考虑环境保护等因素。环境保护因素包括消费者的环保意识、政府出台的关于环境保护的法律法规和行业中关于环保的一些新型技术等。因此，闭环供应链的目标多样性体现在，既要综合考虑这些环境保护因素，又要考虑经济方面的要求。在闭环供应链管理中必须面对更多企业、更多系统的协调问题，这是由于闭环供应链中参与的企业相对传统供应链变得更多。

（二）闭环供应链的分类

按照产品生命周期的不同，闭环供应链可以分为以下阶段：生产阶段、再分配阶段、使用阶段和废弃阶段。其中，在废弃（即产品生命周期结束）阶段，产品失去了本身的特性。但是某些部分功能元件、材料等可能还有其他的用途。在每个阶段，公司必须决定是否使相关的供应链形成闭环。根据产品类型、生产过程及流向规模的不同，每个阶段都有其独特而明确的可能性及需求。

1. 生产阶段形成的闭环供应链

闭环供应链中的三个主要组成部分可以区分如下。

（1）旧的产品：在分配过程中使用的设施，如内部运输原料、零部件或半成品的货盘及卡车。

（2）脚料：不能重新进行加工的材料、零部件及生产过程中的瑕疵品。在汽车厂中，金属冲压产生的焊接废料就是一个简单的例子。

（3）残次品：不能满足某些预先设定质量标准的产品。有些可能是脚料，而另一些可以进行重新加工，加工到可以满足原标准的产品出售，或加工到可以作为质量稍差的产品出售。许多工厂中都有这样的实例，如半导体工厂、汽车厂以及许多加工工厂。

2. 再分配阶段形成的闭环供应链

再分配阶段产生的闭环供应链产品回收主要有以下几种。

（1）商业退回：指出售时带有退回条款并被退回的产品。商业退回是一种较为常见的退回方式。通常在签订合同时，买卖双方会有一定的条款来约束产品的退回政策。目前，通过互联网进行销售的企业产品中，被退回的现象比较多（如亚马逊、淘宝等），其退回率为5%~50%。

（2）送货不当：由于送货太早或太晚，产品有瑕疵，或其他不符合规范的货物配送而导致顾客拒绝接收的商品。

（3）召回：由于已经出现或可能出现问题而返回的产品。送货不当和召回的返回流向对于公司的名誉非常重要，所以需要认真考虑和对待。这方面的实例不胜枚举，比如汽车厂、汽车轮胎厂、制瓶厂等。

3. 使用阶段形成的闭环供应链

有一些关于产品的闭环会最终返回到当前的用户。这种情况可能会在保修及召回的条款中存在，或者在公司提供产品的修理、翻新或改造时发生。同时也存在客户不想继续保留产品，并将产品的返回机会给了厂商的情况。在商品的租期结束时，产品会得到保留，如汽车、复印机、手机等。从当前用户或初始制造商的角度来看，产品在技术或经济生命周期末的返回，可能是在另一个市场内（如二手市场）生命周期的开始。

4. 废弃阶段形成的闭环供应链

生命周期结束的产品是指由于达到使用寿命而返回至分配者或生产者手中的产品，这种回收产品的零部件及材料可以在其他产品中再利用。对于生命周期结束的产品回收问题，近年来引起了学术界和企业界的高度重视。因为这种类型的闭环供应链是最为复杂的，时间跨度因涵盖整个生命周期而比较长，且涉及供应链的各个环节，从价值链、数量、技术保密等方面来讲，对企业也是最重要的。

（三）闭环供应链的发展趋势

闭环供应链中企业通常包括制造商、零售商、经销商、第三方回收商和消费者等成员。闭环供应链是指企业从采购到销售再到产品回收的完整供应链结构系统，涵盖了生命周期支持的逆向物流，实现了"资源—生产—消费—再生资源"闭环反馈式循环。闭环供应链背后的理念是鼓励回收商和消费者参与废旧产品回收活动中。这不仅积极补充了原有的正向供应链，而且进一步完善了传统供应链理论。

闭环供应链思想的提出，使供应链管理的研究突破了开环供应链系统的范围，包括了企业中的战略、市场、质量管理、信息系统、物流等各个部门。它控制着物质流，从而降低了污染物排放，并在保证质量的前提下给顾客提供价格较低的产品。如何将正向供应链和逆向供应链进行有机集成，建设和完善闭环供应链将成为学术界和企业界今后面临的一个巨大挑战。因此，对闭环供应链进行全面管理也势在必行。

现阶段针对闭环供应链管理问题的主要对策包括以下两点。

（1）由政府主导实行的政策法规和奖惩机制引导闭环供应链的健康发展。

（2）解决闭环供应链中各成员之间信息共享问题。

未来，闭环供应链的发展趋势可以有以下三种。

（1）分析、评价影响闭环供应链管理的各项因素，对各因素的共同作用进行研究。

（2）建立新的研究模型，将信息不对称等实际情况纳入研究范畴，贴近实际商业模式。

（3）研究降低闭环供应链的总成本。

三、闭环供应链对于应急物资的理论价值

闭环供应链管理因兼具经济效益与环境效益的特点成为学术界和企业界的重要研究课题。虽然闭环供应链管理理论发展迅速，但是很多问题还缺乏系统性和深入性研究。应急物资在突发公共卫生事件中完成物资运达与被使用的使命后，就进入了闭环供应链环节，在这个闭环供应链上，人民群众、应急物资回收商、应急物资生产商、人民政府等都会参与其活动。然而，应急物资的闭环供应链结构复杂，难以有效衔接或协调整体，存在许多潜在问题。下文对于闭环供应链的应用，主要用于分析应急物资的逆向物流系统设计、逆向物流网络构建等，这将有助于寻求适当措施使之具有良好的协调性，解决正向物流和逆向物流的各种矛盾以及不确定因素。

第三节　应急物流

一、应急物流的背景与内涵

(一) 应急物流的产生背景

尽管当今世界科技高度发达，但突发性自然灾害、公共卫生事件、地区性军事冲突等仍时有发生，这些事件有的难以预测和预报，有的即使可以预报，但由于预报时间与发生时间相隔太短，应对的物资、人员、资金难以实现其时间效应和空间效应。针对这种情况，各国都对突发事件应急管理体系进行了构建，十分重要的一个组成部分就是应急物流系统，以便将物资提供出来，更好地处理突发事件；同时，可以更好地配置和动态调配系统资源，资源的综合利用率得到了提升。

在第二次世界大战结束后，根据对军事后勤物流的研究，人们提出了在灾害性或突发性事件中保障资源供应的应急物流的概念。可以说，应急物流是从军事物流发展而来的，并且以政府设立专门的应急机构为开端。

应急物流是在重大自然灾害以及突发的公共卫生、公共安全以及军事冲突等突发性事件中，对人、财、物等资源的需求而进行的紧急资源保障的特殊物流活动。既然是物流活动，我们同样需要研究应急物流体系中的流体、载体、流向、流程与流量等要素。

从宏观层面上看，从中国唐山大地震到美国"9·11"事件，从

SARS、禽流感到"汶川地震""玉树地震""新冠疫情"等灾难，人们在突发事件面前表现出的被动局面均暴露了现有应急机制、法律法规、物资准备等多方面的不足。

从微观层面上看，一方面，企业决策所需的信息不完备以及决策者的素质限制等原因，导致任何决策者都无法确保所有决策均正确无误；另一方面，因道路建设断路等使货物在途时间延长、交货期和回收期延长，因信息传递错误导致货到而不能及时回收、召回等，也会产生逆向应急物流需求。企业迫切需要制定预案，对不可抗拒的和人为造成的紧急回收状况进行有效防范，将成本降到最低。

（二）应急物流的内涵发展沿革

中华人民共和国国家标准《物流术语》（GB/T 18354—2006）中对应急物流的定义是："针对可能出现的突发事件已做好预案，并在事件发生时能够迅速付诸实施的物流活动。"由此可见，应急物流是指以提供突发事件所需应急救援物资为目的，以追求时间效益最大化和物流费用最小化为目标的特种物流活动。而除了具有一般物流系统的六个基本要素，即流体、载体、流向、流量、流程和流速外，应急物流还具有特殊的时间要素。这是因为在应急物流过程中，存在着紧迫的需求时间约束。同时，应急物流也具有空间效用、时间效用和形质效用。一般物流既强调物流的效率，又强调物流的效益，而应急物流在许多情况下是通过物流效率的实现来完成其物流效益的实现。

2006年11月，经民政部批准，全国第一个从事应急物流的专业组织——中国物流与采购联合会应急物流专业委员会成立，它是应急物流行业唯一的全国性专业社团组织，是政府和军队开展应急物流建设与管理的辅助力量。

2018 年 3 月，应急管理部的成立标志着我国应急管理和逆向应急物流又有了质的进步，应急管理部主要负责组织编制国家应急总体预案和规划，指导各地区各部门应对突发事件工作，推动应急预案体系建设和预案演练。

当前学界对应急物流的内涵有以下四类理解。

一是指为发生重大突发事件的受灾区域提供紧急物资，努力减少灾害损失的特殊物流供给活动。

二是指为了应对非常规性突发事件而对物资、资金等需求进行紧急物流保障的措施。

三是指在重大自然灾害、事故灾害、公共卫生事件和社会安全事件中，为满足和保障社会物资需求，紧急且有计划地对灾区物流支援的运作模式。

四是指在应对非常规性突发事件时，政府、企业等有关机构组织进行灾前筹备、灾时运营、灾后恢复阶段所需生活、医疗、教育物资的实体流动过程。

分析上述四类理解，发现其内涵基本一致。总结来说，应急物流是由突发事件引发的需求剧增导致的，其目标是在最短的时间内把灾害损失最小化，其本质是特殊物流供给活动或物流支援运作模式，其意义是突发状况下安全稳定的根本保障。综上所述，本书认为应急物流是指为应对突发事件，恢复正常社会秩序而进行的迅速物流供给活动。

二、应急物流的特点、要求与发展趋势

（一）应急物流的特点

1. 突发性

这是应急物流区别于普通物流的一个明显的特征。很多突发事件都是在毫无预兆，人们毫无准备的情况下突然发生的。由于应急物流的时效性要求非常高，必须在最短的时间内，以最快捷的流程和最安全的方式来进行应急物流保障。这就导致物流运行机制不能满足应急情况下的物流需要，必须有一套应急机制来组织和实现物流活动。

2. 不确定性

应急物流的不确定性，主要是由于突发事件的不确定性引起的，事件发生后，人们也很难准确地估计突发事件的持续时间、影响范围、强度大小等，从而使应急物流的内容随之变得具有不确定性。

3. 弱经济性

应急物流关键在一个"急"字，如果运用那些普通物流的理念按部就班地进行，就很难应对紧急情况下的物资需求。在一些重大疫情中，普通物流的经济效益原则将不再作为一个物流活动的中心目标加以考虑，因而应急物流的目标具有明显的弱经济性。

4. 非常规性

应急物流以其特殊性，可以省略掉许多普通物流过程的中间环节，整个物流过程将表现得更加紧凑，物流机构更加精干高效，物流行为也表现出很浓的非常规色彩。例如，在军事应急物流中，在以"一切为了前线、一切为了打赢"的大前提下，必然要有一个组织精

干、权责集中的机构对物资进行统一调度和配送，以确保应急物流活动的协调一致和准确及时。

5. 事后选择性

应急物流的突发性和随机性，决定了应急物流的供给与一般的企业内部物流或供应链物流是不同的，不能根据客户的订单或需求提供预定的产品或服务。应急物流供给是在事件发生后，为进行紧急运送或灾难救助，在极短的时间内完成应急物资的调度。

6. 流量的不均衡性

应急物流的突发性和不确定性，决定了应急物流系统必须能够在极短的时间内将大量的应急物资进行快速回收以及运送，而每一阶段所需物资的数量和种类也会根据事情的不断变化而变化，很难进行准确估计，这使相关物资的运输也呈现出不均衡性。

7. 时间约束的紧迫性

应急物资多是为抢险救灾或事发突然之用（如医用口罩供应、地震时必备物资运输等），时关生命，时关全局。应急物流速度的快慢直接决定了突发事件发生后所带来的进一步危害的强弱和损失的大小。

8. 社会公益性

突发事件的相关应急工作是全社会共同责任，它不再是哪一个部门或者是一个机构单独完成的任务。当有关部门在应急物流过程中没有足够的资源，不能及时、有效地满足需求时，可以与社会其他的部门建立协作关系，社会其他的部门也有责任提供相应的帮助。因而在应急物流中，社会公共事业物流多于企业物流，经济效益的重要性位于社会公共效益之后。

（二）应急物流的要求

1. 政府要加强协调机制

应急物流要求加强政府和公民之间的合作和协调。政府通过制定法律法规等形式成立专门的机构，并给予特定的权力和资源，来实施政府职能：及时提出解决突发事件的处理意见、措施或预警方案；组织应急物资及时、足量配送等。这一系列政府职能的实施都离不开公民的积极合作：公民积极为救灾献计献策；为赈灾提供充足的人力资源；无偿或有偿为灾区捐赠、运输救灾物资等。全民积极参与，给予政府后方支持，做到政府和公民的协作，以保赈灾工作的顺利进行。

2. 高度重视应急物流的重要性

严密防范和有效应对各类突发事件，已成为各国应急管理机构关注的重要问题，应急物流体系是其中的重要保障和有力支撑。因此，必须明确应急物流、应急储备的重要性及其公共服务功能与公共财政性质。古语说，"兵马未动，粮草先行"，应急物资就是应对突发事件的"粮草"，必须有预案、有储备，"储得下、调得动、用得上"。必须由各级财政足额投入，绝不能含糊，更不能弄虚作假、缺斤短两。同时，要讲究科学合理、安排适度，绝不是多多益善。

3. 建立各种类型的应急物流预案

应急物流预案应以加强应急准备为指导思想，以提高应急准备能力为核心目标，以系统论和系统工程为基本方法，形成具有战略性、前瞻性、继承性和致用性的应急预案体系框架的总体设计。我国的应急物流需求是非常迫切的，应急物流需求的种类也是多种多样的。因此，我们要有针对性地发展我国的应急物流，如地震、泥石流、山体滑坡、冻雨之类自然灾害发生时的应急物流；新冠疫情、SARS、禽流感等发生时的应急物流。

4. 加强应急物资的储备和管理

应急物资的及时补充是稳定灾区民心、保障社会安定的重要条件和基础，因此，加强应急物资的储备和管理，对相关物资进行应急回收、再利用也尤为重要。如此，当灾难发生时，能够在第一时间向灾区配送相关应急物资，尽快帮助灾区重建，同时将灾区相关需要回收或处理的物资收集并转运到合适的地点，保障灾区人民的基本生活。可以在全国范围内新建一些救灾物资的储备中心和应急中心，储备专项用于救灾、安置灾民，以保证救灾物资的及时输送和及时回收。在救灾物资储备方面，要尽量从灾民的日常生活需求出发，以确保灾区人民的基本生活，同时要保证相关物资可以尽可能地多次使用或者回收后另作他用。在应急物资管理方面，必须严格按照制度、程序来调拨，加强监督管理，合理分配应急物流的相关运输车辆和库位。

5. 建立健全逆向应急物流的法律机制

从世界范围来看，在应对突发性灾难的时候，国家立法起着很重要的作用。一方面，相关法律可以保障特殊时期、特殊地点、特殊人群的秩序和公正；另一方面，相关法律可以规范普通民众和特殊人群在特殊时期、特殊地点的权利与义务，可为与不可为。应急物流中的法律机制实际上是一种强制性的动员机制，也是一种强制性的保障机制。例如，在发生突发性自然灾害或公共卫生事件时，政府有权有偿征用民用建筑、工厂、交通运输线、车辆、物资等，以解救灾和赈灾急时之需。许多国家都制定了类似上述功能的法律，如美国的《紧急状态法》、俄罗斯的《联邦公民流行病防疫法》、韩国的《传染病预防管理法》等。

（三）应急物流的发展趋势

国内学者对应急物流的研究在不断发展和补充，研究方法不断创新、研究内容不断丰富、研究方向进一步深入。但也难免暴露出一些不足，而这些都将是应急物流的发展趋势。

1. 研究队伍多元化，加强产学研的紧密合作

目前，研究团队主要以高校学者为代表，政府部门研究工作不能停留于政策文件、会议发言等表面，企业研究团队也应依据所属领域研发出有针对性的应急物流组织机制，同时鼓励高校科技资源的开放，促进高校、政府、企业在后续对应急物流的研究加强合作，取长补短，使产学研三者紧密结合。

2. 鼓励科技创新，以科技成果进一步完善理论体系和分析框架

科技创新成果应当面向世界科技前沿、面向经济主战场、面向国家重大需求。当下，长期的新冠疫情与频发的自然灾害都在推动应急物流持续发展。因此，相关研究更应该从整体出发，依据国内应急物流的特点和实际需要，系统地解决存在的问题，从而建立完善的理论体系和分析框架。

3. 着眼于可重复使用的物资，加强逆向应急物流管理机制的建设

救灾物资使用结束后，对于可重复使用的救灾物资，可由使用省区市的省级民政部门组织指导灾区民政部门直接回收或者经维修整理后，作为救灾物资储备。逆向应急物流管理对于突发事件的处理具有重要作用，既可以避免出现物资匮乏的状况，又可以加强对

环境的保护。由此可见，加强逆向应急物流管理机制的建设显得尤为重要。

三、应急物流对于应急物资的理论价值

应急物流系统是应急物流体系中的重要组成部分，它为突发公共卫生事件的应急处置提供了物质保证。但对应急物流体系的认识不应该停留在单向的应急物资的供应保障上，逆向应急物流的问题与管理同样不容忽视。根据应急物流的特点与要求，下文将主要探讨逆向应急物流的体系建设与系统设计，从而提高应急物流系统的整体效率，并对应急物流中可回收或失去原有使用价值的物资，根据实际需要进行收集、分类、加工、包装、储存，以实现可重复利用物资的回收和废弃物资的妥善处理。

第四节　循环经济

一、循环经济的背景与内涵

（一）循环经济的产生背景

传统经济具有高开采、低利用、多排放的特点，使其在发展过程中对资源产生了大量浪费，也造成了严重的污染排放。在这样的背景下，循环经济的概念应运而生，其是物质闭环流动型经济的简称，它以可持续发展原则为基础，是一种关于社会经济与资源环境协调发展的新经济概念。

其中，循环物流由两种渠道构成。

一种是物品通过"生产—流通—消费"渠道，满足消费者需要的正向物流。

另一种是合理处置废弃物的渠道，将不再被消费者需求的废弃物变成重新投放到市场上的可用商品的整个过程的所有物流活动。

回顾循环经济的产生背景，有以下通用的概念。

1. Cradle to Cradle（摇篮到摇篮）

德国化学家 Michael Braungart（迈克尔·布朗嘉特）与美国建筑师 William McDonough（威廉·麦克唐纳）一起提出了 Cradle to Cradle（摇篮到摇篮）理念及认证程序。这一理念将工业和商业过程中所涉及的全部材料视作两种类型的养分——生物和非生物。该理念的架构注重对产品有积极影响的有效产品设计，并通过效率减少商业的负面影响。

Michael Braungart 与 William McDonough 从其专业实践出发，通过描述樱桃树的生长模式，阐述了他们重新设计的可持续发展模式。樱桃树从它周围的土壤中汲取养分，使其花果丰硕，但并不耗竭它周围的环境资源，相反，用它撒落在地上的花果滋养周围的事物。这不是一种单向地从生长到消亡的线性发展模式，而是一种"摇篮到摇篮"的循环发展模式。

2. 绩效经济

1976 年，Walter Stahel（沃尔特·斯塔尔）与 Genevieve Reday（吉纳维芙·里德）共同向欧盟委员会提交了一份题为《用人力替代能源的潜力》的研究报告。该报告描述了对于循环经济的设想，介绍了循环经济对于提供就业机会、经济竞争力、资源节约以及预防废弃物产生的影响。Walter Stahel 提出了生产过程的"闭合环路"法则，并于1982年在日内瓦成立了产品生命研究所，专门针对延长产品寿命、开发使用寿命较长的商品、修复以及预防废弃物产生。此外，他还强调出售服务而非出售产品本身的重要性，这一理念被称作"功能服务经济"，如今也被广泛地并入"绩效经济"的概念中。

3. 仿生学

《仿生学——自然启发的创新》一书的作者 Janine Benyus（珍妮·本尤斯）将自己的方法定义为"一种新兴学科"，这个学科研究大自然的杰出设计，然后模仿这些设计和流程以解决人类面临的问题，例如，通过研究树叶以优化太阳能电池。仿生学的研究依赖于三个主要原则。

（1）以自然界为模型：研究自然界的模型，模仿自然界的形式、过程、系统等来解决人类面临的问题。

（2）以自然界为衡量标准：通过生态标准判断创新的可持续性。

（3）以自然界为指导：更多地关注人们能从自然界中学习并可借鉴的模式，而不是人们能从自然界中提取到的资源。

4. 工业生态学

工业生态学主要研究工业系统中流动的材料和能源。这种方法关注"工业生态系统"中运行者之间的关系，旨在创建一个可把废弃物作为投资标的的循环流程，从而消除副产品的概念。工业生态学采用了系统性观点，根据当地的生态制约，从一开始就考虑生产过程对全球产生的潜在影响，努力使生产过程尽可能地贴近生态系统。鉴于其跨学科的特性，"工业生态学"有时也被称为"可持续科学"，其原理也可以运用到服务业中。同时，"工业生态学"也强调自然资源的恢复。

5. 蓝色经济

"蓝色经济"概念是由 Ecover（益康威）前首席执行官——比利时企业家 Gunter Pauli（冈特·鲍利）所提出的，是一场结合具体案例研究的开放资源运动。Gunter Pauli 在递交给罗马俱乐部的一份同名报告中提出了这一概念。"利用级联系统中的可用资源，在产品报废后成为能够创造新现金流的投资"。"蓝色经济"包含 21 条创建原则，坚持根据地方环境以及物理或生态特性提出解决方案。该报告描述了在未来的 10 年中，能够通过 100 项创新成果创造出 1 亿个工作岗位，提供了多个国家间合作的成功案例，致力于促进项目创新与合作。

6. 再生设计

在美国，John Lyle（约翰·莱尔）最早提出了适用于各系统（除农业外）的再生设计的理念，为循环经济架构奠定了基础。再生设计是一种基于过程导向系统理论的设计方法。"再生"一词描述恢复或更新能源和材料来源的过程，创造可持续的系统，将社会需求与自然的完整性结合起来。如今，John Lyle 再生研究中心设置了有关这一题目的课程。

（二）循环经济的内涵发展沿革

循环经济强调经济效益、环境效益和社会效益的统一。这一思想萌芽诞生于 20 世纪 60 年代的美国。从 20 世纪 70 年代后期开始，在学者和企业家的带领下，循环经济在现代经济体系和工业生产过程中迅速发展并得到实际应用。例如，德国将循环经济定义为物质闭环流动型经济，出台了《循环经济与废物管理法》，明确企业生产者和产品交易者担负着维持循环经济发展的最主要责任。

"循环经济"这一术语在中国出现于 20 世纪 90 年代中期，学术界在研究过程中已从资源综合利用、环境保护、技术范式、经济形态和增长方式、广义和狭义等不同角度对其作了多种界定。

国家发展改革委关于循环经济的表述为："循环经济以资源的高效利用和循环利用为核心，以'减量化、再利用、资源化'为原则，以低消耗、低排放、高效率为基本特征。"

《中华人民共和国循环经济促进法》中，循环经济的定义是指在生产、流通和消费等过程中进行的减量化、再利用、资源化活动的总称。减量化，是指在生产、流通和消费等过程中减少资源消耗和废物产生。再利用，是指将废物直接作为产品或者经修复、翻新、再制造后继续作为产品使用，或者将废物的全部或者部分作为其他产品的部件予以使用。资源化，是指将废物直接作为原料进行利用或者对废物进行再生利用。

二、循环经济的特点、要求与发展趋势

（一）循环经济的特点

循环经济作为一种科学的发展观、一种全新的经济发展模式，具有自身的独立特征，其特点主要体现在以下几个方面。

一是新的系统观。循环是指在一定系统内的运动过程，循环经济的系统是由人、自然资源和科学技术等要素构成的大系统。循环经济观要求人在考虑生产和消费时不再置身于这一大系统之外，而是将自

己作为大系统中的一部分来研究符合客观规律的经济原则，将"退田还湖""退耕还林""退牧还草"等生态系统建设作为维持大系统可持续发展的基础性工作。

二是新的经济观。在传统工业经济的各要素中，资本在循环，劳动力在循环，而唯独自然资源没有形成循环。循环经济观要求运用生态学规律，而不是仅仅沿用19世纪以来机械工程学的规律来指导经济活动。不仅要考虑工程承载能力，还要考虑生态承载能力。在生态系统中，经济活动超过资源承载能力的循环是恶性循环，会造成生态系统退化，只有在资源承载能力之内的良性循环，才能使生态系统平衡发展。

三是新的价值观。在考虑自然资源时，不再像传统工业经济那样将其作为"取料场"和"垃圾场"，也不仅仅视其为可利用的资源，而是将其作为人类赖以生存的基础，是需要维持良性循环的生态系统；在考虑科学技术时，不仅考虑其对自然资源的开发能力，而且要充分考虑到它对生态系统的修复能力，使之成为有益于环境的技术；在考虑人自身的发展时，不仅考虑人对自然环境的征服能力，而且更重视人与自然环境和谐相处的能力，促进人的全面发展。

四是新的生产观。传统工业经济的生产观念是最大限度地开发利用自然资源，最大限度地创造社会财富，最大限度地获取利润。而循环经济的生产观念是要充分考虑生态系统的承载能力，尽可能地节约自然资源，不断提高自然资源的利用效率，循环使用资源，创造良性的社会财富。在生产过程中，循环经济观要求遵循"3R"原则：资源利用的减量化（Reduce）原则，即在生产的投入端尽可能少地输入自然资源；产品的再使用（Reuse）原则，即尽可能延长产品的使用周期，并在多种场合使用；废弃物的再循环（Recycle）原则，即最大限度地减少废弃物排放，力争做到排放的无害化，实现资源再循环。同时，在生产中还要求尽可能地利用可循环再生的资源替代不可再生资源，如利用太阳能、风能和农家肥等，使生产合理地依托在自然生态循环之上；尽可能地利用高科技，尽可能地以知识投入来替代物质投入，以达到经济、社会与生态的和谐统一，使人类在良好的环境中生产生活，真正全面提高人民生活质量。

五是新的消费观。循环经济观要求走出传统工业经济"拼命生产、拼命消费"的误区，提倡物质的适度消费、层次消费，在消费的同时就考虑到废弃物的资源化，建立循环生产和消费的观念。同时，循环经济观要求通过税收和行政等手段，限制以不可再生资源为原料的一次性产品的生产与消费，如宾馆的一次性用品、餐馆的一次性餐具和豪华包装等。

（二）循环经济的要求

1. 基本原则要求

（1）零废弃设计。

从产品设计端就以生命周期思维（Life Cycle Thinking）出发，考虑到生物与非生物的资源循环过程，以及分解再利用的可能性：使生物材料无毒，可回归自然；使非生物材料得以最小消耗并能保留最高品质，使其可再被利用。

（2）以多样性强化适应能力。

模组化、多功能的技术、物料或系统在快速变迁的世界中尤其重要。循环经济中考虑到长远的资源运用，会将物料与产品设计得容易拆卸、重组、分解、回收。在面对环境改变时，模组化、多元化的产品设计与物料可以快速回应、进行相应改变，也附带了提升效率、降低变革成本的优势。

（3）优先使用再生能源。

配合循环经济中其他的原则与技术，一边节能，一边使用再生能源，可大幅降低对石化燃料的依赖，最终达成全面使用再生能源的终极目标。例如，维修、翻新产品所需的能源远低于制造全新产品所需的能源。

（4）系统思考。

以宏观的角度了解系统，能够理解大系统中的每个部件是如何互相影响的，并关心整体与各部件的关联性。

在复杂多变的情况下，以系统思考的方法下决定就显得特别重要，否则忽视、误解了社会生态系统下的趋势、流动，以及人类的影响，都有可能造成灾难性的结果。为了避免在一开始设计、计划的时候犯错，应用系统思考方法能帮助人们在规划的同时考虑全面，并且灵活运用和调整。系统思考的非线性特征，更符合循环经济思考的逻辑，根据不断变化的环境表现，弹性地调整产业链，避免采用头痛医头、脚痛医脚的解决方案。

（5）能反映真正成本的价格。

在循环经济中，价格就是资讯，所以价格要能反映正确的成本，才是有效的资讯。所有的外部相关成本都需要被计算，但津贴不被计算。不透明、不公开的外部经济效果会成为转型至循环经济的重大阻碍。

（6）层级最适化以保留残留物最高价值。

秉持总是可以找到额外价值的理念，在产品出现衰老或损坏时，积极寻找"耗能最小，且保留最高价值"的方法。例如，厨余如果采取焚烧，也能达成零废弃，但其实还有更高层级的利用，可以作为肥料或制成沼气，产生更高的价值。

2. 操作原则要求

（1）减量化（Reduce）原则。

减量化原则是循环经济的第一个原则。它要求在生产过程中通过管理技术的改进，减少进入生产和消费过程的物质和能量。换言之，减量化原则要求在经济增长的过程中，为使这种增长具有持续的和环境相容的特性，人们必须学会在生产源头的输入端就充分考虑节省资源、提高单位生产产品对资源的利用率、预防废弃物的产生，而不是把眼光放在产生废弃物后的治理上。对生产过程而言，企业可以通过技术改造，采用先进的生产工艺，或实施清洁生产，从而减少单位生产产品的原材料使用量和污染物的排放量。此外，减量化原则要求产品的包装应该追求简单朴实，而不是豪华浪费，从而达到减少废弃物排放的目的。

（2）再使用（Reuse）原则。

循环经济的第二个原则是尽可能多次以及尽可能多种方式地使用人们所买的物品。通过再利用，人们可以防止物品过早成为垃圾。在生产中，要求制造产品和包装容器能够以初始的形式被反复利用，尽量延长产品的使用期，而不是非常快地更新换代；鼓励再制造工业的发展，以便拆卸、修理和组装使用过的物品。在生活中，反对一次性用品的泛滥，鼓励人们将可用的或可维修的物品返回市场体系供别人使用，或捐赠自己不再需要的物品。

（3）再循环（Recycle）原则。

循环经济的第三个原则是尽可能多地再循环或再回收，要求尽可能地通过对"废物"的再加工处理（再生）使其作为资源，制成使用资源、能源较少的新产品而再次进入市场或生产过程，以减少垃圾的产生。再循环有两种情况：第一种是原级再循环，也称为原级资源化，即将消费者遗弃的废弃物循环利用，形成与原来相同的新产品，如利用废纸生产再生纸，利用废钢铁生产钢铁；第二种是次级再循环，也称为次级资源化，是将废弃物作为生产与其性质不同的其他产品的原材料的再循环过程，如将制糖厂所产生的蔗渣作为造纸厂的生产原材料，将糖蜜作为酒厂的生产原材料等。原级再循环在减少原材料消耗上达到的效率要比次级再循环高得多，是循环经济追求的理想境界。

总之，循环经济的根本要求是追求整个经济活动中的资源消耗和废弃物排放最小化。因此，资源减量化原则是首要原则，其次是再使用原则，而废弃物的再循环只是减少最终废弃物排放和废弃物处理量的方式之一。

（三）循环经济的发展趋势

当前，我国循环经济的发展重点可概述为：从内涵解释、政策制定和体系设立，到模型构建、指标规定和行业标准制定，再到新方法、新技术和新实践的运用和开展。虽然我国循环经济的发展已经开始逐步进入实践应用阶段，但我国对循环经济的研究仍大多集中在理论和方法的学术研究中。而国外对循环经济的认识也是从最开始的节约资源、经济循环发展的浅层认识，到能源再生、废物利用以及对循环经济的实现过程进行深度剖析，再到通过技术研发、新材料研究，实现循环经济的深入和长足发展。

未来，循环经济会有如下发展趋势。

1. 绿色循环走向标准化

绿色循环的标准化建设对实现"中国制造"中主导一批拥有自主知识产权的高水平标准，推动成为具有影响力的国际标准，并促进循环经济的高质量发展具有重要意义。逆向物流已成为我国循环经济发展的一个重要组成部分，但当前逆向物流行业整体发展规模和水平均不足，逆向物流标准化也严重滞后。日前许多企业对逆向物流熟悉程度还不高，逆向物流运营、管理和技术水平差异很大，大量的物质资源没有得到很好的循环利用或根本无法循环利用，开展逆向物流标准化工作已成为迫切需求。

2. 资源回收走向智能升级

随着人工智能与物联网的深度融合，循环经济已经步入智能时代。未来，人工智能会越来越呈现泛在感知、共创分享等特征，推动经济社会各领域从数字化、网络化向智能化加速跃升，引领人类社会从人人互联、物物相联向万物智联加速前进。随着区块链的发展，区块链的去中心化、防伪、不可篡改等优势可带入循环经济发展中。将相关数据实时上传云端数据库，对其中合理的数据进行确认，可判断循环经济管理流程是否符合标准；对其中不合理的数据反馈给相应的管理员和操作方，可对循环经济管理流程加以改进。要保证数据的可靠性，必须将终端的数据实时上传、更新；并将数据库中的数据及时与合作各方进行资源共享，以推动各方建立共识，协同进步。

3. 再制造技术走向深度发展

再制造绝非"新三年旧三年，修修补补又三年"。通过再制造技术产生的再制造产品，质量应比原产品更好。美国作为一个发达国家，对资源的利用率抓得很紧。我国是最大的汽车生产和消费国，再制造技术受到汽车厂家的重视。比如，外部轮胎使用磨损到一定程度之后，可把表面重新缠箍，硫化之后，与新轮胎看不出任何区别。这项技术要求很高，任何一个再制造轮胎在高速行驶时爆胎，后果都将不堪设想。这项技术目前不够成熟，一旦发展成熟起来，对缺乏橡胶的中国来说是非常重要的。所以说，再制造技术的研究是发展循环经济的重要着手点。

三、循环经济对于应急物资的理论价值

循环经济对于应急物资的理论价值在于能够指导相关政府部门联合厂家、使用单位建立应急物资共同储备平台，从而良性循环使用储备产品，建立真正有效的储备系统，起到真正应急的作用。下文将根据循环经济的特点与要求，并借鉴各国应急物资逆向物流管理体系，以宽阔的国际视野，研究如何实现应急物资循环利用机制，让回收变得更容易，让处理变得更可持续，这是逆向物流对应急物资的理论价值与应用关键。同时，应急物资逆向物流提供给人们参与循环经济的途径，还能够倡导绿色环保理念，有助于整个社会形成一种良好的环保意识，成为促进区域可持续发展，实现社会效益、环境效益与经济效益三者有效统一的重要选择。

第三章　应急物资逆向
物流系统设计

在突发公共卫生事件的紧急情况下，应急物资逆向物流管理中心根据应急物资灾区管理站反馈的逆向物流需求，结合应急物资逆向物流预案及各参与单位的现状，在建立契约关系的单位中调拨有关资源，统一指挥，完成逆向物流任务，在任务完成后由应急物资逆向物流管理中心和有关企业进行费用结算。

第一节　应急物资逆向物流协同管理

一、应急物资逆向物流协同管理模式

本研究提出了应急物资逆向物流协同管理的基本模式。应急物资逆向物流协同管理系统是以协同要素（数据共享与交互、回收及决策同步、协同激励）为核心，结合应急物资逆向物流整合流程、协同绩效系统而共同构成的。协同管理系统的各组成部分与其他相关部分相互作用、相互影响，并对最终的绩效表现产生影响，整个过程具有动态循环性。下面就协同管理系统的各组成部分及相互关系进行分析。应急物资逆向物流协同管理系统框架模型如图3-1所示。

（一）数据共享与交互

应急物资逆向物流数据在逆向供应链的实时共享和交互是应急物

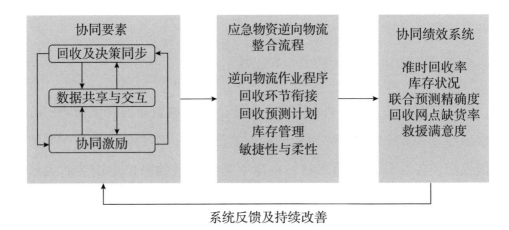

图3-1 应急物资逆向物流协同管理系统框架模型

资逆向物流管理中心与应急物资生产企业、第三方物流企业、废弃物回收处理机构、环卫部门等协同的基础。实时动态数据包括了回收应急物资去向追溯数据、回收应急物资收发及库存数据、危险（特殊）废弃物数据、逆向物流参与主体的组织数据、资金结算数据、逆向物流仿真演练数据等。从灾区储存点到各回收网点，上述数据都是实时共享的（根据不同的权限设置），因此，回收网点的满仓、缺货、补货需求计划可以及时反馈，从而使逆向物流回收网点的库存保持在一个合理的水平上。

一旦某些回收网点库存过多或是缺货过频，上游生产企业就可以通过数据交互平台发出指令，协调上下层级网点或是平级网点进行存货"互助"、相互借货。这样既增强了应急物资闭环供应链网络的合作关系，又显著地降低了各网点企业由于无法及时作出响应而导致的缺货成本，同时也让一些网点企业的过量库存压力得以缓解。应急物资逆向物流关键绩效指标（KPI）和作业活动数据的透明化使逆向物流服务供应链上下游合作伙伴可以更全面地把握现状和发展趋势，从而将各种重要因素考虑在内，以作出更切实际的决策。在此基础上产生的有效决策，可以促使应急物资生产企业、第三方物流企业、废弃物回收处理机构等更迅速地处理退货流的问题，并制订快速响应的逆向需求计划。

（二）回收及决策同步

回收及决策同步是指应急物资生产企业、第三方物流企业、废弃物回收处理机构、环卫部门为降低应急物资回收总成本水平，在逆向物流回收和决策层面进行充分协调配合的协作活动。这一活动涵盖了共同决策流程的设计和回收作业发生的同步性，也包括将逆向物流服务运作与逆向物流作业同步所进行的再调配决策。判断回收及决策同步的效率性，应当衡量同步活动能否满足回收、分拣或质检（包括响应敏捷性、可靠性等指标）及确保整体逆向物流运营效率（例如，最低总成本或最优服务输出）等需求。例如，为了加快逆向物流响应速度，应急物资生产企业与逆向物流服务企业（即第三方物流企业）一般需要通过增加库存储备或增加运输频次来实现，但这必然导致供应链总成本显著上升。在这种状况下，应急物资生产企业与逆向物流服务企业就需要进行共同协商，在有服务速度约束的条件下，针对最优库存及运输总成本水平进行状态假设的分析评估，设计出高效经济性的备选方案并作出决策，最后通过合作各方同步实施该方案。实现回收及决策同步的主要沟通方式有线下会议、电话会议、电视会议等。

实现回收及决策同步所面对的潜在困难在于，合作各方都有不同的运营及效率目标，并在各自领域内具备专业特长。例如，应急物资生产企业发出回收指令和数量需求，期望逆向物流服务企业及时完成，而逆向物流服务企业可能会考虑如何在较低成本的前提下满足应急物资逆向物流需求。灾区应急物资供需变化导致回收的时间和数量不确定，逆向物流服务企业的"机会主义"倾向就更明显，未必会按照应急物资生产企业的规定时间为企业提供回收服务，在应急物资生产企业不知情的情况下，逆向物流服务企业可能会借口装货量少或运输调度问题来搪塞拖延。应急物资逆向物流服务供应链上下游合作各方在作出决策判断和执行相应作业活动时可能有相互差异的目标，导致逆向物流服务供应链活动是次优产出。基于此，合作各方应当对其关键决策进行沟通和协调，使未来绩效表现得到持续改善，通过良好沟通而形成的共同决策对服务满意度和逆向物流服务成本降低有直接的推动作用。回收及决策同步的主要内容包括回收量预测，回收网点库存水平，回收物资跨区调度、运营及控制，灾区紧急订单的回收物资安排、集中化等。例如，回收网点通过设置动态剩余物资库存，使逆向物流服务企业能更为积极地回收物资、展开质检和恢复物资使用价值，避免了传统上被动地执行逆向物流工作状况。这让逆向物流服务企业充分地参与到回收及决策中，并同应急物资生产企业一起从整个应急物资逆向物流服务供应链的角度匹配供应与需求，借此提升收益水平。

回收及决策同步通过与其他因素的相互作用，促使合作各方从整体上对逆向物流服务供应链活动进行协调并对整体绩效产生影响。回收及决策同步与协同绩效系统的相关性表现在，协同绩效系统通过同步活动获取反馈信息。回收及决策同步协助数据共享与交互系统识别有效数据。而对协同激励的支持则具体体现在，它为协同激励提供了可靠依据，从而规划有效的激励模式。

（三）协同激励

协同激励是指在应急物资逆向物流管理中心指挥协调下，应急物资生产企业、第三方物流企业和废弃物回收处理机构在应急物资逆向物流回收过程中共担成本、风险和共享利益的过程，它要求应急物资生产企业与第三方物流企业在服务运营中保持战略目标相匹配，包括作出优化回收服务供应链的决策和开放真实可靠的专有信息。同时，协同激励也涉及了成本核算、风险、利益以及激励机制设计，例如，根据绩效支付或投入程度偿付。协同激励应当建立在偿付公平和自我强化原则的基础上。偿付公平是指确保协同激励促使第三方物流企业、废弃物回收处理机构及应急物资生产企业三方公正地分担逆向物流任务负荷和共享因协同努力产生的效益。自我强化是指合作各方要以自我约束的方式将自身的决策与降低服务成本、提高服务满意度的共同目标协调一致。激励水平可以通过回收逆向物流订单响应系统、ABC 成本分析法（基于活动的成本分析法）、回收预测精度及网点库存水平来跟踪、计算和显示。

协同激励的首要条件是应急物资逆向物流管理中心基于这样一种理念驱动应急物资逆向物流服务供应链各方行动，即应急物资生产企业与逆向物流服务企业协同行动将带来共同效益，而这种共同效益对双方都具有吸引力。有效激励机制的设计包含了许多途径。例如，按努力程度支付激励机制是将支付与逆向物流服务企业的投入水平挂钩，这种方式的前提假设是：对努力行为的奖励可以促使逆向物流服务企业为取得一定水平的绩效而付出相当的努力；按绩效支付激励机制是将支付和绩效表现关联起来，如提前付款或延迟付款，都会对逆向物流服务企业的现金流产生较大影响，这一策略的前提假设是：对绩效表现的奖励将能激励逆向物流服务企业取得特定水平的绩效。公正激励机制是指双方公平分担任务以及共享因双方协同努力而产生的利润。总之，应急物资逆向物流服务供应链合作伙伴通过互相激励的过程能充分认识到，虽然成本需要共担，然而合作伙伴的协同将产生潜在的巨大收益回报。

协同激励与模型的其他构成要素相互作用的重要性在于，应急物资逆向物流管理中心通过促使应急物资生产企业、逆向物流服务企业和废弃物回收处理机构将各自的服务运营活动与协同的绩效目标统一起来，提升合作伙伴的整体效益水平。

（四）应急物资逆向物流整合流程

应急物资逆向物流整合流程是指应急物资逆向物流管理中心与应急物资生产企业、逆向物流服务企业、废弃物回收处理机构、环卫部门共同设计有效的应急物资逆向物流运营流程，从而使应急物资回收、处理和再利用需求以更高的服务水平及经济方式得以及时满足的过程。为了在规定时间窗和有限服务效能约束的条件下满足应急物资的逆向物流需求，回收服务必须具备相应的灵活性。而要保持灵活性，逆向物流服务供应链的合作各方需要重新设计逆向物流作业程序、回收环节衔接、回收预测计划和库存管理，以改善逆向物流敏捷性和柔性，从而对不同状况下的救援物资需求作出快速响应。应急物资逆向物流整合流程的目的在于使合作各方完成协同绩效系统中所包含的各项关键绩效指标（KPI）。合作各方通过回收及决策同步构建了有效的应急物资逆向物流外包整合流程，并产生了更佳的绩效和稳定性。同时，流程一体化为数据共享与交互提供了动态过程的透明性，从而使监控追踪更为便利。

对应急物资回收量、各回收网点库存量的预测直接影响应急物资逆向物流协同管理系统的持续性和可靠性，因此构建科学的逆向预测系统显得越发重要。回收网点库存水平随着灾区对应急物资需求变化而变化，因此预测的难度较大。和一般预测相比，逆向预测涉及的应急物资品种规格更分散和碎片化，数量和时间的不确定性导致判断难度更大。逆向预测系统的构成要素主要包括预测方法与建模、锁定/滚动周期、时间跨度、历史产品规格、预测责任者、预测精度、安全库存值、回收网点分级预测。逆向预测的组织跨度涉及了回收网络的所有层级。在每个层级，有效回收信息的反馈都对动态预测的准确度产生重要影响。

根据预测计划和库存水平进行应急物资回收补货，可以保持应急物资逆向物流的正常运行。任何一个回收网点为应对关键应急物资品种的库存不足都需要有自动预警式的优先调拨机制。如果缺乏这一机制，单单依靠人为的手动控制就可能导致某些区域库存缺货或者过量，从而直接导致应急物资逆向物流的响应滞后，救援满意度下降。

（五）协同绩效系统

以时间为导向的应急物资逆向物流协同绩效系统（以下简称协同绩效系统）是指为持续改善合作伙伴的整体绩效及缩短救援响应时间而设计、实施绩效矩阵的过程。协同绩效系统与以下因素相关：应急物资生产企业、逆向物流服务企业、废弃物回收处理机构应当确定的共同目标，与这一共同目标关联的绩效矩阵。共同目标体现了合作各方通过协同关系所希望达到的基于时间成本效率的指标。该指标可以通过逆向物流速度和服务品质优势表现出来。

二、应急物资逆向物流工作流程

针对突发公共卫生事件下应急物资逆向物流运作协同性弱、服务响应缓慢、服务成本高的现状，建立协同化的应急物资逆向物流运营机制变得越发迫切和必要。借助 Petri 网络图，构建了应急物资逆向物流工作流程，如图 3-2 所示。

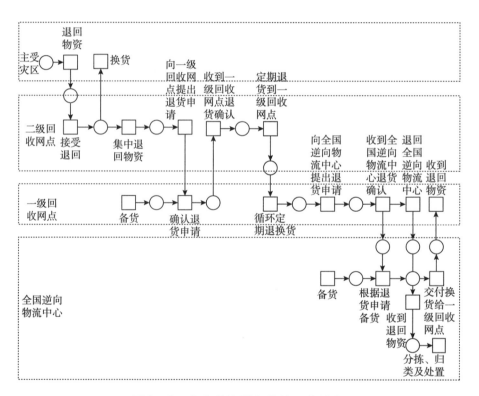

图 3-2　应急物资逆向物流工作流程

图中"〇"代表状态或地理位置，"□"表示转换或运送，连接箭头代表状态与转换之间的指向。为更直观地说明问题，图示的流程仅涉及了四个参与者，分别是主受灾区、二级回收网点、一级回收网点、全国逆向物流中心。

应急物资逆向物流工作流程具体如下。

（1）应急物资逆向物流管理中心根据主受灾区范围内各储备点的应急物资库存状况，对需求减少而库存过量的储备点发出回收调拨指令，应急物资逆向物流管理中心对储备点提交的实际退回物资规格、数量进行审核和确认，退货完成后，储备点对实际库存台账进行更新。

（2）二级回收网点根据应急物资逆向物流管理中心指令，收集储备点退回物资并及时汇总，在每周规定时间向一级回收网点提出退货申请，并在限定工作日内执行一级回收网点的退货申请批复。

（3）一级回收网点对二级回收网点的退货申请进行审核确认，每周根据退货申请信息，派遣专用车辆逐一进行物资装车回收。一级回收网点每周从二级回收网点收回应急物资后，进行集中汇总登记，填写退货申请并发送给全国逆向物流中心。

（4）全国逆向物流中心收到退货申请后，对数量规格进行审核确认，收到退回物资后，进行分拣、归类及处置。

应急物资逆向物流工作流程中每个节点的作业活动都有严格的时间约束，由于逆向物流涉及二级回收网点、一级回收网点和应急物资生产企业的联动协同，如果任何关联方单单关注自己的经济利益和作业方式，不和上下游的合作伙伴有效配合，最终会降低应急物资回收及调拨的响应速度，产生重复劳动，从而导致服务投诉率上升，丧失再利用机会。因此，要尽可能减少博弈，增强逆向物流信息的透明度，对逆向物流的协同作业活动进行严格规范。

第二节　应急物资逆向物流管理基本机制

在突发公共卫生事件的紧急情况下，由应急物资逆向物流管理中心统一规划和调度，多级回收网点紧密合作，对灾区的回收物资以及调拨需求作出高效响应，而逆向物流管理所涉及的网点库存可得性、回收预测精确性以及网络布局合理性等则对逆向物流回收绩效以及服务满意度产生直接影响。

应急物资逆向物流管理的机制系统由相互关联的子系统模块构成，如图3-3所示。

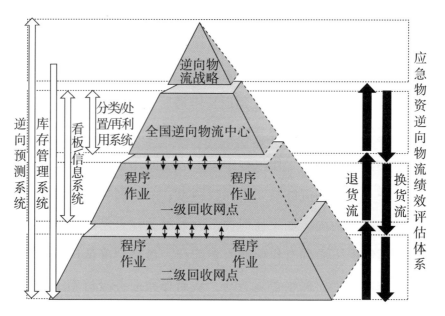

图3-3　应急物资逆向物流管理的机制系统

一、应急物资逆向物流组织架构

整个应急物资逆向物流的组织架构是紧密围绕应急物资高效回收利用的战略目标而设计确定的。根据应急物资回收层级，应急物资逆向物流管理中心与回收网点形成的网络层次一般是三级，主要包括了全国逆向物流中心、一级回收网点和二级回收网点。全国逆向物流中心由应急物资逆向物流管理中心自己负责运营管理，而一级回收网点、二级回收网点的运营则交给第三方物流企业或废弃物回收处理机构。全国逆向物流中心的主要职能是回收及汇总各区域网络的所有退货；对回收的应急物资执行拣货、分类、维护、消毒、维修、包装、贴签、发运等操作，为一级回收网点和重要的二级回收网点进行物资调拨和退换货；对逆向物流的关键绩效指标进行定期考核评估。一级回收网点的主要职能是回收及汇总自己辖区和二级回收网点的所有退货，然后定期集中退回给全国逆向物流中心；对网络中退回的物资进行整理和分类；每周派专车巡回到辖区及二级回收网点进行物资收集和调拨。二级回收网点的主要职能是对受灾区域内的退货进行确认，然后进行回收；每周定期交付给关联的一级回收网点；对终端退回物资进行标识和统计。

二、网络规划与布局

根据组织架构所确定的各级回收网点职能，在全国主要区域选择适当的地点设立一级回收网点和二级回收网点，快速高效地回收应急物资并进行调拨处理。而网络规划与布局的目标函数则是逆向物流总成本最低与逆向物流响应速度最快，因此网点位置和数量的设计至关重要，需要建立一定的数学模型并通过仿真模拟技术，有序分步地确定战略网点。具体来说，要从以下几个方面着眼。

1. 逆向物流设施功能设计

进行应急物资逆向物流网络规划，首先要明确完成整个逆向物流回收过程到底需要哪些设施，每个设施有何作用，在每个设施内具体将进行哪些逆向物流作业流程。通过这种分析，可以将不必要的设施从规划中去掉，或者与功能相似、流程相似的设施进行合并，以减少固定投资。

2. 逆向物流设施布局

设施布局是指确定应急物资逆向物流设施（包括回收中心、中转站、分类处置设施等）的数量及其平面地理位置。这些固定设施的平面位置布局决定了整个逆向物流系统（甚至整个供应链系统）的模式、结构和形状，对于回收物资的收运方式、储存方式及作业过程控制都有影响。

3. 设施规模确定

设施规模确定即要确定每个设施应配置多大的容量。例如，回收中心的仓储规模、处理速度、库存水平、最大逆向物流服务能力等。在一定的区域范围内，如果设施规模定得太大，会导致设施的实际利用率低，造成资源浪费，反之，如果容量小，又会导致对需求的反应能力过低，不能满足实际需求，同时会导致逆向物流点成本上升。

应急物资逆向物流网络规划的上述问题，既包括空间规划问题，又包括时间规划问题。逆向物流设施的数量、规模及其布局必须考虑灾区救援点的位置分布。

应急物资逆向物流网络规划中涉及的问题还很多，比较典型的、常见的问题还有逆向物流网络设施选址问题、逆向配送车辆路径规划问题、收运车辆调度问题等。

三、协同逆向物流作业程序

作业程序是以三级网络平台的联动式作业活动流程为主干，在时间窗所约束的界限内，对上下游逆向物流活动的耗时进行节点分解，通过导入关键路径时间（CPM – Duration），对每个节点作业活动进行时间优化，而关键点在于使冗余时间最小化，在此基础上确定作业活动的节拍步骤和时间定额。

四、应急物资逆向物流绩效评估体系

应急物资逆向物流绩效评价是指围绕应急物资逆向物流发展的战略目标，对系统各组成环节业务活动进行分析和评价。它可以正确判断逆向物流的实际运营水平，以便找出薄弱环节加以改进，进而提升逆向物流的整体竞争力。绩效评价是一项复杂的系统工程，评价指标设置是否合理、评价方法选取是否得当，都将对评价结果产生直接影响。因此，必须建立一套科学的应急物资逆向物流绩效评估体系。

五、逆向预测系统

对应急物资回收量的预测直接影响到应急物资供应的持续性和可靠性，因此构建科学的逆向预测系统就显得越发重要。由于回收网络驻点的需求存在诸多不确定性，因此预测的难度较大。和一般预测相比，逆向预测涉及的产品品种规格更多，数量和时间的不确定性导致估测判断难度更大。逆向预测系统的构成要素主要包括预测技术、锁定/滚动周期、时间跨度、历史产品规格、预测责任者、预测精度、安全库存值、回收网络驻点分级预测。逆向预测的组织跨度涉及回收网络的所有层级，而在每个层级有效退货信息的反馈都对动态预测的准确度产生重要影响。

六、库存管理系统

任何一个网络节点出现库存积压或库存不足都需要有自动预警式的库存管理机制，这样就可以持续保持库存品的可得性和高服务水平。如果缺乏这一机制，仅仅依靠人为的手动控制就可能导致某些区域库存缺货，从而直接导致逆向物流支持的响应滞后，救援满意度下降。库存管理系统主要包含动态预测、最低订货点、历史同比/环比、事件触发量、定期补货监测时间框、灾区需求波动、宏观统计参数以及处置变动跟踪等。

七、看板/信息系统

由一级回收网点到全国逆向物流中心的物资回收、分类、利用、内外向物流（Inbound－Outbound Logistics）时间信息要通过看板系统和信息系统进行数据传递。信息的传递分为两层，第一层是回收跟单人员所使用的逆向物流信息系统，所有逆向物流动态信息都实时地通过数据交互进行企业间传输，在实物未到达节点时，相关专业人员已经对回收物资情况有了基本掌握，从而做好相关的处理及备货准备，确保在约束时间内完成作业活动。第二层是现场作业人员所使用的看板系统，第一层的信息由回收跟单人员抄送给现场作业人员后，现场作业人员将根据实际收货情况进行单据审核并收货，并反馈正确数量、规格信息给回收跟单人员，如有偏差，还需要第一时间通知一级回收网点进行确认。现场作业人员除了通过第一层信息系统获得收货信息外，还将对收到的物资信息进行定时处理，从而确保回收网点的逆向物流顺畅。

八、分类/处置/再利用系统

回收网点的分类/处置/再利用系统是通过现场的分拣、识别、归类、消毒、维修、处置的作业流程来进行的，所有进行处理的工作人员都是经过专业培训的，因此能有效地对退回物资进行准确的分类处置。处置和再利用的具体方法有：回收产品的检测和复原、网点物资调拨、退回给生产商、拆用、改造、提炼有用材料用于再制造、丢弃于适当地点等。

第三节　应急物资逆向物流
管理协调机制

一、应急物资逆向物流管理的协调框架

建立有效的协调机制是进行应急物资逆向物流管理的重要基础。从应急物资逆向物流和闭环供应链的整体协调过程来看，主要可以划分成四个层次：战略决策层、运营层、数据支撑层、技

术保障层。这四个层面的功能各不相同，但却彼此作用，从而形成整体的协调框架。应急物资逆向物流管理的协调框架如图 3 - 4 所示。

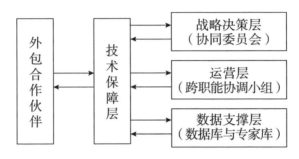

图 3-4　应急物资逆向物流管理的协调框架

（一）战略决策层

由应急物资逆向物流管理中心、应急物资生产企业、第三方物流企业、废弃物回收处理机构等组成的协同委员会来进行有关协同规则的制定、分担风险和利益分配、重大冲突调解、共同目标确定、专用资产投资决策等活动。协同委员会通过定期或基于特定问题的协同会议作出战略决策层的决定计划或确定各种规则协议，从而为合作各方在运营层展开协调确定总体方向。

（二）运营层

由跨职能协调小组来执行具体的协同政策，其中包括了应急物资生产企业与第三方物流企业的冲突协调，如网点库存协调、逆向预测协调、突发事件协调、库存调拨等。合作各方在更为具体的事务内容上进行动态协调。

（三）数据支撑层

合作各方的协调需要大量的关键数据支持，包括协同逆向物流数据库及专家库。通过数据库整合运行使合作各方的协同过程具备自动协调的功能。

（四）技术保障层

它主要为合作各方的协调活动提供必不可少的技术保证，所提供的技术支持内容包括：电子邮件、共享的网页界面、远程文件传输、EDI、CRM、网络会议、视频会议、电话、传真等，合作各方内部的技术专家或外部的专业公司都可以承担完成。

二、主要的协调内容

（一）战略决策层

合作各方总体利益目标协调和协作风险的控制。主要表现在以下几个方面。

1. 竞争优势互补

战略决策层在逆向物流合作各方密切协同过程中关注各自独特的核心能力，并充分整合合作各方的资源优势使其最大化地发挥效能，从而构筑强强联手的优势地位。

2. 目标一致

合作各方通常有自己的具体目标，并考虑自身利益的最大化，但是战略决策层有责任通过协调合作各方的关系，确立合作各方共同努力的总体方向和目标，从而实现合作各方整体利益最大化，确保应急物资的高效回收利用和合理处置。

3. 信息共享

合作各方有不同的利益取向，如果缺乏充分的信息共享，就容易产生机会主义行为，难以取得协同效应。因此，战略决策层有必要强制规定合作各方信息共享的制度和政策。

4. 利益共享

合作各方如有利益分配不公平，会影响其参与协同的积极性，战略决策层应当确立利益公平分配的机制。例如，合作各方通过回收及决策同步降低了回收逆向物流总成本，而新利润的公平分配则应由战略决策层共同协商决定，否则，任何一方独占利润，都会使其他方丧失参与未来协同运作的积极性。

（二）运营层

运营层根据战略决策层设定的基调和目标，在具体执行层面上进行协调和解决问题。这里主要从合作各方可能出现的过程异常及风险来分析。表 3-1 给出了运营层的主要问题及协调措施。

表 3-1　　　　　　　　运营层的主要问题及协调措施

异常因素	问题来源	问题后果	协调内容
回收网点库存积压	回收网点库存数量不均衡，部分网点库存品种的存量过多	灾区部分区域缺少必要物资，而其他一些区域部分物资过剩	组成攻关小组识别各环节上的瓶颈问题，提出优化调拨方案；共同控制库存及验证改善效果

续　表

异常因素	问题来源	问题后果	协调内容
技术风险	缺乏对应急器械、装备维修难度和复杂性的合理评估	技术问题难以在短时间内解决，从而使服务物流延迟及预期利润损失	各方组织资源及技术力量解决技术问题；拟订备选方案；互相提供技术支持
质量安全风险	入仓物资质检、消毒缺少标准化规程，监管系统不完善	回收利用物资存在安全隐患，对环境产生污染	优化设计和缺陷矫正；实施统一的质量管控机制；发生质量问题时相互沟通，快速找到根本原因，进行纠正
沟通问题	交流渠道不畅、各方主动沟通的积极性不足	各方职责分工不明确、缺乏目标一致性、时间进度上缺乏统筹	建立多样化的沟通渠道，如电子邮件、电话/视频会议、定期或不定期的面对面交流、基于物联网的实时信息传递、电子公告等，选出各方相应的负责人来推进和控制
缺少追溯和透明度	对应急物资循环利用及处理缺少追溯和过程数据可视化	应急物资来源和去向难以追踪和定位，导致物资存放混乱和无序	建立物资"一件一码"追溯体系，实现仓储管理系统和物品编码的对接和动态跟踪
信用风险	法律约束不全面、逆向选择问题、个人短期利益最大化	技术知识泄露、出现新竞争对手、外包失败	在选择合作伙伴时综合考虑对方的信用记录、经济实力、曾合作的企业；采用激励合同；建立监督、检查机制；不断加强信任关系

（三）数据支撑层

此层面是在战略决策层有关信息共享的要求和政策的指导下，根据运营层对具体执行过程的数据需求，如呆滞物资信息、库存信息、联合逆向预测信息、突发事件信息等，及时收集信息并加以归类整理，在共享信息平台上进行更新和发布，从而使合作各方都可以实时动态地了解到外包状况的变化，并采取快速的协调措施。数据支撑层的主要问题及协调措施如表3-2所示。

表3-2　　　　　　数据支撑层的主要问题及协调措施

异常因素	问题来源	问题后果	协调内容
技术接口问题	合作各方所使用的技术路径、技术平台有差异	合作各方的成果输出或数据传递在相互集成时出现技术连贯问题	统一技术路径和技术标准，并强化技术上的互动、交流
技术泄露风险	合作伙伴能轻易获得对方技术诀窍、专利知识，从而可能培养潜在的竞争对手	削弱原有的技术独特性、差异性优势，核心竞争力受损	合作各方签订保密性协议；技术外泄惩罚措施；合作各方只享有相应的局部流程信息
数据精确度问题	合作各方数据库设置和通信协议的不统一	合作各方信息传递不顺畅；信息准确率低或失真	合作各方建立一体化的通信网络系统；统一信息交流的输入/输出标准
信息系统安全问题	信息系统抗干扰、抗外来病毒侵入能力弱	应急物资逆向物流信息平台数据记录丢失；信息系统崩溃	有效部署系统结构，提升信息系统的鲁棒性（Robust）；对关键的数据加密；系统定期升级防病毒软件

三、应急物资逆向物流协同的具体协调管理方法

（一）对应急物资逆向物流服务供应链协同性的评估、识别

在应急物资逆向供应链决策、逆向物流执行过程中，应急物资逆向物流管理中心应当对外包供应商的能力、努力程度、价值取向以及其对协同的投入程度进行整体评价、调查，以尽可能控制和避免有不良目的和缺乏长期合作价值的逆向物流服务企业进入。

（二）明确与协同管理有关的各项政策、规定和流程

根据合作各方在战略决策内容上达成的一致约定，将各主要项目，如利益分配、风险处理、库存债务分担、共同目标明确、重大问题解决、专用资产等以政策及程序的方式固化下来，并作为规范来执行，从而更高效地协调各方的各作关系。

（三）定期/不定期地召开协调回顾会议

为更好地响应市场需求和应对竞争压力，合作各方应当定期（月度/季度）召开会议，针对回收逆向物流执行状况（如准时回收处理、成本、库存、回收指令响应周期等）进行回顾、评估和改善。针对一些重要目标或突发问题，需要合作各方面对面进行详细讨论，制定出完成目标及解决问题的措施。这种交流方式有助于提高合作各方意见的统一性，并将各自建议融合其中，从而大大降低执行过程中的阻力及冲突。在合作各方协同战略的总体方针下，协同委员会在合作各方之间建立定期或不定期的沟通、汇报、检查或互派人员考察等机制。

例如，针对应急物资的回收预测，可由应急物资逆向物流管理中心召集各方高层管理人员和主要运营管理人员（如逆向物流管理人员、质检人员等）参加计划会议，在会议上协调有关预测周期、库存水平、调拨分配、质量问题、处理处置等方面的任务，明确各相关方的职责、目标，协调解决产品开发过程中的矛盾冲突和技术问题，统一目标和行动。

（四）组成跨职能协调小组进行各种协调活动

由于突发公共卫生事件环境下应急物资逆向物流过程所牵涉的职能活动多、内容较复杂，因此需要跨职能协调小组专业性、整体性的协调及平衡，才能及时有效地处理相关问题。小组的成员来自合作各方企业，其掌握的技能、知识也各有不同，通过处理实际业务过程中的事务可实现合作各方在回收计划、预测、库存、紧急事件等方面的协调。

（五）运用信息平台的协调管理途径

通过信息平台，合作各方可以随时进行数据传输，如回收网点库存、质检情况、维修状态、库存盘点、出入库及退回信息等，基于这些关键的基础数据，各方可以更便捷地协调处理各类问题；而应急物资逆向物流管理中心则可以定期掌握回收进度配合、质量、成本、服务等方面的执行状况，以便及时发现问题，采取相应措施。

（六）运用巡视、访谈、申诉制度多点结合的协调方式

为更好地提升协调效率及发现潜在问题，跨职能协调小组或协同委员会应当定期在企业之间巡查，了解和观察是否存在影响协同运作和成效的活动，并采取相应的措施进行扶持、奖励、惩罚和矫正。合作各方都可以向协同委员会申诉，提出利益分配、风险承担、公平对待等方面的意见，或者需求相关企业更多的支持。

（七）应急物资逆向物流管理中心确定绩效指标

根据协同委员会确定的共同目标，由应急物资逆向物流管理中心主导，确定相应的绩效指标并进行跟踪监控。这些指标可以动态反映各方应对突发公共卫生事件灾区的实际协同管理效果，如准时回收率、网点库存周转次数、呆滞料库存降低、处理及时性、质量改善及处理处置等，都可以直接体现现状水平，从而推动各方取得进一步改善。

（八）建立必要的风险防范、预警机制

在各方强调多方面合作与协调的同时，各方依然有各自的独立性。因此，在进行逆向供应链决策时，应急物资逆向物流管理中心应当谨慎选择逆向物流服务企业，全面对逆向物流服务企业、废弃物回收处理机构等进行评估，而在合作关系管理中，应当制定恰当的利益分配机制、风险预警机制、风险防范恢复系统，从而使快速响应的逆向物流在协同机制下有序进行。

（九）建立严格的违约赔偿、优秀奖励的激励机制，限制逆向物流服务企业的机会主义行为

逆向物流服务企业在为某些应急物资生产企业提供回收服务的同时，一般也会同时服务其他客户企业。但是，为了提高逆向物流系统的利用率和降低成本，很可能会出现机会主义行为，如优先为其他客户企业建立库存、对其他客户企业提供更快速的物流响应服务。因此，如果应急物资逆向物流管理中心缺乏监控或重视，很可能导致逆向物流的周期过长或效率低下。对于这种行为，协同委员会一方面要制定交易过程中的限制性条款，另一方面要建立强有力的违约赔款机制，增加逆向物流服务企业个人利益行为的成本，提高其不诚信行为的代价，以潜在的巨大经济损失威胁来制约逆向物流服务企业的机会主义行为。

（十）构建畅通的信息流通及控制机制

逆向物流服务合作中的机会主义行为主要源于信息在合作各方之间的非对称分布。因此，促进信息流通，降低信息不对称性是减少机会主义行为的有效手段。一方面，要努力营造良好的合作氛围，促进合作各方的诚信建设，在合作中相互信任，增强各方主动披露信息的自觉性；另一方面，要加强各方之间必要的相互监控，在自愿披露制度难以奏效的情况下，强制各方进行信息的被动发布并加强外部监控往往更加有力，通过相互监控了解合作方的努力协作程度和合作发展状态。

第四章　应急物资逆向物流预测

第一节　应急物资逆向物流
预测问题描述

在应急物资逆向物流实践中涉及许多不确定性因素，包括应急物资逆向物流发生时间的不确定性、应急物资逆向物流政策的不确定性、应急物资逆向物流需求的不确定性等因素。这些不确定因素之间的相互关系也将影响预测的精度，现有文献对应急物资逆向物流预测的相关研究较少，大多采用单一预测模型，对应急物资逆向物流预测的精度有一定的局限性。

精准预测应急物资逆向物流能够为应急物资逆向物流的管理者提供有效的决策支持，提高应急物资逆向物流的决策水平，同时也有利于政府制定相关的法律法规。应急物资逆向物流决策包括逆向物流网络设计决策、运输能力的规划决策、逆向物流运营计划和库存控制决策。

本章的研究内容是构建不确定环境下应急物资逆向物流预测模型，用于有效预测应急物资逆向物流发生数量。在本章的研究中，考虑到了影响应急物资逆向物流的许多因素以及这些因素之间的相互关系，同时，传统的统计分析模型需要大量样本进行预测，本章提出的预测模型适用于处理小样本数据，并使用了灰色系统理论处理不确定和小样本数据集。采用灰色系统理论所建立的模型通常应用于预测，在本章中，使用灰色系统理论对应急物资逆向物流进行预测。应急物资逆向物流预测模型通常采用单一预测模型，本章使用灰色预测模型（也称灰色模型）并结合了粒子群算法优化的人工神经网络组合预测模型，用于提高回收预测的精度。本章的贡献在于建立了基于灰色系统理论和人工神经网络的应急物资逆向物流预测模型，并且考虑了多个影响因素建立该预测模型。

第二节　研究方法

一、灰色模型

（一）一阶单变量微分灰色模型

一阶单变量微分灰色模型简称 GM（1，1）模型，它通过构建一阶微分方程和一阶差分方程来分析系统变量的演化趋势。GM（1，1）模型对样本量没有过多的要求，是一种研究少数据、信息不确定性问题的方法。

一阶单变量微分灰色模型 GM（1，1）的系统主变量原始数据序列为：

$$X^{(0)} = (X^{(0)}(1), X^{(0)}(2), \cdots, X^{(0)}(m)) \qquad (4-1)$$

其一次累加生成序列为：

$$X^{(1)} = (X^{(1)}(1), X^{(2)}(2), \cdots, X^{(m)}(m)) \qquad (4-2)$$

GM（1，1）模型为：

$$x^{(0)}(k) + a z^{(1)}(k) = b \qquad (4-3)$$

其中：

$$z^{(1)}(k) = \frac{1}{2}(x^{(1)}(k) - x^{(1)}(k-1))$$

一阶单变量微分灰色模型 GM（1，1）的时间响应序列为：

$$\widehat{x}^{(1)}(k+1) = \left(x^{(0)}(1) - \frac{b}{a}\right)e^{-ak} + \frac{b}{a}, k = 1,2,\cdots,n \quad (4-4)$$

GM（1，1）模型一次累加生成序列 $X^{(1)}$ 的模拟值 $\widehat{X}^{(1)}$ 为：

$$\widehat{X}^{(1)} = (\widehat{x}^{(1)}(1), \widehat{x}^{(1)}(2), \cdots, \widehat{x}^{(1)}(m)) \quad (4-5)$$

灰色模型已广泛应用于多个领域，包括经济预测、农业与资源预测、环境与灾害预测等，灰色模型在小样本时间序列预测中具有广阔的应用前景，灰色系统理论的主要目的是用有限的数据预测不确定的系统行为。Wang 等采用灰色模型等预测技术预测机械设备寿命，保障了工业滚动轴承安全运行。Zhang 等在产品服务系统中，应用灰色技术建立支持向量机参数，提出了一个预测管理模型，用于石油消费的客户流失预测管理。Shirisha 等在天气预测中，采用了灰色模型，建立了降雨预报模型，用来改善实时的流量预测，有助于在暴雨和洪水期间采取必要的行动。Wu 等在风电功率预测中，采用粒子群算法优化的动态灰色模型，提出了一种新的短期风电功率预测方法。

一阶单变量微分灰色模型也具有广泛的应用。Carmona 等在航空业中，提出了一种趋势灰色模型，预测航空运输业的客流需求，这种趋势灰色模型基于 GM（1，1）模型得到了预测数据。Hao 等采用 GM（1，1）模型，对医疗废弃物回收利用的多个因素进行预测，构建了医疗废弃物预测模型。

（二）一阶多变量微分灰色模型

一阶多变量微分灰色模型简称 GM（1，N）模型，相比 GM（1，1）模型，除了考虑系统主变量，还考虑主变量的影响因素。

一阶多变量微分灰色模型 GM（1，N）的系统主变量原始数据序列为：

$$X_1^{(0)} = (X_1^{(0)}(1), X_1^{(0)}(2), \cdots, X_1^{(0)}(m)) \qquad (4-6)$$

一阶多变量微分灰色模型 GM（1，N）的相关影响因素序列为：

$$X_i^{(0)} = (X_i^{(0)}(1), X_i^{(0)}(2), \cdots, X_i^{(0)}(m)), i = 2, 3, \cdots, N \quad (4-7)$$

$X_i^{(0)}(i = 2, 3, \cdots, N)$ 的一次累加生成序列为：

$$X_i^{(1)} = (X_i^{(1)}(1), X_i^{(1)}(2), \cdots, X_i^{(1)}(m)), i = 2, 3, \cdots, N \quad (4-8)$$

GM（1，N）模型为：

$$X_1^{(0)}(k) + a X_1^{(1)}(k) = \sum_{i=2}^{N} b_i X_i^{(1)}(k) \qquad (4-9)$$

一阶多变量微分灰色模型 GM（1，N）的时间响应序列为：

$$\widehat{x}_1^{(1)}(k+1) = \left(x_1^{(1)}(1) - \frac{1}{a} \sum_{i=2}^{N} b_i x_i^{(1)}(k+1) \right) e^{-ak} +$$

$$\frac{1}{a} \sum_{i=2}^{N} b_i x_i^{(1)}(k+1), k = 2, 3, \cdots, m \qquad (4-10)$$

一阶多变量微分灰色模型 GM（1，N）的一次累加生成序列 $X_1^{(1)}$ 的模拟值 $\widehat{X}_1^{(1)}$ 为：

$$\widehat{X}_1^{(1)} = (\widehat{x_1^{(1)}(1)}, \widehat{x_1^{(1)}(2)}, \cdots, \widehat{x_1^{(1)}(m)}) \qquad (4-11)$$

一阶多变量微分灰色模型 GM（1，N）因其在多变量时间序列预测中的有效性，受到广泛关注。多变量灰色模型是一种重要的因果关系预测模型。白福臣通过考虑多变量生产需求因素，基于灰色系统理论构建海洋经济预测的 GM（1，N），对解释变量采用线性回归、三次指数平滑、灰色模型 GM（1，1）进行预测。Xiong 等针对雾霾的不确定性，提出了一种基于区间灰数序列的线性时变灰色模型 GM（1，N），应用于 PM10 浓度预测，为雾霾治理提供参考。Ye 等提出了改进的灰色模型 GM（1，N）来预测我国珠江三角洲地区的碳强度，探讨了碳减排目标的实现。Nai 等考虑到民用飞机的研制成本受到一系列因素的影响，提出将多层感知器神经网络（MLPNN）算法与 GM（1，N）相结合，用来预测新型飞机的开发成本，提高预测的准确性，促进新型民用飞机研制的成功。Chu 等为了提高短时交通流预测的准确性，建立了基于 GM（1，N）和马尔可夫链的预测模型。

二、三次指数平滑法

指数平滑法（Exponential Smoothing，ES）是 Robert G. Brown 提出的，认为时间序列的态势具有规则性，时间序列可被合理地顺势推演最近的过去态势。当时间序列无明显的趋势变化，可用一次指数平滑预测。二次指数平滑（Double Exponential Smoothing）是对一次指数平滑的再平滑。它适用于具有线性趋势的时间序列，三次指数平滑（Triple Exponential Smoothing，TES）是在二次指数平滑基础上的再平滑。三次指数平滑的预测模型为：

$$\begin{cases} S_t^{(1)} = \alpha y_t + (1 - \alpha) S_{t-1}^{(1)} \\ S_t^{(2)} = \alpha S_t^{(1)} + (1 - \alpha) S_{t-1}^{(2)} \\ S_t^{(3)} = \alpha S_t^{(2)} + (1 - \alpha) S_{t-1}^{(3)} \end{cases} \qquad (4-12)$$

其中，$S_t^{(1)}$ 为一次指数平滑值；$S_t^{(2)}$ 为二次指数平滑值。

有许多研究文献采用三次指数平滑模型来构建预测模型，进行了有效预测。Hao 等采用三次指数平滑模型对影响医疗废弃物回收率的因素进行了预测，为决策者合理配置资源提供参考。钟丽燕通过建立三次指数平滑模型，以浙江省近 10 年民航客运数为例，对该省的民航客运量进行预测，所得的预测值与给出的实际值误差较小。Tang 等采用三次指数平滑模型、灰色模型等组合预测模型，在考虑多个影响因素下，预测集装箱吞吐量。Wang 等采用了基于三次指数平滑预测模型的多属性决策，以提高应急物资逆向物流营运效率。Arora 等采用指数平滑预测模型和季节性自回归移动平均预测模型，对法国短期电力负荷进行了准确预测，重点进行了公共假日等特殊日期的电力负荷预测。

三、粒子群算法优化的 BP 神经网络

1. 粒子群算法优化

在鸟群觅食模型中，每只鸟看成一个粒子，鸟群被看成粒子群。粒子群算法源于 Eberhart 和 Kennedy 提出的鸟群觅食。每只鸟能够记住自己所找到的最好位置，称之为局部最优（pbest），每只鸟还能记住鸟群中所有个体所能找到的最好位置，称之为全局最优（gbest），整个鸟群的觅食位置不断变化，使鸟群趋向全局最优移动。设在一个 D 维的目标搜索空间中，有 m 个粒子组成一个群体，其中第 i 个粒子（$i = 1,\ 2,\ \cdots,\ m$）的位置表示为 $X_i = (x_i^1, x_i^2, \cdots, x_i^D)$，即第 i 个粒子在 D 维搜索空间的位置为 X_i。将 X_i 代入目标函数计算出适应值，根据适应值的大小衡量其优劣。粒子个体经历过的最好位置记为

$P_i = (p_i^1, p_i^2, \cdots, p_i^D)$，整个群体所有粒子经过的最好位置为 $P_g = (p_g^1, p_g^2, \cdots, p_g^D)$，粒子 i 的速度记为 $V_i = (v_i^1, v_i^2, \cdots, v_i^D)$。

用下列公式对粒子所在的位置不断更新：

$$v_i^d = \omega v_i^d + c_1 r_1 (p_i^d - x_i^d) + c_2 r_2 (p_g^d - x_i^d) \qquad (4-13)$$

$$x_i^d = x_i^d + a v_i^d \qquad (4-14)$$

其中，$i = 1, 2, \cdots, m$；$d = 1, 2, \cdots, D$；ω 为惯性因子，是非负数；加速常数 c_1 和 c_2 是非负常数；r_1 和 r_2 是 $[0, 1]$ 范围内变换的随机数；a 为约束因子，控制速度的权重。$v_i^d \in [-v_{max}^d, v_{max}^d]$，$v_{max}$ 为常数，可以根据不同的优化问题设定。

2. BP 神经网络

BP 神经网络模拟人脑神经元对外部激励信号的反应过程，建立多层感知器模型来处理非线性信息。从人脑科学中抽象出来的人工神经网络是具有信息的并行处理能力、自学习能力和推理能力。BP 神经网络是具有三层或三层以上神经元的神经网络，包括输入层、隐含层和输出层，上下层之间实现全连接，而同一层的神经元之间无连接。隐含层或输出层任一神经元将前一层所有神经元传来的信息进行整合，在整合过的信息中添加阈值。

BP 算法的核心是"负梯度下降"理论，BP 神经网络的误差调整方向总是沿着误差下降最快的方向进行。随着误差逆向传播修正的反复进行，网络对输入模式响应的正确率也不断上升。

BP 神经网络的训练是在分析一组测试数据的基础上去求自变量与因变量之间近似函数关系的表达式。拟合过程是找出某函数的过程，使其能够最佳地拟合数据。

BP 神经网络模型被广泛应用于管理预测实践。Vakili 等采用人工神经网络建模，使研究人员能够准确预测太阳辐射量，结果表明其具有较高的准确性和可信度。Guo 等提出了一种基于 BP 神经网络的新型混合风速预测方法，并采集中国地区风速数据集进行研究，其平均绝对误差值较低。Liu 等建立了 BP 神经网络预测模型来测试北京地区碳排放，为有效的碳排放提供参考。

3. 粒子群算法优化的 BP 神经网络（PSO – BP）

为了改善 BP 神经网络容易陷入局部极值和数据过拟合的缺陷，本书采用粒子群算法（PSO）优化 BP 神经网络。

用粒子群算法来训练 BP 神经网络的权值和阈值后，再由梯度下降法来训练网络的权值和阈值。用粒子群算法来训练 BP 神经网络的参数，以便改善 BP 算法性能，优化的学习算法中，粒子向量 $X_i = (X_{i1}, X_{i2}, \cdots, X_{id})$，各元素的值表示 BP 神经网络中的权值和阈值，其中 d 为 BP 神经网络中的所有权值和阈值个数。粒子群算法中粒子的适应度函数为：

$$I_i = \sum_{i=1}^{n} abs(Y_{ij} - y_{ij}) \qquad (4-15)$$

其中，n 表示样本个数；Y_{ij} 表示第 i 个样本的第 j 个理想输出值；y_{ij} 表示第 i 个样本的第 j 个实际输出值。

PSO – BP 实现步骤如图 4 – 1 所示。

（1）初始化 BP 神经网络各层神经元的个数及隐含层的层数。

（2）初始化粒子的位置向量、速度向量的维数、粒子群的规模、学习因子 c_1 和 c_2，惯性权重 ω，粒子群及每个粒子的速度和个体极值（pbest）和全局最优值（gbest）、确定适应度函数。

（3）使用训练样本对每一粒子进行前向传播计算训练误差，然后根据适应度函数计算粒子的适应度。

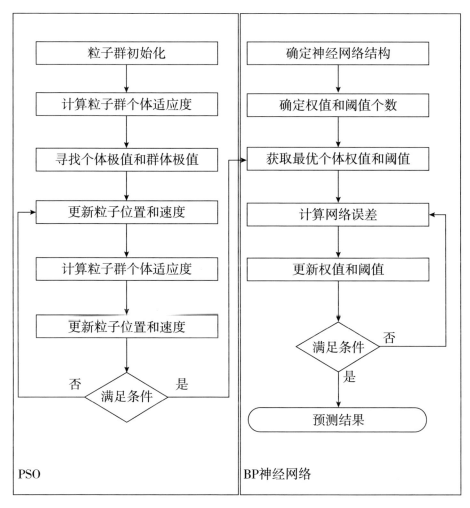

图 4 - 1 PSO - BP 实现步骤

（4）根据各粒子的适应度更新个体极值和全局最优值。

（5）根据个体极值和全局最优值更新各粒子速度和位置。

（6）判断粒子群的适应度，是否达到预设的误差标准和最大迭代次数。

许多研究者尝试使用 PSO - BP 预测工具进行预测，利用粒子群算法改进 BP 神经网络的初始权值和阈值。Ibrahim 等在电压不稳定预测中提出了一种用粒子群算法训练的递归神经网络，结果证明了 PSO - BP 的有效性。Jiang 等利用基于粒子群算法的 BP 神经网络对再制造中各部件的成本进行预测，有助于从经济角度直观判断产品的可再制造性。Chen 等建立了基于粒子群算法优化和反向传播人工神经网络的中性和碱性药物 pKa 值预测模型。Yin 等利用粒子群优化与反向传播神经网络的算法，建立了一种预测最优放电压力的新模型。Zhang 等建立了改进的 PSO - BP 模型，用于预测指定港区的船舶交通流总量，所提出的预测方法能够实现船舶交通流趋势预测，具有收敛性好的特点。

四、灰色神经网络组合模型构建

在这一部分提出灰色模型和神经网络的组合模型来预测应急物资回收量。

本书提出的组合预测模型首先使用 GM （1，1） 和 TES 分别对应急物资回收量进行预测，对预测结果的精度进行比较，把精度高的预测结果作为 GM （1，N） 的决策变量。其次，把应急物资回收量历史数据作为被决策变量，获得应急物资回收量的 GM （1，N）拟合值。再次，使用 GM （1，N） 拟合出的回收量预测值对粒子群算法优化的 BP 神经网络进行训练。最后，训练好的 BP 神经网络用来预测应急物资回收量。灰色神经网络组合模型流程如图 4 - 2 所示。

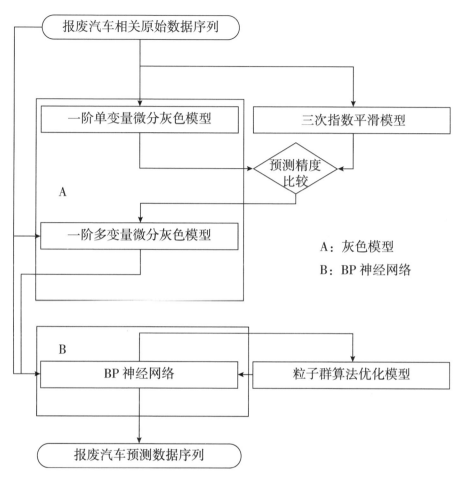

图4-2　灰色神经网络组合模型流程

第三节　应急物资逆向物流
预测实证研究

一、应急物资逆向物流预测数据假设

本章假设了影响应急物资逆向物流发生量数据，数据类型如

表 4 – 1 所示。

表 4 – 1	数据类型
历史数据	
2005—2016 年 S 市应急物资逆向物流发生量	
2005—2016 年 S 市应急物资逆向物流单位价格	
2005—2016 年 S 市应急物资逆向物流从业人员	
2005—2016 年 S 市应急物资逆向物流固定资产投入	
2005—2016 年 S 市应急物资逆向物流网点	
2005—2016 年 S 市可回收物资价格	
2005—2016 年 S 市应急物资可调配机动车数量	
2005—2016 年 S 市地区生产总值	
2005—2016 年 S 市人口数量	
2005—2016 年 S 市公路里程	
2005—2016 年 S 市人均可支配收入	

二、预测精度性能指标

本书中采用的预测精度的性能指标如下所示。

（1）平均绝对误差（Mean Absolute Error，MAE）。

平均绝对误差是所有单个观测值与算术平均值的偏差的绝对值的平均。与平均误差相比，平均绝对误差由于离差被绝对值化，不会出现正负相抵消的情况，因而，平均绝对误差能更好地反映预测值误差的实际情况。

$$MAE = \frac{1}{N} \sum_{t=1}^{N} |\widehat{X}(t) - X(t)| \qquad (4-16)$$

（2）均方根误差（Root Mean Square Error，RMSE）。

均方根误差是观测值与真值偏差的平方和与观测次数 N 比值的平方根。均方根误差用来衡量观测值同真值之间的偏差。

$$RMSE = \sqrt{\frac{1}{N} \sum_{t=1}^{N} (\widehat{X}(t) - X(t))^2} \qquad (4-17)$$

（3）平均绝对百分比误差（Mean Absolute Percentage Error，MAPE）。

$$MAPE = \frac{1}{N} \sum_{t=1}^{N} \left| \frac{\widehat{X}(t) - X(t)}{X(t)} \right| \qquad (4-18)$$

（4）泰尔不等系数（Theil's Inequality Coefficient，TIC）。

泰尔不等系数的取值区间为 0~1，越靠近 0，预测值与实际值越靠近，模型拟合效果越好。

$$TIC = \frac{\sqrt{\frac{1}{N} \sum_{t=1}^{N} (\widehat{X}(t) - X(t))^2}}{\sqrt{\frac{1}{N} \sum_{t=1}^{N} X(t)^2} + \sqrt{\frac{1}{N} \sum_{t=1}^{N} \widehat{X}(t)^2}} \qquad (4-19)$$

第四节　应急物资逆向物流预测实证研究结果分析

一、一阶单变量微分灰色模型和三次指数平滑法预测分析

为了提高预测的性能，减少历史数据的非平稳性和非线性，本书首先应用 GM（1，1）和 TES 对影响应急物资逆向物流发生量的 10 个因素进行预测。

一阶单变量微分灰色模型和三次指数平滑法的预测性能比较

如表4-2所示。S市地区生产总值、S市人口数量和S市人均可支配收入这三个影响因素应用一阶单变量微分灰色模型的预测性能高。其余的7个影响因素使用三次指数平滑法的预测性能高。

表4-2　一阶单变量微分灰色模型和三次指数平滑法的预测性能比较

参数	MAE GM(1, 1) VS TES	RMSE GM(1, 1) VS TES	MAPE GM(1, 1) VS TES	TIC GM(1, 1) VS TES
S市应急物资逆向物流单位价格	2.46	2.23	2.54	2.25
S市应急物资逆向物流从业人员	1037.32	845.17	1439.90	60.56
S市应急物资逆向物流固定资产投入	10.00	4.83	11.52	4.82
S市应急物资逆向物流网点	1.06	0.97	1.14	0.99
S市可回收物资价格	3.07	2.37	3.21	2.86
S市应急物资可调配机动车数量	2.61	2.26	2.40	2.28
S市地区生产总值	**0.31**	**0.35**	**0.39**	**0.36**
S市人口数量	**0.84**	**0.88**	**0.87**	**0.89**
S市公路里程	1.29	1.70	1.19	1.71
S市人均可支配收入	**0.35**	**0.33**	**0.39**	**0.35**

注：预测性能高用黑体表示。

二、一阶多变量微分灰色模型预测分析

为了提高预测性能，在本部分中，考虑10个应急物资逆向物流发生量的影响因素对应急物资逆向物流发生量的影响。在对比一阶

单变量微分灰色模型 GM（1，1）和三次指数平滑法 TES 预测结果后，将两者中预测性能高的预测结果作为一阶多变量微分灰色模型 GM（1，N）的影响因素来预测 2005—2016 年应急物资逆向物流发生量。

采用 GM（1，1）- TES - GM（1，N）组合模型对 2005—2016 年应急物资逆向物流发生量的预测结果如图 4 - 3 所示。图 4 - 3 展示了采用一阶单变量微分灰色模型 GM（1，1）、三次指数平滑法 TES 模型，以及 GM（1，1）- TES - GM（1，N）组合模型的预测结果和实际发生数据的对比，以明确各预测模型的预测精度。

表 4 - 3 用 MAE、RMSE、MAPE 和 TIC 这四个指标来评价 GM（1，1）、TES 和 GM（1，1）- TES - GM（1，N）三个模型的预测性能。在图 4 - 3 和表 4 - 3 的分析中，考虑了应急物资逆向物流发生量的影响因素 GM（1，1）- TES - GM（1，N）在这三个模型中预测性能最好。

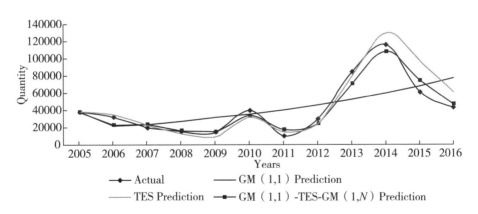

图 4 - 3 实际值（Actual）、GM（1，1）、TES 和 GM（1，1）- TES - GM（1，N）预测值

注：Years 是年份，Quantity 是发生量。

表 4 - 3   GM (1, 1) - TES - GM (1, *N*) 预测评价

指标	GM (1, 1)	TES	GM (1, 1) - TES - GM (1, *N*)
MAE	18580. 92	8540. 97	**5823. 67**
RMSE	24381. 27	12733. 55	**7251. 89**
MAPE	0. 63	0. 22	**0. 17**
TIC	0. 25	0. 11	**0. 07**

注：预测性能高用黑体表示。

三、人工神经网络预测分析

为进一步提高应急物资逆向物流预测模型的性能，在 GM (1, 1) - TES - GM (1, *N*) 组合模型的基础上，进一步使用 PSO 优化的 BP（即 PSO - BP）神经网络来提高预测性能。PSO - BP 神经网络的参数设置如表 4 - 4 所示。

表 4 - 4   PSO - BP 神经网络的参数设置

参数	sizepop	maxgen	trainParam. epochs	trainParam. lr	trainParam. goal
PSO - BP	20	2	100	0. 1	0. 00001

使用 GM (1, 1) - TES - GM (1, *N*) 拟合出的预测结果对 PSO 优化的 BP 神经网络进行训练。训练出的 PSOBP（即 PSO - BP）神经网络用来预测 2005—2016 年 S 市应急物资逆向物流发生量，如图 4 - 4 所示。

由图 4 - 4 可知，相比 GM (1, 1)、TES 和 GM (1, 1) - TES - GM (1, *N*) 模型的预测结果，GM (1, 1) - TES - GM (1, *N*) - PSOBP 模型的预测结果更为接近 2005—2016 年的实际值，特别是

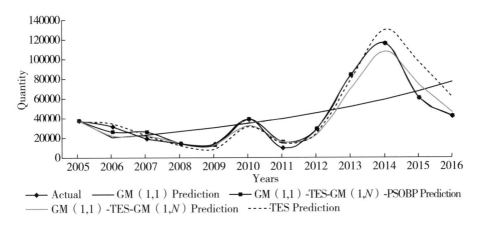

图 4 - 4 GM (1, 1) - TES - GM (1, N) - PSOBP 预测值

2012—2016 年的预测值几乎和实际值重合。

在表 4 - 5 中，用 MAE、RMSE、MAPE 和 TIC 这四个指标来评价 GM (1, 1)、TES、GM (1, 1) - TES - GM (1, N) 和 GM (1, 1) - TES - GM (1, N) - PSOBP 四个预测模型的预测性能。在图 4 - 5 中，用柱状图表示四个预测模型的预测性能。通过比较四个预测模型的评价指标，GM (1, 1) - TES - GM (1, N) - PSOBP 可以有效地降低 MAE、RMSE、MAPE 和 TIC 的误差。

通过对图 4 - 4、表 4 - 5 和图 4 - 5 的观察，本章提出的 GM (1, 1) - TES - GM (1, N) - PSOBP 组合模型技术对于提高预测精度是非常有效的。此外，随着组合模型的数量增加，预测误差减少。

表 4 - 5　GM (1, 1) - TES - GM (1, N) - PSOBP 预测评价

指标	GM (1, 1)	TES	GM (1, 1) - TES - GM (1, N)	GM (1, 1) - TES - GM (1, N) - PSOBP
MAE	18580. 92	8540. 97	5823. 67	**1692. 167**
RMSE	24381. 27	12733. 55	7251. 89	**3009. 017**

续　表

指标	GM（1，1）	TES	GM（1，1）-TES-GM（1，N）	GM（1，1）-TES-GM（1，N）-PSOBP
MAPE	0.63	0.22	0.17	**0.096**
TIC	0.25	0.11	0.07	**0.029**

注：预测性能高用黑体表示。

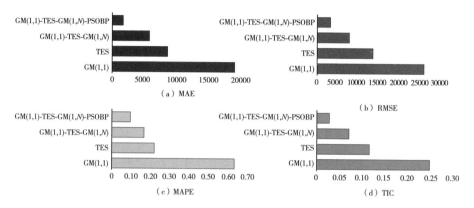

图4-5　GM（1，1）-TES-GM（1，N）-PSOBP预测评价

四、应急物资逆向物流预测模型比较分析

为了观察粒子群算法对BP神经网络的优化，灰度神经网络预测模型对基准预测模型的预测性能的提升，以及灰度神经网络预测模型对传统预测模型预测性能的提升，设计了比较Ⅰ、Ⅱ和Ⅲ。

在比较Ⅰ中，为了观察粒子群算法对BP神经网络的优化效果，设计了GM（1，1）-TES-GM（1，N）-BP模型与GM（1，1）-TES-GM（1，N）-PSOBP的模型比较。比较Ⅰ的结果分析如图4-6所示。

图4-6显示的是粒子群算法对BP神经网络的优化。PSO可以使

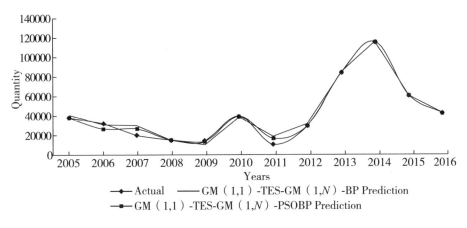

图 4 - 6 比较 I 的结果分析

BP 神经网络模型获得较强的近似能力。此外，2005—2016 年，PSO 使每一期预测值更为接近每一期的实际值，PSO 在 BP 神经网络模型中对每一期的预测值均有贡献。

在表 4 - 6 中，用 MAE、RMSE、MAPE 和 TIC 这四个指标来评价 GM (1, 1) - TES - GM (1, N) - BP 和 GM (1, 1) - TES - GM (1, N) - PSOBP 两个预测模型的预测性能。图 4 - 6 和表 4 - 6 均显示了 PSO 有效地降低了预测模型的误差。

表 4 - 6   比较 I 的结果分析

指标	GM (1, 1) - TES - GM (1, N) - BP	GM (1, 1) - TES - GM (1, N) - PSOBP
MAE	2741.667	**1692.167**
RMSE	4145.367	**3009.017**
MAPE	0.152	**0.096**
TIC	0.040	**0.029**

注：预测性能高用黑体表示。

在比较Ⅱ中，为了观察 GM（1，1）– TES – GM（1，N）– PSOBP 预测模型对 GM（1，1）– TES – GM（1，N）– BP、GM（1，1）– TES – GM（1，N）、TES、GM（1，1）四个基准预测模型的预测性能的提升，设计了灰度神经网络预测模型与基准预测模型的比较，如表4 – 7 所示。

表4 – 7   比较Ⅱ的结果分析

指标	GM（1，1）– TES – GM（1，N）– PSOBP VS GM（1，1）– TES – GM（1，N）– BP	GM（1，1）– TES – GM（1，N）– PSOBP VS GM（1，1）– TES – GM（1，N）	GM（1，1）– TES – GM（1，N）– PSOBP VS TES	GM（1，1）– TES – GM（1，N）– PSOBP VS GM（1，1）
MAE（%）	62	29	20	9
RMSE（%）	73	41	24	12
MAPE（%）	63	57	43	15
TIC（%）	73	41	25	12

表4 – 7 显示了用 MAE、RMSE、MAPE 和 TIC 这四个指标来评价 GM（1，1）– TES – GM（1，N）– PSOBP 预测模型对 GM（1，1）– TES – GM（1，N）– BP、GM（1，1）– TES – GM（1，N）、TES、GM（1，1）四个基准预测模型的预测性能的比较。比较结果

如下所示。

（1）基于 TES 和 GM（1，1）模型的 GM（1，1）- TES - GM（1，N）组合预测模型相比独立模型有更好的预测性能。

（2）加入了 BP 神经网络的 GM（1，1）- TES - GM（1，N）-PSOBP 相比 GM（1，1）- TES - GM（1，N）进一步提高了预测性能，提高了预测精度。

（3）PSO 对于 BP 神经网络具有优化能力，PSO 使 BP 神经网络模型有更好的逼近能力。

在比较Ⅲ中，为了验证灰度神经网络预测模型的有效性，用 GM（1，1）- TES - GM（1，N）-PSOBP 预测模型和传统预测模型的预测结果比较来验证有效性。参与比较的传统预测模型有移动平均（Moving Averages）预测模型、线性回归（Linear Regression）预测模型和指数平滑（Exponential Smoothing）预测模型。

从图 4-7 中可以看出，灰度神经网络预测模型与传统预测模型相比，所提出的模型具有更好的预测性能，使 2005—2016 年的预测

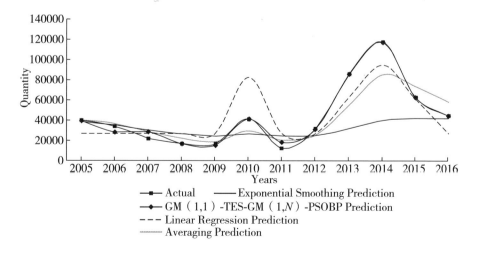

图 4-7 比较Ⅲ的结果分析

值更为接近相应年份的实际值。

图4-8显示的是GM（1，1）-TES-GM（1，N）-PSOBP预测模型和传统预测模型的预测性能比较。GM（1，1）-TES-GM（1，N）-PSOBP有效地降低了传统预测模型MAE、RMSE、MAPE和TIC的误差。因此，相对于传统预测模型，本书提出的灰度神经网络预测模型相对于传统预测模型，有效提高了预测精度，所提出的模型适用于应急物资逆向物流的预测。

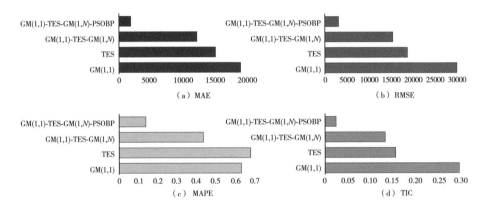

图4-8　比较Ⅲ的MAE、RMSE、MAPE和TIC预测精度分析

第五章 应急物资逆向物流网络构建

第一节　应急物资逆向物流网络问题描述

近年来，各类大规模突发疫情时有暴发，如 SARS、禽流感、欧洲大肠杆菌疫情，以及西非埃博拉疫情等。这些突发疫情不仅严重危害人类健康和生命安全，而且对社会经济发展造成重大影响。以西非埃博拉疫情为例，共计吞噬超过 1.13 万条生命，确诊和可能感染病例超过 2.85 万例，经济损失史是超过 330 亿美元。在突发疫情应急管理理论研究方面，SARS 事件推动了我国应急管理体系的构建。如何预测突发疫情的扩散演化规律，基于预测规律形成应急物资的调度方案，成为突发疫情应急管理的主流。应急物资逆向物流能够帮助减少环境污染，提高生态效益。

本章在上一章预测的基础上，以应急物资逆向物流网络为研究对象。应急物资逆向物流网络是应急物资回收、运输、分类、处置的回收处置网络。本章拟解决的问题是应急物资逆向物流网络选址优化问题。首先，构建包括应急物资回收点、回收中心、中转中心、处理中心和调拨中心在内的应急物资逆向物流网络结构。其次，在预测多个周期内应急物资逆向物流发生量的基础上，考虑应急物资逆向物流网络中的各拟建节点设施的固定成本、运营成本、物流成本、库存成本以及节点设施在运营和运输过程中对环境影响等因素，以运营成本最小和对环境影响最小为目标，构建多周期多目标动态选址模型，确定网络中各设施的数量和选址。

本章的贡献在于以下几点。

①采用了 GM（1，1）和混合整数规划结合的组合方法，构建了多个周期内的选址优化模型。②以运营成本最小和对环境影响最小为目标建立模型，降低应急物资逆向物流的运营成本、减少对环境的影响。③对应急物资逆向物流网络选址决策进行了敏感性分析。结果表明，采用 GM（1，1）和混合整数规划建立的模型优化了应急物资逆向物流网络在各周期内，关于回收中心、中转中心、处理中心的数量、选址、设施间流量分配和库存量。

第二节 应急物资逆向物流网络模型构建

一、应急物资逆向物流网络问题定义

本章以应急物资逆向物流网络为研究对象，构建包括应急物资回收点（即物资需求中心）、回收中心、中转中心、处理中心和调拨中心在内的应急物资逆向物流网络结构。应急物资逆向物流网络如图 5-1 所示。回收中心对回收点进行回收，按照国家应急物资分类标准进行分类后通过中转中心运送到处理中心，在处理中心进行分类、拣选和无害化处理后运送至调拨中心，由调拨中心进行应急物资的再分配。

本章在预测应急物资逆向物流发生量（即应急物资数量）的基础上，考虑逆向物流网络构建中的各拟建节点设施的固定成本、运营成本、物流成本、库存成本以及节点设施在运营和运输过程中对环境

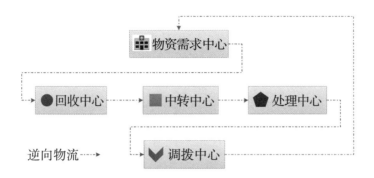

图 5-1　应急物资逆向物流网络

影响等因素，以运营成本最小、对环境影响最小为目标，在多个运营周期内构建多周期多目标动态选址模型。

二、应急物资逆向物流网络模型假设

（1）以 1 年为 1 个周期，构建 3 个周期内的应急物资逆向物流网络模型。

（2）3 个周期的应急物资逆向物流发生量可通过 GM（1，1）预测得知。

（3）应急物资回收点产生的应急物资废弃物全部回收。

（4）不考虑应急物资废弃物在医院的库存成本。

（5）调拨中心为配套设施，不考虑单独建设成本、运营成本和库存成本。

（6）在备选地点对回收中心、中转中心和处理中心选址。

（7）逆向物流节点设施对环境的影响 $p = \varphi \dfrac{x_1}{d_1}$。$p$ 表示节点设施在处理应急物资废弃物时对环境的影响。$\varphi(\varphi \geq 0)$ 为节点设施环境影响函数的比例系数，其实际意义为处理应急物资废弃物的数量和节点设施到人口聚集点（在本章中假设为医院的位置）的距离对环境的影响程度，φ 越大，负影响越大。x_1 表示应急物资废弃物数量。d_1 表示节点设施到人口聚集点的距离。

（8）运输应急物资废弃物对环境的影响 $q = e\,x_2\,d_2$。q 表示运输应急物资废弃物时对环境的影响。e 表示运输单位应急物资废弃物在单位距离产生的对环境的影响函数。x_2 表示运输应急物资废弃物的数量。d_2 表示运输距离。

三、应急物资逆向物流网络模型参数与变量设置

在这一节中，对集合、模型参数和决策变量符号进行了说明，并采用上述提到的组件，对提出的多周期多目标动态选址模型进行了配置。

1. 集合

M——应急物资回收点集合（1，2，…，M）；

I——应急物资回收中心集合（1，2，…，I）；

J——应急物资中转中心集合（1，2，…，J）；

K——应急物资处理中心集合（1，2，…，K）；

N——应急物资调拨中心集合（1，2，…，N）。

2. 模型参数

F_{it}^{c}——周期 t 在备选地点 i 处建立应急物资回收中心的固定成本；

F_{jt}^{r}——周期 t 在备选地点 j 处建立应急物资中转中心的固定成本；

F_{kt}^{p}——周期 t 在备选地点 k 处建立应急物资处理中心的固定成本；

f_{it}^{c} ——周期 t 关闭 i 处应急物资回收中心的固定成本；

f_{jt}^{r} ——周期 t 关闭 j 处应急物资中转中心的固定成本；

f_{kt}^{p} ——周期 t 关闭 k 处应急物资处理中心的固定成本；

c_{mi}^{qc} ——应急物资从回收点 m 到回收中心 i 的单位运输成本；

c_{ij}^{cr} ——应急物资从回收中心 i 到中转中心 j 的单位运输成本；

c_{jk}^{rp} ——应急物资从中转中心 j 到处理中心 k 的单位运输成本；

c_{kn}^{ps} ——应急物资从处理中心 k 到调拨中心 n 的单位运输成本；

o_{i}^{c} ——应急物资在回收中心 i 处的单位运营成本；

o_{j}^{r} ——应急物资在中转中心 j 处的单位运营成本；

o_{k}^{p} ——应急物资在处理中心 k 处的单位运营成本；

h_{i}^{c} ——应急物资在回收中心 i 处的单位库存成本；

h_{j}^{r} ——应急物资在中转中心 j 处的单位库存成本；

h_{k}^{p} ——应急物资在处理中心 k 处的单位库存成本；

d_{mi}^{qc} ——应急物资从回收点 m 到回收中心 i 之间的距离；

d_{ij}^{cr} ——应急物资从回收中心 i 到中转中心 j 之间的距离；

d_{jk}^{rp} ——应急物资从中转中心 j 到处理中心 k 之间的距离；

d_{km}^{ps} ——应急物资从处理中心 k 到回收点 m 之间的距离；

d_{mj}^{qr} ——应急物资从回收点 m 到中转中心 j 之间的距离；

d_{mk}^{qp} ——应急物资从回收点 m 到处理中心 k 之间的距离；

d_{im}^{cs} ——应急物资从回收中心 i 到回收点 m 之间的距离；

d_{jm}^{rs} ——应急物资从中转中心 j 到回收点 m 之间的距离；

φ^{i} ——在回收中心 i 处理单位应急物资对环境的影响系数；

φ^{j} ——在中转中心 j 处理单位应急物资对环境的影响系数；

φ^{k} ——在处理中心 k 处理单位应急物资对环境的影响系数；

β^{mi} ——应急物资在回收点 m 和回收中心 i 之间运输单位距离对环境的影响系数；

β^{ij} ——应急物资在回收中心 i 和中转中心 j 之间运输单位距离对环境的影响系数；

β^{jk} ——应急物资在中转中心 j 和处理中心 k 之间运输单位距离对环境的影响系数；

β^{kn} ——应急物资在处理中心 k 和调拨中心 n 之间运输单位距离对环境的影响系数；

Q_{mt}^{q} ——周期 t 在回收点 m 处应急物资预测数量；

Q_{nt}^{s} ——周期 t 在调拨中心 n 处应急物资最大处理数量；

M_{i}^{c} ——回收中心 i 的最大处理能力；

M_{j}^{r} ——中转中心 j 的最大处理能力；

M_{k}^{p} ——处理中心 k 的最大处理能力；

V_{i}^{c} ——回收中心 i 的最大库存能力；

V_{j}^{r} ——中转中心 j 的最大库存能力；

V_{k}^{p} ——处理中心 k 的最大库存能力；

N^{i} ——建设回收中心 i 的最大数量；

N^{j} ——建设中转中心 j 的最大数量；

N^{k} ——建设处理中心 k 的最大数量。

3. 变量设置

Y_{it}^{c} ——周期 t 是否建立回收中心 i；

Y_{jt}^{r} ——周期 t 是否建立中转中心 j；

Y_{kt}^p——周期 t 是否建立处理中心 k；

X_{mit}^{qc}——周期 t 由回收点 m 运往回收中心 i 的应急物资数量；

X_{ijt}^{cr}——周期 t 由回收中心 i 运往中转中心 j 的应急物资数量；

X_{jkt}^{rp}——周期 t 由中转中心 j 运往处理中心 k 的应急物资数量；

X_{knt}^{ps}——周期 t 由处理中心 k 运往调拨中心 n 的应急物资数量；

Z_{it}^c——周期 t 回收中心 i 处的应急物资库存量；

Z_{jt}^r——周期 t 中转中心 j 处的应急物资库存量；

Z_{kt}^p——周期 t 处理中心 k 处的应急物资库存量。

第三节　应急物资逆向物流网络模型算法实现

构建多周期多目标动态选址模型时，以运营成本最小和对环境影响最小为目标。

1. 目标函数

$$\text{Minimize}C = C_1 + C_2 + C_3 + C_4 + C_5 \qquad (5-1)$$

$$\text{Minimize}P = P_1 + P_2 \qquad (5-2)$$

其中：

$$C_1 = \sum_{t=1}^{T} \sum_{i=1}^{I} F_{it}^c fix\left(\frac{Y_{it}^c - Y_{i(t-1)}^c + 1}{2}\right) + \sum_{t=1}^{T} \sum_{j=1}^{J} F_{jt}^r fix\left(\frac{Y_{jt}^r - Y_{j(t-1)}^r + 1}{2}\right) +$$

$$\sum_{t=1}^{T} \sum_{k=1}^{K} F_{kt}^p fix\left(\frac{Y_{kt}^p - Y_{k(t-1)}^p + 1}{2}\right)$$

$$C_2 = \sum_{t=1}^{T} \sum_{i=1}^{I} f_{it}^c \mid fix\left(\frac{Y_{it}^c - Y_{i(t-1)}^c - 1}{2}\right) \mid +$$

$$\sum_{t=1}^{T} \sum_{j=1}^{J} f_{jk}^{r} \mid fix\left(\frac{Y_{jt}^{r} - Y_{j(t-1)}^{r} - 1}{2}\right)\mid + \sum_{t=1}^{T} \sum_{k=1}^{K} f_{kt}^{p} \mid fix\left(\frac{Y_{kt}^{p} - Y_{k(t-1)}^{p} - 1}{2}\right)\mid$$

$$C_3 = \sum_{t=1}^{T} \sum_{i=1}^{I} \sum_{m=1}^{M} c_{mi}^{qc} X_{mit}^{qc} d_{mi}^{qc} + \sum_{t=1}^{T} \sum_{j=1}^{J} \sum_{i=1}^{I} c_{ij}^{cr} X_{ijt}^{cr} d_{ij}^{cr} +$$

$$\sum_{t=1}^{T} \sum_{k=1}^{K} \sum_{j=1}^{J} c_{jk}^{rp} X_{jkt}^{rp} d_{jk}^{rp} + \sum_{t=1}^{T} \sum_{k=1}^{K} \sum_{n=1}^{N} c_{kn}^{ps} X_{knt}^{ps} d_{kn}^{ps}$$

$$C_4 = \sum_{t=1}^{T} \sum_{i=1}^{I} \sum_{m=1}^{M} o_{i}^{c} X_{mit}^{qc} + \sum_{t=1}^{T} \sum_{j=1}^{J} \sum_{i=1}^{I} o_{j}^{r} X_{ijt}^{cr} + \sum_{t=1}^{T} \sum_{k=1}^{K} \sum_{j=1}^{J} o_{k}^{p} X_{jkt}^{rp}$$

$$C_5 = \sum_{t=1}^{T} \sum_{i=1}^{I} h_{i}^{c} Z_{it}^{c} + \sum_{t=1}^{T} \sum_{j=1}^{J} h_{j}^{r} Z_{jt}^{r} + \sum_{t=1}^{T} \sum_{k=1}^{K} h_{k}^{p} Z_{kt}^{p}$$

$$P_1 = \varphi^{c} \sum_{m=1}^{M} \sum_{i=1}^{I} \frac{\sum_{t=1}^{T} \sum_{m=1}^{M} X_{mit}^{qc}}{d_{mi}^{qc}} + \varphi^{r} \sum_{m=1}^{M} \sum_{j=1}^{J} \frac{\sum_{t=1}^{T} \sum_{i=1}^{I} X_{ijt}^{cr}}{d_{mj}^{qr}} + \varphi^{p} \sum_{m=1}^{M} \sum_{k=1}^{K}$$

$$\frac{\sum_{t=1}^{T} \sum_{j=1}^{J} X_{ikt}^{rp}}{d_{mk}^{qp}}$$

$$P_2 = \beta^{qc} \sum_{t=1}^{T} \sum_{i=1}^{I} \sum_{m=1}^{M} X_{mit}^{qc} d_{mi}^{qc} + \beta^{cr} \sum_{t=1}^{T} \sum_{j=1}^{J} \sum_{i=1}^{I} X_{ijt}^{cr} d_{ij}^{cr} + \beta^{rp} \sum_{t=1}^{T} \sum_{k=1}^{K} \sum_{j=1}^{J} X_{jkt}^{rp}$$

$$d_{jk}^{rp} + \beta^{ps} \sum_{t=1}^{T} \sum_{k=1}^{K} \sum_{n=1}^{N} X_{knt}^{ps} d_{kn}^{ps}$$

式（5-1）表示应急物资逆向物流网络各周期运营成本最小，C_1 表示各周期内回收中心、中转中心以及处理中心的建设成本之和，C_2 表示各周期内回收中心、中转中心以及处理中心关闭成本之和，C_3 表示各周期内在应急物资回收点、回收中心、中转中心、处理中心之间的运输成本之和，C_4 表示各周期内回收中心、中转中心和处理中心的运营成本之和，C_5 表示各周期内回收中心、中转中心以及处理中心的库存成本之和。

式（5-2）表示应急物资逆向物流网络各周期对环境影响最小，P_1 表示各周期内回收中心、中转中心和处理中心在处理应急物资的过程中对环境产生的影响，P_2 表示各周期内应急物资运输过程中对环境产生的影响。

2. 约束

$$\sum_{i=1}^{I} X_{mit}^{qc} Y_{it}^{c} = Q_{mt}^{q}, \forall m, t \qquad (5-3)$$

$$\sum_{m=1}^{M} X_{mit}^{qc} Y_{it}^{c} + Z_{i(t-1)}^{c} Y_{i(t-1)}^{c} = \sum_{j=1}^{J} X_{ijt}^{cr} Y_{jt}^{r} + Z_{it}^{c} Y_{it}^{c}, \forall i, t \qquad (5-4)$$

$$\sum_{i=1}^{I} X_{ijt}^{cr} Y_{jt}^{r} + Z_{j(t-1)}^{r} Y_{j(t-1)}^{r} = \sum_{k=1}^{K} X_{jkt}^{rp} Y_{kt}^{p} + Z_{jt}^{r} Y_{jt}^{r}, \forall j, t \qquad (5-5)$$

$$\sum_{j=1}^{J} X_{jkt}^{rp} Y_{kt}^{p} + Z_{k(t-1)}^{p} Y_{k(t-1)}^{p} = \sum_{n=1}^{N} X_{knt}^{ps} + Z_{kt}^{p} Y_{kt}^{p}, \forall k, t \qquad (5-6)$$

$$\sum_{k=1}^{K} X_{knt}^{ps} \leqslant Q_{nt}^{s}, \forall n, t \qquad (5-7)$$

$$\sum_{m=1}^{M} X_{mit}^{qc} Y_{it}^{c} \leqslant M_{i}^{c}, \forall i, t \qquad (5-8)$$

$$\sum_{i=1}^{I} X_{ijt}^{cr} Y_{jt}^{r} \leqslant M_{j}^{r}, \forall j, t \qquad (5-9)$$

$$\sum_{j=1}^{J} X_{jkt}^{rp} Y_{kt}^{p} \leqslant M_{k}^{p}, \forall k, t \qquad (5-10)$$

$$Z_{it}^{c} Y_{it}^{c} \leqslant V_{i}^{c}, \forall i, t \qquad (5-11)$$

$$Z_{jt}^{r} Y_{jt}^{r} \leqslant V_{j}^{r}, \forall j, t \qquad (5-12)$$

$$Z_{kt}^{p} Y_{kt}^{p} \leqslant V_{k}^{p}, \forall k, t \qquad (5-13)$$

$$1 \leqslant \sum_{i=1}^{I} Y_{it}^{c} \leqslant N^{c}, \forall t \qquad (5-14)$$

$$1 \leqslant \sum_{j=1}^{J} Y_{jt}^{r} \leqslant N^{r}, \forall t \qquad (5-15)$$

$$1 \leqslant \sum_{k=1}^{K} Y_{kt}^{p} \leqslant N^{k}, \forall t \qquad (5-16)$$

$$Y_{it}^{c}, Y_{jt}^{r}, Y_{kt}^{p} \in \{0,1\}, i \in I, j \in J, k \in K, t \in T \qquad (5-17)$$

$$X_{mit}^{qc}, X_{ijt}^{cr}, X_{jkt}^{rp}, X_{knt}^{ps}, Z_{it}^{c}, Z_{jt}^{r}, Z_{kt}^{p} \geqslant 0, i \in I, j \in J, k \in K,$$

$$t \in T, m \in M, n \in N \qquad (5-18)$$

式（5-3）表示周期 t 内回收点运往回收中心的应急物资数量等于应急物资产生废弃物的总量。式（5-4）表示回收中心本期收到的应急物资与回收中心上期期末库存之和等于中转中心本期收到的应急物资与回收中心本期期末库存之和。式（5-5）表示中转中心本期收到的应急物资与中转中心上期期末库存之和等于处理中心本期收到的应急物资与中转中心本期期末库存之和。式（5-6）表示处理中心本期收到的应急物资与处理中心上期期末库存之和等于调拨中心本期收到的应急物资与处理中心本期期末库存之和。式（5-7）表示周期 t 由处理中心运往调拨中心的应急物资数量不超过周期 t 调拨中心的最大处理数量。式（5-8）表示周期 t 由应急物资回收点运往回收中心的应急物资数量不超过回收中心的最大处理能力。式（5-9）表示周期 t 由回收中心运往中转中心的应急物资数量不超过中转中心的最大处理能力。式（5-10）表示周期 t 由中转中心运往处理中心的应急物资数量不超过处理中心的最大处理能力。式（5-11）表示周期 t 回收中心的应急物资库存量不超过回收中心的最大库存能力。式（5-12）表示周期 t 中转中心的应急物资库存量不超过中转中心的最大库存能力。式（5-13）表示周期 t 处理中心的应急物资库存量不超过处理中心的最大库存能力。式（5-14）表示周期 t 在回收中心备选地点建立回收中心的数量不超过回收中心的最大设定数量。式（5-15）表示周期 t 在中转中心备选地点建立中转中心的数量不超过中转中心的最大设定数量。式（5-16）表示周期 t 在处理中心备选地点建立处理中心的数量不超过处理中心的最大设定数量。式

（5 – 17）和式（5 – 18）表示变量的取值范围。

构建应急物资逆向物流网络的多周期多目标动态选址模型，以运营成本最小和对环境影响最小为目标。对环境产生的影响系数用 a 表示，a 为减少单位医疗废弃物对环境的影响所需要付出的环境保护的成本，构造目标函数 $MinimizeZ = C + aP$，将多目标规划问题转化为单目标规划问题。

第四节　应急物资逆向物流网络实证分析

在本节中，给出了所提出模型求解的计算结果。首先，以某市各应急物资回收点回收为案例研究，然后，给出了计算结果并进行了算例分析。

一、应急物资逆向物流网络实证研究

本节以某市各应急物资回收点回收为例，构建某市应急物资逆向物流网络，包括应急物资回收点、回收中心、中转中心、处理中心和调拨中心在内的应急物资逆向物流网络结构。在基于预测来三年（三个周期）应急物资逆向物流发生量（即应急物资数量）的基础上，研究某市应急物资逆向物流网络在各周期内，回收中心、中转中心、处理中心的选址和流量分配优化问题。

本节采用 GM（1，1）预测的方法，基于 2014—2017 年某市应急物资实际数量，得到 2018—2020 年的预测量，计算得到某市各应急物资回收点在三个周期内的应急物资数量，如表 5 – 1 所示。

表 5－1　各应急物资回收点在三个周期内的应急物资数量

回收点	2018 年	2019 年	2020 年
1	336	374	415
2	345	383	426
3	511	568	631
4	252	280	311
5	157	175	194
6	801	890	989
7	511	567	631
8	428	476	529
9	588	654	727
10	712	791	879
11	254	282	313
12	841	934	1038
13	525	584	649
14	504	560	623
15	378	420	467
16	883	981	1090
17	451	502	557
18	299	333	370
19	664	738	820
20	820	911	1012
21	746	829	921
22	231	257	285
23	189	210	234
24	420	467	519
25	244	271	301
26	277	308	343

回收点	2018 年	2019 年	2020 年
27	900	1000	1111
28	336	374	415
29	202	224	249
30	42	47	52
31	8	9	10
32	109	121	135
33	441	490	545
34	454	504	560
35	8	9	10

某市应急物资的调拨中心为某市固体废物处置有限公司。某市各应急物资回收点的位置坐标和调拨中心的位置坐标通过百度地图查询可以得知。

某市应急物资逆向物流网络中的回收中心、中转中心、处理中心的拟选位置坐标如表 5 - 2 所示。在逆向物流网络中，最多构建 6 个回收中心，4 个中转中心和 2 个处理中心。

表 5 - 2　　　　　　　　　拟选位置坐标

位置	回收中心	位置	中转中心	位置	处理中心
A	(121. 37, 30. 82)	K	(121. 38, 30. 98)	Q	(121. 43, 31. 22)
B	(121. 38, 31. 32)	L	(121. 43, 31. 29)	R	(121. 47, 31. 2)
C	(121. 42, 31. 16)	M	(121. 44, 31. 19)	S	(121. 48, 31. 3)
D	(121. 44, 31. 21)	N	(121. 47, 31. 23)	T	(121. 53, 31. 27)
E	(121. 46, 31. 21)	O	(121. 49, 31. 32)		
F	(121. 45, 31. 3)	P	(121. 52, 31. 28)		

位置	回收中心	位置	中转中心	位置	处理中心
G	(121.48, 31.22)				
H	(121.49, 31.28)				
I	(121.53, 31.3)				
J	(121.54, 31.22)				

应急物资单位运输费用为 20 元/吨公里。逆向物流网络中，各节点设施的相关参数如表 5-3 所示。为减少单位应急物资对环境的影响，所需要付出的环境保护的成本系数 $a = 100$，逆向物流网络中各节点设施和运输过程中各自对环境的影响系数 $\varphi^c = 0.07$，$\varphi^r = 0.1$，$\varphi^p = 0.05$，$\beta^{qc} = 0.03$，$\beta^{cr} = 0.03$，$\beta^{rp} = 0.01$，$\beta^{ps} = 0.01$。

表 5-3　　　　　　　　各节点设施的相关参数

类别	回收中心	中转中心	处理中心
建立成本（元）	750000	1000000	2000000
关闭成本（元）	75000	100000	200000
单位运营成本（元/吨）	50	50	50
单位库存成本（元/吨）	5	5	5
最大处理能力（吨/年）	3832.5	10220	10220
最大库存能力（吨/天）	45	60	120

二、应急物资逆向物流网络模型结果

本章构建了包括 1464 个变量和 317 个约束条件的非线性混合整数规划模型，通过 Lingo Extended/MAC64 17.0 求全局最优解，案例所示的某市应急物资逆向物流网络在三个周期内，构建和运营的最小成本为35385380元，如表5－4所示。逆向物流网络的选址方案如表5－5所示。

表5－4　　　　　　　　　　　求解结果

全局优化解	成本（元）
目标值	35385380
目标边界	35385380
不可行集	0.000000
求解步骤	7
总求解迭代次数	875930
求解时间	359.76

表5－5　　　　　　　　　逆向物流网络的选址方案

t=1						t=2						t=3					
位置	回收中心	位置	中转中心	位置	处理中心	位置	回收中心	位置	中转中心	位置	处理中心	位置	回收中心	位置	中转中心	位置	处理中心
A	1	K		Q	1	A	1	K		Q	1	A	1	K		Q	1
B		L		R		B		L		R		B		L		R	
C		M	1	S	1	C		M	1	S	1	C		M	1	S	1
D	1	N	1	T		D	1	N	1	T		D	1	N	1	T	
E	1	O	1			E	1	O	1			E	1	O	1		
F		P	1			F		P	1			F		P	1		
G	1					G	1					G	1				
H	1					H	1					H	1				
I	1					I	1					I	1				
J						J						J					

表 5-6 为回收点与回收中心之间的流量分配。(1, D, 1) 在周期 1 从应急物资回收点 1 至回收中心 D 的医疗废弃物流量为 336 吨。

表 5-6　　　　回收点与回收中心之间的流量分配　　　单位：吨

周期	流量	周期	流量	周期	流量	周期	流量	周期	流量	周期	流量
(1,D,1)	336	(1,D,2)	374	(1,D,2)	415	(2,I,1)	345	(2,I,2)	383	(2,I,3)	426
(3,D,1)	511	(3,D,2)	568	(3,D,3)	631	(4,H,1)	252	(4,H,2)	280	(4,H,3)	311
(5,E,1)	157	(5,E,2)	175	(5,E,3)	194	(6,E,1)	801	(6,E,2)	890	(6,E,3)	194
(7,E,1)	511	(7,E,2)	567	(7,E,3)	631	(8,G,1)	428	(8,G,2)	476	(8,G,3)	529
(9,G,1)	588	(9,G,2)	616	(9,G,3)	25	(9,H,1)	0	(9,H,2)	38	(9,H,3)	702
(10,G,1)	712	(10,G,2)	791	(10,G,3)	879	(11,G,1)	254	(11,G,2)	282	(11,G,3)	313
(12,I,1)	841	(12,I,2)	934	(12,I,3)	1038	(13,E,1)	525	(13,E,2)	584	(13,E,3)	649
(14,G,1)	504	(14,G,2)	560	(14,G,3)	623	(15,H,1)	378	(15,H,2)	420	(15,H,3)	78
(15,I,1)	0	(15,I,2)	0	(15,I,3)	390	(16,I,1)	883	(16,I,2)	981	(16,I,3)	1090
(17,G,1)	451	(17,G,2)	502	(17,G,3)	557	(18,I,1)	299	(18,I,2)	333	(18,I,3)	370
(19,H,1)	664	(19,H,2)	738	(19,H,3)	820	(20,D,1)	820	(20,D,2)	911	(20,D,3)	1012
(21,H,1)	746	(21,H,2)	829	(21,H,3)	921	(22,D,1)	0	(22,D,2)	26	(22,D,3)	0
(22,E,1)	231	(22,E,2)	0	(22,E,3)	0	(22,G,1)	451	(22,G,2)	502	(22,G,3)	557
(23,H,1)	189	(23,H,2)	210	(23,H,3)	234	(24,I,1)	420	(24,I,2)	467	(24,I,3)	519
(25,D,1)	244	(25,D,2)	271	(25,D,3)	301	(26,A,1)	277	(26,A,2)	308	(26,A,3)	343
(27,D,1)	0	(27,D,2)	969	(27,D,3)	679	(27,E,1)	900	(27,E,2)	31	(27,E,3)	431
(28,G,1)	336	(28,G,2)	374	(28,G,3)	415	(29,D,1)	202	(29,D,2)	224	(29,D,3)	249
(30,G,1)	42	(30,G,2)	0	(30,G,3)	0	(30,H,1)	0	(30,H,2)	47	(30,H,3)	52
(31,I,1)	0	(31,I,2)	9	(31,I,3)	10	(32,H,1)	109	(32,H,2)	121	(32,H,3)	135
(33,D,1)	441	(33,D,2)	490	(33,D,3)	545	(34,H,1)	454	(34,H,2)	504	(34,H,3)	560
(35,H,1)	8	(35,H,2)	9	(35,H,2)	10						

注：取整数。

表 5−7 为回收中心与中转中心之间的流量分配。（A，M，2）在周期 2 从回收中心 A 至中转中心 M 的医疗废弃物流量为 308 吨。

表 5−7　　　　回收中心与中转中心之间的流量分配　　　　单位：吨

周期	流量	周期	流量	周期	流量	周期	流量	周期	流量	周期	流量
(A,M,1)	0	(A,M,2)	308	(A,M,3)	298	(D,M,1)	0	(D,M,2)	3832	(D,M,3)	3787
(E,M,1)	0	(E,M,2)	969	(E,M,3)	1024	(E,N,1)	0	(E,N,2)	1277	(E,N,3)	1825
(G,N,1)	0	(G,N,2)	3832	(G,N,3)	3285	(G,P,1)	0	(G,P,2)	0	(G,P,3)	296
(H,O,1)	0	(H,O,2)	3205	(H,O,3)	3787	(I,P,1)	0	(I,P,2)	3098	(I,P,3)	3787

注：取整数。

表 5−8 为中转中心与处理中心之间的流量分配。（M，Q，2）在周期 2 从中转中心 M 至处理中心 Q 的医疗废弃物流量为 5110 吨。

表 5−8　　　　中转中心与处理中心之间的流量分配　　　　单位：吨

周期	流量	周期	流量	周期	流量	周期	流量	周期	流量	周期	流量
(M,Q,1)	0	(M,Q,2)	5110	(M,Q,3)	5050	(N,Q,1)	0	(N,Q,2)	5110	(N,Q,3)	5050
(O,S,1)	0	(O,S,2)	3205	(O,S,3)	3727	(P,S,1)	0	(P,S,2)	3098	(P,S,3)	4023

注：取整数。

表 5−9 为处理中心与调拨中心之间的流量分配。（Q，N，2）在周期 2 从处理中心 Q 至调拨中心 N 的医疗废弃物流量为 10220 吨。

表 5−9　　　　处理中心与调拨中心之间的流量分配　　　　单位：吨

周期	流量	周期	流量	周期	流量	周期	流量	周期	流量	周期	流量
(Q,N,1)	0	(Q,N,2)	10220	(Q,N,3)	9980	(S,N,1)	0	(S,N,2)	6303	(S,N,3)	7631

注：取整数。

表 5−10、表 5−11 和表 5−12 为各节点设施各周期期末库存量。

（A，3）在周期3回收中心A的期末库存量为45吨。（M，3）在周期3中转中心M的期末库存量为60吨。（Q，3）在周期3处理中心Q的期末库存量为120吨。

表5-10　　　　　　　　回收中心各周期期末库存量　　　　　单位：吨

周期	库存量	周期	库存量	周期	库存量	周期	库存量	周期	库存量	周期	库存量
（A，3）	45	（D，3）	45	（E，3）	45	（G，3）	45	（H，3）	45	（I，3）	45

注：取整数。

表5-11　　　　　　　　中转中心各周期期末库存量　　　　　单位：吨

周期	库存量	周期	库存量	周期	库存量	周期	库存量
（M，3）	60	（N，3）	60	（O，3）	60	（P，3）	60

注：取整数。

表5-12　　　　　　　　处理中心各周期期末库存量　　　　　单位：吨

周期	库存量	周期	库存量
（Q，3）	120	（S，3）	120

注：取整数。

三、应急物资逆向物流网络敏感性分析

本节分析了单位库存成本变动对目标函数最优值的影响，h_i^c，h_j^r，h_k^p 分别是应急物资在逆向物流网络中的回收中心、中转中心和处理中心的单位库存成本。当 h_i^c，h_j^r，h_k^p 增加时，逆向物流网络将会降低网络中的库存，当单位库存成本增加至无穷大时，网络中将不产生库存。图5-2为单位库存成本从5元/吨至500元/吨区间变化时，逆向物流网络的目标函数最优值呈现出增加的趋势，单位库存成本为5元/吨时，目标函数的最优值为35385380，当单位库存成本为500元/

吨，目标函数的最优值为 35756630。应急物资逆向物流网络各节点设施的库存量将对逆向物流网络的选址和流量分配产生影响。

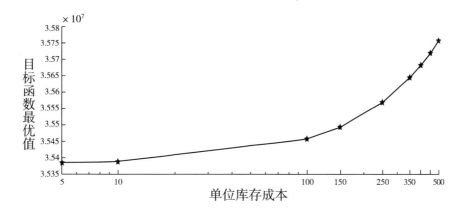

图 5-2 单位库存成本上升对目标函数最优值的影响

第六章　应急物资逆向物流
效率策略

第一节　应急物资逆向物流
效率问题描述

　　应急物资逆向物流效率评价是在预测模型研究基础上，对应急物资逆向物流企业效率进行评价，可应用于应急物资逆向物流企业的生产运营实践中。应急物资逆向物流回收商、应急物资逆向物流再制造商等从事应急物资逆向物流的企业，在其生产运营过程中均以降低成本、增加产出和提高效率为目标，这些企业需要对运营效率进行量化计算，从而为其经营决策提供科学方案，满足其生产经营的需求。

　　为此，本章采用 DEA – TOPSIS 对应急物资逆向物流企业的回收效率进行评价研究。首先，应用 DEA 测量效率值和松弛改进量。其次，在此基础之上，以基于预测模型计算的松弛改进量作为决策矩阵，利用熵权法计算决策矩阵权重。再次，用 TOPSIS 实现对象相对优劣评价。最后，采用加权和法、加权积法以及 ELECTRE 法的决策方案排序与采用 TOPSIS 的决策方案排序进行对比，对决策方案的稳定性进行验证。本章以某市应急物资逆向物流行业为例，通过实证研究，从不同的角度分析所提出的备选决策方案，以行业效率改进为目标，对投入指标和产出指标的改进比率提出了效率优化方案，用来提高应急物资逆向物流企业的效率。

第二节　研究方法

一、DEA – TOPSIS

数据包络分析（DEA）和基于相似理想解（TOPSIS）的组合是多属性决策的工具。为提高组织效率，使用 DEA 测算效率，并基于相似理想解（TOPSIS）进行多属性决策。Rakhshan 等提出了采用 TOPSIS – DEA 效率单元进行排序的组合方法。Bian 等提出了基于相似理想解（TOPSIS）进行权重计算的方法。Wu 等提出了一种基于数据包络分析（DEA）和基于相似理想解（TOPSIS）的方法，用于计算 DEA 效率。DEA 和 TOPSIS 作为多属性决策工具得到广泛的应用。Meng 等提出了基于相似理想解（TOPSIS）和数据包络分析（DEA）模型评价能源效率，能够支持在多指标、多工况下的能效评价。Dong 等结合数据包络分析（DEA）和基于相似理想解（TOPSIS）的排序偏好技术建立了风电性能评价模型。Djordjevic 等采用数据包络分析模型和基于相似理想解的排序方法对运输过程中的能源消耗和环境污染物进行了评价。Mehta 等对印度公司的效率进行评价，采用 DEA – TOPSIS，在给定变量的基础上计算了不同决策单元的效率和排序。Rashidi 等采用了 TOPSIS 和 DEA 对可持续物流服务供应商进行了评价。Wang 等采用多属性决策对报废汽车逆向物流产业效率进行了分析，应用 DEA 计算输入和输出指标的效率值，并应用 TOPSIS 对备选决策方案进行排序，以提高报废汽车逆向物流行业效率。本节采用数据包络分析（DEA）方法进行效率计算，并基于相似理想解（TOP-SIS）方法进行多属性决策。

DEA – TOPSIS 的步骤如下。第一步，使用 DEA 模型测量决策单元（DMU）的相对效率，根据效率值和规模收益值来决策目标备选方案。第二步，用备选方案的投入投影值作为更新后的投入指标，使用三次指数平滑模型和灰色模型预测的 2018 年产出值更新的投影值作为产出指标。第三步，使用 DEA 模型计算无效 DMU 的松弛改进量，用于构建决策矩阵，并使用熵权法确定决策矩阵的权重。第四步，运用 TOPSIS 对备选方案决策矩阵进行排序。第五步，采用加权和法、加权积法以及 ELECTRE 法的决策方案排序与采用 TOPSIS 的决策方案排序进行对比，验证多属性决策的稳定性。DEA – TOPSIS 算法流程如图 6 – 1 所示。

二、数据包络分析

数据包络分析（DEA）计算多投入、多产出的 DMU 与前沿面的距离来确定相对效率。Charnes 等提出的 CCR 模型和 Banker 等提出的 BBC 模型为传统数据包络分析（DEA）模型。CCR 模型假设规模收益不变，其得出的技术效率包含了规模效率，BBC 模型假设规模效益可变，得出的技术效率排除了规模的影响，被称为纯技术效率。按照对效率的测量方式，数据包络分析（DEA）模型分为投入导向模型、产出导向模型、非导向模型。投入导向模型是从投入的角度对被评价 DMU 无效率的程度进行测量，关注在产出既定的条件下，各项投入应减少的值。产出导向模型是从产出的角度对被评价 DMU 无效率的程度进行测量，关注在投入既定的条件下，各项产出应增长的值。

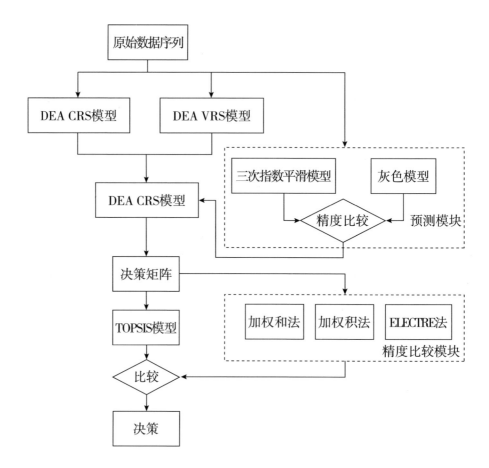

图 6 - 1　DEA - TOPSIS 算法流程

2001 年，Kaoru Tone 等提出数据包络分析 DEA SBM - CCR 非导向模型，同时从投入和产出两个方面进行测量。

$$\min\rho = \frac{1 - \dfrac{1}{m}\displaystyle\sum_{i=1}^{m} s_i^- / x_{ik}}{1 + \dfrac{1}{q}\displaystyle\sum_{r=1}^{q} s_r^+ / y_{rk}} \qquad (6-1)$$

$$\text{s. t.} \qquad X\lambda + s^- = x_k$$

$$Y\lambda - s^+ = y_k$$

$$\lambda, s^-, s^+ \geqslant 0 \qquad (6-2)$$

采用 ρ 表示被评价 DMU 的效率值，同时从投入和产出两个角度来对无效率进行测量，被称为非导向模型。投入和产出的无效率分别为：

$$\frac{1}{m}\sum_{i=1}^{m} s_i^- / x_{ik} , \ \frac{1}{q}\sum_{r=1}^{q} s_r^+ / y_{rk} \qquad (6-3)$$

x_{ik} 和 y_{rk} 分别为 DMU 的投入指标和产出指标的观察值；s_i^- 和 s_r^+ 分别为投入指标和产出指标的松弛改进量；λ 为 DMU 的权重系数。在约束条件中，增加 $e\lambda = 1$，则表示规模收益可变，可用于测量纯技术效率的 SBM - BBC 模型。当效率值 $\rho = 1$，被评价 DMU 为有效率，否则无效率。对于无效的 DMU，用投影的方法对其效率进行改进，达到相对有效。被评价 DMU 的投影值为.

$$\widehat{x_k} = x_k - s^- , \ \widehat{y_k} = y_k + s^+ \qquad (6-4)$$

DEA 模型是辅助决策工具。Chen 等从金融风险和收益的角度，采用 DEA 评估了金融服务业的绩效效率。Salehi 等采用 DEA 和机器学习方法来测量和提高复杂系统下的适应能力，帮助复杂系统的决策者提高在异常条件下应对未来事件的能力。Chaouk 等使用 DEA 来评价国际机场绩效，给决策者和机场管理者在对机场进行基准定价时提供建议。Zhou 等采用 SBM DEA 方法测算建筑业全要素碳排放效率。Chen 等采用 DEA 模型的效率评估方法对长三角制造业转型升级的发展效率进行了评价。Thai 等为提高医疗行业技术效率，通过使用数据包络分析方法，探索使总体效率提高的因素，为更好地管理病人的流动和病床的使用提出建议。Zhou 等使用 DEA 模型从经济、环境、社会的综合角度对中小企业进行评价。

三、基于相似理想解

Hwang 和 Yoon 提出的基于相似理想解（TOPSIS）方法，通过构造多指标问题的理想解和负理想解，以靠近理想解和远离负理想解为基准来评价可行方案的依据，多属性决策问题备选方案为 a_k，衡量方案向量为 v_t。Ozcan 等将 TOPSIS、AHP 和 ELECTRE 几个多属性决策方法进行了特征比较和相关分析。Debnath 等和 Jahan 等指出，TOPSIS 是一种非常有效的多属性技术，用来解决选择问题。岳超源等应用 TOPSIS 对备选方案进行排序计算。TOPSIS 的计算步骤包括以下几点。

（1）规范决策矩阵的属性值。

设 $V = \{v_{kt}\}$ 为多属性决策矩阵，规范的决策矩阵为 $Z = \{z_{kt}\}$，则

$$z_{kt} = \begin{cases} \dfrac{v_{kt} - v_t^{\min}}{v_t^{\max} - v_t^{\min}} \text{效益属性值} \\[4mm] \dfrac{v_t^{\max} - v_{kt}}{v_t^{\max} - v_t^{\min}} \text{成本属性值} \end{cases} \qquad (6-5)$$

（2）构建加权规范矩阵 $X = \{x_{kt}\}$。

各属性值权重 $\omega = (\omega_1, \omega_2, \cdots, \omega_t)^{\mathrm{T}}$，则

$$x_{kt} = \omega_1 \cdot z_{kt} \qquad (6-6)$$

（3）确定理想解 x^* 和负理想解 x^0。

设理想解 x^* 的第 t 期各属性值为 x_t^*，负理想解 x^0 的第 t 期各属性值为 x_t^0，则

$$x_t^* = \begin{cases} \max_k x_{kt} \text{ 效益属性值} \\ \min_k x_{kt} \text{ 成本属性值} \end{cases} \tag{6-7}$$

$$x_t^0 = \begin{cases} \max_k x_{kt} \text{ 成本属性值} \\ \min_k x_{kt} \text{ 效益属性值} \end{cases} \tag{6-8}$$

（4）计算 x_{kt} 和理想解与负理想解的距离 d_k^* 和 d_k^0。

$$d_k^* = \sqrt{\sum_{t=1}^n (x_{kt} - x_t^*)^2} \tag{6-9}$$

$$d_k^0 = \sqrt{\sum_{t=1}^n (x_{kt} - x_t^0)^2} \tag{6-10}$$

（5）计算各方案排队值 C_k^*。

$$C_k^* = d_k^0 / (d_k^0 + d_k^*) \tag{6-11}$$

（6）依据 C_k^* 进行排序。

四、三次指数平滑法

指数平滑法认为时间序列的态势具有规则性，时间序列可被合理地顺势推延。当时间序列无明显的趋势变化，可用一次指数平滑预测。二次指数平滑是对一次指数平滑的再平滑。它适用于具线性趋势的时间序列。三次指数平滑（TES）预测是二次平滑基础上的再平滑。三次指数平滑的预测模型为：

$$\begin{cases} S_t^{(1)} = \alpha y_t + (1-\alpha) S_{t-1}^{(1)} \\ S_t^{(2)} = \alpha S_t^{(1)} + (1-\alpha) S_{t-1}^{(2)} \\ S_t^{(3)} = \alpha S_t^{(2)} + (1-\alpha) S_{t-1}^{(3)} \end{cases} \tag{6-12}$$

其中，$S_t^{(1)}$ 为一次指数平滑值；$S_t^{(2)}$ 为二次指数平滑值。

本节研究提出了基于三次指数平滑法预测计算出的松弛改进量作为决策矩阵。

五、多属性决策方法

使用加权和法、加权积法以及 ELECTRE 法对 TOPSIS 的决策方案排序进行对比。DEA – TOPSIS 是一种提高现有效率的多属性决策方法，基于三次指数平滑法的 DEA 测算 DMU 的效率和各投入产出指标的松弛改进量，为效率提升提供目标。多属性决策问题需要衡量多种投入和产出指标，将 DEA 和 TOPSIS 结合，能够解决提升效率的多属性决策。

DEA 是对相似单元的相对效率进行决策，要求决策单元具有相似性。因此，本书提出的方法适用于具有应急物资逆向物流的多个相似组成部分的 DMU 进行效率提升的多属性决策。

第三节　应急物资逆向物流
效率实证研究

一、数据收集

为推动某市应急物资逆向物流行业健康发展，探索研究行业发展战略，促进应急物资逆向物流回收与综合利用产业体系，本书对应急物资逆向物流如何提升效率进行研究，共选取 7 家企业。选取这 7 家企业作为 DMU，应用 DEA – TOPSIS 进行研究，拟通过效率的增加提升某市应急物资逆向物流行业的效率。拟在应用 DEA 测算 2017 年现有 DMU 效率的基础上增加 2018 年相对有效 DMU 的数量。

本书以 2017 年为观察年，选取 2 种投入指标和 1 种产出指标。2 种投入指标分别是固定资产（单位：万元）、从业人员（单位：人）。2 种投入指标分别从资本和人力资源角度来确定。1 种产出指标为营业收入（单位：万元）。收集了 7 家企业 2017 年的 2 种投入指标数据和 2017 年的 1 种产出指标数据。样本数据均来自某市 2017 年年度统计数据。

二、应急物资逆向物流效率值计算

（一）效率值计算

采用 CRS 模型可得到技术效率（TE），采用 BBC 模型得到纯技术效率（PTE），通过比较计算 CRS 效率值和 VRS 效率值可以分离出规模效率值（SE），$SE = TE/PTE$。规模效益（RTS）$RTS = \sum_{j=1}^{n} \lambda_j$，为参考单元权重系数之和。$RTS > 1$ 时，规模效益递减（DRS）；$RTS < 1$ 时，规模效益递增（IRS）；$RTS = 1$ 时，规模效益不变（CRS）。本文同时从投入减少和产出增加测量效率，通过 SBM – CCR 模型和 SBM – BBC 模型测量 DMU 的 TE 和 PTE，确定 SE 和 RTS。效率值如表 6 – 1 所示。

表 6 – 1　　　　　　　　　效率值

序号	DMU	技术效率值		纯技术效率值		规模效率值		规模效益
		值	排名	值	排名	值	排名	
1	Baosteel	1	1	1	1	1	1	不变
2	Eastern China	1	1	1	1	1	1	不变

续　表

序号	DMU	技术效率值		纯技术效率值		规模效率值		规模效益
		值	排名	值	排名	值	排名	
3	Xinguang	0.542629	4	1	1	0.542629	6	递减
4	Jiaoyun	0.779869	3	0.848126	5	0.91952	4	递增
5	SMRS	0.075602	7	0.07678	7	0.984656	3	递增
6	Huajian	0.106567	6	1	1	0.106567	7	递增
7	Xinzhuang	0.360672	5	0.469714	6	0.767855	5	递增

（二）效率值分析

由表6-1可知，在7家企业的相对效率中，技术效率相对有效的企业有2家，Baosteel 和 Eastern China；相对无效的企业占71%，其中，相对效率最低的是 SMRS；纯技术效率相对有效的企业有4家，相对无效的企业有3家，分别为 Jiaoyun、SMRS 和 Xinzhuang。规模效率相对有效的企业有2家，相对效率最低的企业是 Huajian。由表6-1可知，Baosteel 和 Eastern China 的规模效益不变。其余有4家企业的规模效益处于规模效益递增阶段，Xinguang 处于规模效益递减阶段，结合这5家企业的规模效率值，可以从规模效率的角度提高其相对效率水平。

（三）决策目标及备选方案

以某市7家企业构成的应急物资逆向物流行业为例，拟在相对无效的 Xinguang、Jiaoyun、SMRS、Huajian 和 Xinzhuang 中选择2家企业作为提升效率的目标企业。共有 $C_5^2 = 10$ 个备选方案，备选方案集为

（$a_1,a_2,a_3,a_4,a_5,a_6,a_7,a_8,a_9,a_{10}$），其中 a_1 表示 Xinguang 和 Jiaoyun，a_2 表示 Xinguang 和 SMRS，a_3 表示 Xinguang 和 Huajian，a_4 表示 Xinguang 和 Xinzhuang，a_5 表示 Jiaoyun 和 SMRS，a_6 表示 Jiaoyun 和 Huajian，a_7 表示 Jiaoyun 和 Xinzhuang，a_8 表示 SMRS 和 Huajian，a_9 表示 SMRS 和 Xinzhuang，a_{10} 表示 Huajian 和 Xinzhuang。

三、应急物资逆向物流 TOPSIS 决策

（一）基于松弛改进量构建决策矩阵

SBM 模型中，DMU 的松弛改进量（Slack Movement）是使得无效 DMU 达到相对有效时的各指标的松弛改进量，将备选方案各指标的需改进总量用来构建决策矩阵。指标需改进总量 = 使备选方案中的 DMU 达到有效的各投入指标改进总量 + 相对有效 DMU（包括原相对有效的 DMU 和备选方案中的 DMU）仍为有效的各指标需改进总量。

本书将投入指标固定资产和从业人员作为可控变量，将产出指标营业收入作为环境变量，即非完全可控变量。计算备选方案各指标需改进总量的步骤如下所示。

步骤（1）确定使备选方案中的 2 家企业达到相对有效的各投入指标的需改进总量。用 SBM – CCR 模型测算 2017 年 7 家企业的效率值和投影值。确定备选方案中 2 家企业各投入指标的投影值和松弛改进量。步骤（2）修正 7 家企业 2018 年的投入指标值和产出指标值。修正方法为：依据步骤（1）中确定的备选方案中的 2 家企业投入指标的投影值作为 2018 年的投入指标值，其余 5 家企业的投入指标值不变。采用三次指数平滑法预测 2018 年各企业的营业收入，以预测

的 2018 年营业收入作为 2018 年产出指标值。步骤（3）使用 SBM – CCR 模型求解步骤（2）中修正后的投入指标值和产出指标值，得到备选方案中 2 家企业及原为相对有效的企业的各投入指标、产出指标的松弛改进总量。TE 改进决策矩阵如表 6 – 2 所示。

表 6 – 2　　　　　　　　　TE 改进决策矩阵

备选方案	固定资产 松弛改进量	从业人员 松弛改进量	营业收入 松弛改进量
a_1	20801	26	3937
a_2	21571	0	10161
a_3	20801	17	4235
a_4	20801	21	5279
a_5	771	26	6224
a_6	0	44	298
a_7	0	48	1342
a_8	771	17	6522
a_9	771	21	7565
a_{10}	0	39	1640

注：属性指标经四舍五入处理为整数。

（二）应用 TOPSIS 排序

从组织变革的角度，为了实现平稳变革，减少变革的阻力，在确保目标实现的情况下，应以各备选方案的投入指标和产出指标的松弛改进量最小为优选方案。

应用 TOPSIS 进行排序，计算的属性指标权重如表 6 – 3 所示。

表6-3　　　　　　　　　　　属性指标权重

固定资产松弛改进量	从业人员松弛改进量	营业收入松弛改进量
67%	15%	18%

熵权法应用信息熵计算各指标的熵权，依据计算出的熵权确定各指标的权重。熵是无效程度的度量指标，指标的信息熵越小，指标的变异程度越大，对评价的影响越显著，其权重越大。反之，信息熵越大，指标权重越小。熵权法是基于指标本身的信息确定权重，精度高。应用熵权 TOPSIS 计算的备选方案排队指示值 C_k^* 如表6-4所示。

表6-4　　　　　　　　　　备选方案排队指示值

备选方案	C_k^*	排序
a_1	0.139	8
a_2	0.237	4
a_3	0.166	7
a_4	0.174	5
a_5	0.886	3
a_6	0.053	10
a_7	0.095	9
a_8	0.900	2
a_9	0.925	1
a_{10}	0.172	6

依据表6-4中备选方案排队指示值 C_k^* 确定备选方案：$a_9 > a_8 > a_5 > a_2 > a_4 > a_{10} > a_3 > a_1 > a_7 > a_6$。采用 TOPSIS 多属性决策方法排列出的备选决策方案为 a_9、a_8 和 a_5。

为验证多属性决策的稳定性，采用加权和法、加权积法以及 ELEC-

TRE 法对决策方案进行排序。加权和法、加权积法以及 ELECTRE 法均采用标准 0-1 变换对决策矩阵进行预处理。排序结果如表 6-5 所示。

表 6-5　　　　　　　　　　　排序结果

备选方案	加权和法排序	加权积法排序	ELECTRE 法排序
a_5	3	3	3
a_8	2	2	2
a_9	1	1	1

采用加权和法、加权积法以及 ELECTRE 法的多属性决策方法排列出的备选决策方案也为 a_9、a_8 和 a_5。这验证了多属性决策的稳定性。从表 6-4 的备选方案的排序结果可知，效率最优方案为 a_9，即选择 SMRS 和 Xinzhuang 方案。备选方案 a_9、a_8 和 a_5 的排队指示值 C_k^* 分别为 0.925、0.900 和 0.886，这三个备选方案的优劣差异较小。

第四节　应急物资逆向物流
效率实证结果分析

实证研究测算某市应急物资逆向物流行业 7 家企业 2017 年的效率值，从 5 家 DEA 无效的企业中选出 2 家企业在 2018 年实现相对有效。采用了熵权 TOPSIS 对备选方案进行了排序。将企业的投入指标和产出指标作为备选方案的属性指标，用各投入指标和产出指标的无效 DMU 松弛改进总量作为方案的属性指标值。

由表 6-4 备选方案排队指示值 C_k^* 确定的备选方案可知，最优方

案为 a_9 ，次优方案为 a_8 、 a_5 。由表 6 - 2 可知，方案 a_9 、 a_8 和 a_5 的固定资产松弛改进量均为 771。方案 a_8 的从业人员松弛改进量为 17，小于方案 a_9 和 a_5 的从业人员松弛改进量。因此，当从人力资源角度考虑时，可以选择方案 a_8 。方案 a_5 的营业收入松弛改进量为 6224，小于方案 a_9 和 a_8 的从业人员松弛改进量，如果从产出的角度来选择方案时，可以选择方案 a_5 。

再从拟选最优方案 a_9 和次优方案 a_8 、 a_5 涉及的 4 家企业 SMRS、Huajian、Jiaoyun、Xinzhuang 的各投入指标和产出指标的松弛改进比例进行分析，如表 6 - 6 和表 6 - 7 所示。

表 6 - 6　　SMRS、Huajian、Jiaoyun、Xinzhuang 投入指标和产出指标的修正投影值

| 序号 | 决策单元 | 得分 | | | |
	输入/输出	数据	投影值	距离	占比
1	SMRS	0.076			
	固定资产	5074.000	4303.347	- 770.653	- 18%
	从业人员	48.000	48.000	0.000	0%
	营业收入	398.000	4864.653	4466.653	92%
2	Huajian	0.107			
	固定资产	100.000	100.000	0.000	0%
	从业人员	28.000	10.657	- 17.343	- 163%
	营业收入	39.000	252.630	213.630	85%
3	Jiaoyun	0.780			
	固定资产	2222.460	2222.460	0.000	0%
	从业人员	60.000	33.584	- 26.416	- 79%
	营业收入	2641.000	2641.000	0.000	0%

序号	决策单元	得分			
	输入/输出	数据	投影值	距离	占比
4	Xinzhuang	0.361			
	固定资产	1675.000	1675.000	0.000	0%
	从业人员	40.000	18.683	-21.317	-114%
	营业收入	931.000	1893.478	962.478	51%

注：保留三位小数。

表6-7　　SMRS、Huajian、Jiaoyun、Xinzhuang 投入指标和
产出指标的修正后投影值

序号	决策单元	得分			
	输入/输出	数据	投影值	距离	占比
1	SMRS	0.082			
	固定资产	4303.347	4303.347	0.000	0%
	从业人员	48.000	48.000	0.000	0%
	营业收入	417.900	5107.886	4689.986	92%
2	Huajian	0.154			
	固定资产	100.000	100.000	0.000	0%
	从业人员	10.657	10.657	0.000	0%
	营业收入	40.950	265.262	224.312	85%
3	Jiaoyun	1.000			
	固定资产	2222.460	2222.460	0.000	0%
	从业人员	33.584	33.584	0.000	0%
	营业收入	2773.050	2773.050	0.000	0%
4	Xinzhuang	0.492			
	固定资产	1675.000	1675.000	0.000	0%
	从业人员	18.683	18.683	0.000	0%
	营业收入	977.550	1988.152	1010.602	51%

注：保留三位小数。

表6-6分析了4家企业的松弛改进量。Huajian、Jiaoyun、Xinzhuang的固定资产投入实现相对有效，从业人员松弛改进量比例分别是-163%、-79%和-114%，从业人员的严重冗余是制约其技术效率的关键投入指标。SMRS的从业人员投入实现相对有效，其固定资产投入的松弛改进量是-18%，可见固定资产的投入是制约其技术效率的关键因素。

表6-7在修正投入指标和产出指标后，4家企业的投入指标达到了相对有效；产出指标方面，SMRS、Huajian、Jiaoyun和Xinzhuang的营业收入松弛改进量比例分别是92%、85%、0%和51%。Jiaoyun的产出指标达到了相对有效。其余三家SMRS、Huajian和Xinzhuang增加产出指标是提升其技术效率的改进方向，尤其是SMRS、Huajian，其松弛改进量比例达到92%和85%。

第七章 应急物资逆向
物流回收模式

第一节　应急物资逆向物流回收
模式问题描述

应急物资逆向物流回收模式是逆向物流的基础工作之一，应急物资通过回收进入后续拆解、再利用和再制造等逆向物流环节。随着线上电商平台的发展，爱回收、阿拉环保网等线上回收模式进入回收的商业实践中，提供了便捷的逆向物流回收处置服务。

为了解决应急物资逆向物流所面临的如何来组织回收的现实问题，本章将自营回收模式引入应急物资逆向物流，构建了由应急物资逆向物流处置中心主导的，处置中心、第三方回收商和需求中心组成的二级逆向物流服务供应链（简称逆向供应链），包括三种应急物资逆向物流回收模式模型，即应急物资逆向物流外包回收模式模型、应急物资逆向物流自营回收模式模型和应急物资逆向物流联营回收模式模型，如图 7 - 1 所示。在模型 t 中，由应急物资逆向物流处置中心通过第三方线下回收应急物资。在模型 o 中，应急物资逆向物流处置中心通过自营回收模式回收应急物资。在模型 d 中，应急物资逆向物流处置中心通过第三方线下回收应急物资，同时自建自营回收模式回收应急物资。应急物资逆向物流处置中心通过将应急物资再利用实现盈利。

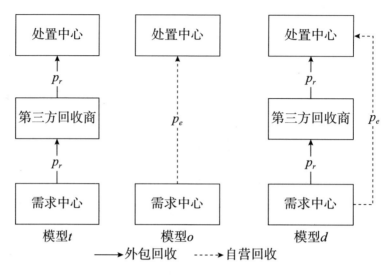

图 7-1　应急物资逆向物流回收模式模型

第二节　模型设置

一、应急物资逆向物流回收模式模型的基本假设

假设需求中心对应急物资的回收估值为 v ，为了简化分析，假设 v 在需求中心中从 0 到 1 均匀分布，概率密度为 1。外包回收模式的回收效用用 $U_c(v)$ 表示，设第三方回收商的回收价格为 $p_c \in [0,1]$ 。当回收价格高于需求中心回收估值时，回收交易实现，即当 $p_c - v > 0$ 时，需求中心将应急物资通过第三方回收商回收，即 $U_c(v) = p_c - v$ 。因此，仅通过外包回收模式的回收量 $Q_c = \int_0^{p_c} \mathrm{d}v = p_c$ ，其中 $0 < p_c \leqslant 1$ 。

自营回收模式中需求中心的回收效用用 $U_e(v)$ 表示，将参数 θ 作为需求中心对自营回收模式的偏好程度，假设 $\theta > 1$ ， θ 越是接近

1，需求中心对自营回收模式的偏好程度越高。另外，我们将参数 φ 作为自营回收模式为需求中心带来的便利价值，$\varphi > 0$，譬如办理流转手续，节约的时间价值等。设自营回收价格 $p_e \in [0,1]$，满足 $p_e > p_c$。当自营回收价格与便利价值高于需求中心对应急物资的回收估值时，回收交易实现，即当 $p_e - \theta v + \varphi > 0$ 时，需求中心愿意将应急物资回收。即 $U_e(v) = p_e - \theta v + \varphi$。因此，仅通过自营回收模式的回收量 $Q_e = \int_0^{\frac{p_e+\varphi}{\theta}} dv = \frac{p_e + \varphi}{\theta}$，其中 $0 < p_e \leqslant 1$。

当 $p_c - v > 0$ 且 $p_c - v > p_e - \theta v + \varphi$ 时，即 $p_c > v > \frac{p_e + \varphi - p_c}{\theta - 1}$，将通过外包回收模式进行回收；当 $p_e - \theta v + \varphi > 0$ 且 $p_e - \theta v + \varphi > p_c - v$ 时，即 $\min\left\{\frac{p_e + \varphi}{\theta}, \frac{p_e + \varphi - p_c}{\theta - 1}\right\} > v$，将通过自营回收模式进行回收；当 $v = \frac{p_e + \varphi - p_c}{\theta - 1}$ 时，外包回收模式和自营回收模式无差异；当 $v > \max\left\{p_c, \frac{p_e + \varphi}{\theta}\right\}$ 时，不发生回收。即令 $v^c = p_c$，$v^e = \frac{p_e + \varphi}{\theta}$，$v^{ce} = \frac{p_e + \varphi - p_c}{\theta - 1}$，$v^c$ 和 v^e 分别是外包回收模式和自营回收模式的临界值。当 $v^c > v^e$ 时，在 $v \in [v^c, 1]$ 时，需求中心既不选择外包回收模式，也不选择自营回收模式；在 $v \in [v^{ce}, v^c]$ 时，需求中心偏好外包回收模式；在 $v \in [0, v^{ce}]$ 时，需求中心偏好自营回收方式。当 $v^c < v^e$ 时，在 $v \in [0, v^e]$ 时，需求中心只选择自营回收方式。

通过以上分析，在联营回收模式下的回收量是：

$$Q_c = \begin{cases} p_c - \dfrac{p_e + \varphi - p_c}{\theta - 1}, & p_c \geqslant \dfrac{p_e + \varphi}{\theta} \\ \\ 0, & p_c < \dfrac{p_e + \varphi}{\theta} \end{cases} \qquad (7-1)$$

$$Q_e = \begin{cases} \dfrac{p_e + \varphi - p_c}{\theta - 1}, & p_c \geqslant \dfrac{p_e + \varphi}{\theta} \\ \\ \dfrac{p_e + \varphi}{\theta}, & p_c < \dfrac{p_e + \varphi}{\theta} \end{cases} \qquad (7-2)$$

外包回收模式投入成本系数为 I_c，自营回收模式投入成本系数为 I_e，因此，外包回收模式为回收应急物资的投入是 $I_c Q_c$，自营回收模式为回收应急物资的投入是 $I_e Q_e$。设应急物资再利用的单位平均收益为 ω，满足 $\omega > I_c$、$\omega > I_e$ 和 $I_c > I_e$。

二、参数设置

我们将在基本假设中所涉及的相关参数定义列在表 $7-1$ 中。

表 $7-1$ 参数定义

参数	定义
Q_c	外包回收模式的回收量
Q_e	自营回收模式的回收量
I_c	外包回收模式投入成本系数
I_e	自营回收模式投入成本系数
ω	应急物资再利用的单位平均收益
υ	需求中心对应急物资的回收估值
θ	需求中心对自营回收模式的偏好程度
φ	自营回收模式为需求中心带来的便利价值

续　表

参数	定义
p_r	第三方回收商对再制造商的转移支付价格
p_c	第三方回收商的回收价格
p_e	自营回收价格

三、应急物资逆向物流回收量函数构建

通过以上分析，在模型 t、模型 o 和模型 d 下的回收量函数分别为：

（1）模型 t 下的回收量函数为：

$$Q_c = \int_0^{p_c} \mathrm{d}\upsilon = p_c \tag{7-3}$$

$$Q_e = 0 \tag{7-4}$$

（2）模型 o 下的回收量函数为：

$$Q_c = 0 \tag{7-5}$$

$$Q_e = \int_0^{\frac{p_e+\varphi}{\theta}} \mathrm{d}\upsilon = \frac{p_e+\varphi}{\theta} \tag{7-6}$$

（3）模型 d 下的回收量函数为：

$$Q_c = \begin{cases} p_c - \dfrac{p_e+\varphi-p_c}{\theta-1}, & p_c \geqslant \dfrac{p_e+\varphi}{\theta} \\[2ex] 0, & p_c < \dfrac{p_e+\varphi}{\theta} \end{cases} \tag{7-7}$$

$$Q_e = \begin{cases} \dfrac{p_e+\varphi-p_c}{\theta-1}, & p_c \geqslant \dfrac{p_e+\varphi}{\theta} \\[2ex] \dfrac{p_e+\varphi}{\theta}, & p_c < \dfrac{p_e+\varphi}{\theta} \end{cases} \tag{7-8}$$

第三节 应急物资逆向物流
回收模式模型构建

本章研究了三种应急物资逆向物流回收模式模型，构建了模型 t、模型 o 和模型 d，研究了三种回收模式在需求中心偏好下的最优定价、回收量和最优利润。除了在表 7 – 1 中用到的参数外，我们用上标 t、o 和 d 分别表示模型 t、模型 o 和模型 d，用下标 r、c 和 e 分别表示应急物资逆向物流处置中心、第三方回收商和自营回收，用上标 * 表示最优解。

一、应急物资逆向物流外包回收模式模型 t

在应急物资逆向物流外包回收模式模型 t 下，应急物资逆向物流处置中心和第三方回收商的利润函数分别为：

$$\Pi_r^t = (\omega - p_r^{\ t})Q_c^{\ t} \qquad (7-9)$$

$$\Pi_c^t = (p_r^{\ t} - p_c^{\ t})Q_c^{\ t} - I_c \times Q_c^{\ t} \qquad (7-10)$$

第三方回收商的利润函数 Π_c^t 是关于决策变量 p_c^t 的凹函数。应急物资逆向物流处置中心的利润函数 Π_r^t 是关于决策变量 p_r^t 的凹函数，证明过程如下。

证明：$\Pi_c^{\ t}$ 是关于决策变量 $p_c^{\ t}$ 的凹函数。

$$\frac{\partial^2 \Pi_c^{\ t}}{\partial p_c^{\ t2}} = -2 \qquad (7-11)$$

$\Pi_c{}^t$ 是关于 $p_c{}^t$ 的凹函数在条件 $\dfrac{\partial^2 \Pi_c{}^t}{\partial p_c{}^{t2}} < 0$ 下得到证明。

证明: $\Pi_r{}^t$ 是关于决策变量 $p_r{}^t$ 的凹函数。

$$\frac{\partial^2 \Pi_r{}^t}{\partial p_r{}^{t2}} = -1 \tag{7-12}$$

$\Pi_r{}^t$ 是关于 $p_r{}^t$ 的凹函数在条件 $\dfrac{\partial^2 \Pi_r{}^t}{\partial p_r{}^{t2}} < 0$ 下得到证明。$\Pi_r{}^t$ 和 $\Pi_c{}^t$ 存在唯一最优解。

由于 $\Pi_r{}^t$ 和 $\Pi_c{}^t$ 存在唯一最优解，可使用逆向归纳法进行求解，得到利润函数的最优决策。

（1）对 $\Pi_c{}^t$ 求关于 $p_c{}^t$ 的一阶偏导数。

$$\frac{\partial \Pi_c{}^t}{\partial p_c{}^t} = -I_c - 2p_c + p_r \tag{7-13}$$

令 $\dfrac{\partial \Pi_c{}^t}{\partial p_c{}^t} = 0$，求解得：

$$p_c{}^t = \frac{1}{2}(-I_c + p_r) \tag{7-14}$$

（2）对 $\Pi_r{}^t$ 求关于 $p_r{}^t$ 的一阶偏导数。

$$\frac{\partial \Pi_r{}^t}{\partial p_r{}^t} = \frac{1}{2}(I_c - 2p_r + \omega) \tag{7-15}$$

令 $\dfrac{\partial \Pi_r{}^t}{\partial p_r{}^t} = 0$，求解得：

$$p_r{}^{t*} = \frac{I_c + \omega}{2} \tag{7-16}$$

将 $p_r{}^{t*}$ 代入 $p_c{}^t$，得：

$$p_c{}^{t*} = \frac{\omega - I_c}{4} \tag{7-17}$$

将最优解 p_r^{t*} 和 p_c^{t*} 代入 Q_c^{t}，得：

$$Q_c^{t*} = \frac{\omega - I_c}{4} \qquad (7-18)$$

将 p_r^{t*}、p_c^{t*} 和 Q_c^{t*} 代入应急物资逆向物流外包回收模式模型 t 下的第三方回收商和应急物资逆向物流处置中心的利润函数，得：

$$\Pi_c^{t*} = \frac{(I_c - \omega)^2}{16} \qquad (7-19)$$

$$\Pi_r^{t*} = \frac{(I_c - \omega)^2}{8} \qquad (7-20)$$

二、应急物资逆向物流自营回收模式模型 o

在应急物资逆向物流自营回收模式模型 o 下，应急物资逆向物流处置中心的利润函数为：

$$\Pi_r^{o} = (\omega - p_e^{o}) Q_e^{o} - I_e \times Q_e^{o} \qquad (7-21)$$

应急物资逆向物流处置中心的利润函数 Π_r^{o} 是关于决策变量 p_e^{o} 的凹函数，证明过程如下。

证明：应急物资逆向物流处置中心的利润函数 Π_r^{o} 是关于决策变量 p_e^{o} 的凹函数。

$$\frac{\partial^2 \Pi_r^{o}}{\partial p_e^{o2}} = -\frac{2}{\theta} \qquad (7-22)$$

Π_r^{o} 是关于决策变量 p_e^{o} 的凹函数在条件 $\frac{\partial^2 \Pi_r^{o}}{\partial p_e^{o2}} < 0$ 下得到证明。Π_r^{o} 存在唯一最优解。

对 Π_r^{o} 求关于 p_e^{o} 的一阶偏导数：

$$\frac{\partial \Pi_r^{o}}{\partial p_e^{o}} = -\frac{I_e + 2 p_e - \omega + \varphi}{\theta} \qquad (7-23)$$

令 $\dfrac{\partial \Pi_r{}^o}{\partial p_e{}^o} = 0$ ，求解得：

$$p_e{}^{o*} = \frac{\omega - I_e - \varphi}{2} \qquad (7-24)$$

将最优解 $p_e{}^{o*}$ 代入 $Q_e{}^o$ ，得：

$$Q_e{}^{o*} = \frac{(\omega - I_e - \varphi)^2}{4\theta} \qquad (7-25)$$

将 $p_e{}^{o*}$ 和 $Q_e{}^{o*}$ 代入应急物资逆向物流自营回收模式模型 o 下的应急物资逆向物流处置中心的利润函数，得：

$$\Pi_i{}^{o*} = \frac{\omega - I_e + \varphi}{2\theta} \qquad (7-26)$$

三、应急物资逆向物流联营回收模式模型 d

在应急物资逆向物流联营回收模式模型 d 下，应急物资逆向物流处置中心和第三方回收商的利润函数分别为：

$$\Pi_r{}^d = (\omega - p_e{}^d) Q_e{}^d + (\omega - p_r{}^d) Q_c{}^d - I_e \times Q_e{}^d \qquad (7-27)$$

$$\Pi_c{}^d = (p_r{}^d - p_c{}^d) Q_c{}^d - I_c \times Q_c{}^d \qquad (7-28)$$

上述函数满足约束条件 $p_c{}^d \geqslant \dfrac{p_e{}^d + \varphi}{\theta}$ 。

应急物资逆向物流的第三方回收商的利润函数 $\Pi_c{}^d$ 是关于决策变量 $p_c{}^d$ 的凹函数，应急物资逆向物流处置中心的利润函数 $\Pi_r{}^d$ 是关于决策变量 $p_e{}^d$ 和 $p_r{}^d$ 的联合凹函数。

证明：$\Pi_c{}^d$ 是关于 $p_c{}^d$ 的凹函数。

$$\frac{\partial^2 \Pi_c{}^d}{\partial p_c{}^{d2}} = \frac{-2\theta}{-1+\theta} \qquad (7-29)$$

$\Pi_c^{\ d}$ 是关于 $p_c^{\ d}$ 的凹函数在条件 $\dfrac{-2\theta}{-1+\theta} < 0$ 下得到证明。

证明：$\Pi_r^{\ d}$ 是关于 $p_e^{\ d}$、$p_r^{\ d}$ 的联合凹函数，下述 $\Pi_r^{\ d}$ 的海塞矩阵必定负定。

$$\boldsymbol{H}(\Pi_r^{\ d}) = \begin{bmatrix} \dfrac{\partial^2 \Pi_r^{\ d}}{\partial p_e^{\ d2}} & \dfrac{\partial^2 \Pi_r^{\ d}}{\partial p_e^{\ d} \partial p_r^{\ d}} \\[3mm] \dfrac{\partial^2 \Pi_r^{\ d}}{\partial p_r^{\ d} \partial p_e^{\ d}} & \dfrac{\partial^2 \Pi_r^{\ d}}{\partial p_r^{\ d2}} \end{bmatrix} = \begin{bmatrix} \dfrac{1-4\theta}{2(-1+\theta)\theta} & \dfrac{3}{2(-1+\theta)} \\[3mm] \dfrac{1}{2(-1+\theta)} & \dfrac{\theta}{2-2\theta} \end{bmatrix}$$

$$(7-30)$$

在条件 $\dfrac{1-4\theta}{2(-1+\theta)\theta} < 0$ 和 $\dfrac{1}{-1+\theta} > 0$ 设定的情况下，得证 $\Pi_r^{\ d}$ 的海塞矩阵必定负定。

$\Pi_c^{\ d}$ 和 $\Pi_r^{\ d}$ 存在唯一最优解，可使用逆向归纳法进行求解，得到利润函数的最优决策。

定理 7.1 在模型 d 下，应急物资逆向物流处置中心和第三方回收商的最优决策分别为：

$$p_r^{\ d*} = \frac{I_c + \omega}{2}, \; p_e^{\ d*} = \frac{-I_e + \omega - \varphi}{2}, \; p_c^{\ d*} = \frac{-I_e + \omega - I_c\theta + \omega\theta + \varphi}{4\theta} \, 。$$

证明：我们求得模型 d 下 $\Pi_c^{\ d}$ 的一阶导数 $p_c^{\ d} = \dfrac{p_e^{\ d} - I_c\theta + p_r^{\ d}\theta + \varphi}{2\theta}$，将 $p_c^{\ d}$ 代入 $\Pi_r^{\ d}$ 可得应急物资逆向物流处置中心的最优化问题。

$$\underset{(p_e^{\ d}, p_r^{\ d})}{\text{maximize}} \Pi_r^{\ d} = (\omega - p_e^{\ d}) Q_e^{\ d} + (\omega - p_r^{\ d}) Q_c^{\ d} - I_e \times Q_e^{\ d}$$

$$\text{s. t.} \; \frac{p_e^{\ d} - I_c\theta + p_r^{\ d}\theta + \varphi}{2\theta} \geq \frac{p_e^{\ d} + \varphi}{\theta} \qquad (7-31)$$

上述最优化问题最优解存在的 Kuhn - Tucker 条件，具体求解过程如下所示。

此最优化问题最优解存在的 Kuhn - Tucker 条件为：

$$\frac{I_e + 2p_e^{\,d} + \omega(\theta - 1) + I_c\theta - 2\,p_r^{\,d}\theta + \varphi}{2(\theta - 1)} - \frac{\lambda}{2} = 0 \quad (7-32)$$

$$\frac{I_e + 2p_e^{\,d} - \omega - I_c\theta - 2\,I_c\theta + \theta(-4\,p_e^{\,d} + 2\,p_r^{\,d} + \omega - 2\varphi) + \varphi}{2(\theta - 1)\theta} + \frac{\lambda}{2\theta} = 0$$

$$(7-33)$$

$$\lambda\left(-\frac{p_e^{\,d} - I_c\theta + p_r^{\,d}\theta + \varphi}{2\theta} + \frac{p_e^{\,d} + \varphi}{\theta}\right) = 0 \quad (7-34)$$

$$\lambda \geqslant 0 \quad (7-35)$$

根据 Kuhn - Tucker 条件，当 $\lambda = \dfrac{-I_e + \omega + I_c\theta - \omega\theta + \varphi}{\theta - 1}$ 时，有：

$$p_r^{\,d*} = \frac{-I_e + \omega + 2I_c\theta + \varphi}{2\theta}, p_e^{\,d*} = \frac{-I_e + \omega - \varphi}{2}, p_c^{\,d*} = \frac{-I_e + \omega + \varphi}{2\theta}$$

$$(7-36)$$

$$Q_c^{\,d*} = p_c^{\,d} - \frac{p_e^{\,d} + \varphi - p_c^{\,d}}{\theta - 1} = \frac{p_e^{\,d} - p_c^{\,d}\theta + \varphi}{1 - \theta} = 0 \quad (7-37)$$

$$Q_e^{\,d*} = \frac{-I_e + \omega + \varphi}{2\theta} \quad (7-38)$$

由上可知：外包回收模式渠道的回收量为零，将不通过外包回收模式渠道进行回收，而全部通过自营模式渠道进行回收。

根据 Kuhn - Tucker 条件，当 $\lambda = 0$ 时，有：

$$p_r^{\,d*} = \frac{I_c + \omega}{2}, p_e^{\,d*} = \frac{-I_e + \omega - \varphi}{2}, p_c^{\,d*} = \frac{-I_e + \omega - I_c\theta + \omega\theta + \varphi}{4\theta}$$

$$(7-39)$$

由此，定理7.1得证。

根据定理7.1我们可以得到：

$$Q_c^{d*} = -\frac{-I_e + \omega + I_c\theta - \omega\theta + \varphi}{4(-1+\theta)} \qquad (7-40)$$

$$Q_e^{d*} = \frac{I_e + \omega(-1+\theta) + I_c\theta - 2I_e\theta - \varphi + 2\theta\varphi}{4(-1+\theta)\theta} \qquad (7-41)$$

$$\Pi_r^{d*} = \frac{(I_e - \omega - \varphi)(\omega - I_c\theta - \omega\theta - I_e + 2I_e\theta + \varphi - 2\theta\varphi)}{8(-1+\theta)\theta} +$$

$$\frac{(I_c - \omega)(-I_e + \omega + I_c\theta - \omega\theta + \varphi)}{8(-1+\theta)} \qquad (7-42)$$

$$\Pi_c^{d*} = \frac{(-I_e + \omega + I_c\theta - \omega\theta + \varphi)^2}{16(-1+\theta)\theta} \qquad (7-43)$$

在联营回收模式下，约束条件 $p_c^d \geqslant \dfrac{p_e^d + \varphi}{\theta}$ 需成立，有如下引理。

引理7.1 在应急物资逆向物流联营回收模式模型 d 下，如果 $\theta \geqslant -\dfrac{-I_e + \omega + \varphi}{I_c - \omega}$ 成立，则约束条件 $p_c^d \geqslant \dfrac{p_e^d + \varphi}{\theta}$ 成立。

证明： 根据在定理7.1中求得的 $p_e^{d*} = \dfrac{-I_e + \omega - \varphi}{2}$，$p_c^{d*} = \dfrac{-I_e + \omega - I_c\theta + \omega\theta + \varphi}{4\theta}$，又由于约束条件 $p_c^{d*} \geqslant \dfrac{p_e^{d*} + \varphi}{\theta}$，确保了模型 d 实施联营回收模式，显然 $\theta \geqslant \dfrac{p_e^{d*} + \varphi}{p_c^{d*}}$，将 p_e^{d*} 和 p_c^{d*} 代入，得到 $\theta \geqslant -\dfrac{-I_e + \omega + \varphi}{I_c - \omega}$。引理7.1得证。

第四节　应急物资逆向物流回收模式分析

模型 t、模型 o 和模型 d 的模型比较如表 7 - 2 所示。

表 7 - 2　　　　　模型 t、模型 o 和模型 d 的模型比较

变量	模型 t	模型 o	模型 d
p_r^*	$\dfrac{I_c + \omega}{2}$	—	$\dfrac{I_c + \omega}{2}$
p_e^*	—	$\dfrac{\omega - I_e - \varphi}{2}$	$\dfrac{-I_e + \omega - \psi}{2}$
p_c^*	$\dfrac{\omega - I_c}{4}$	—	$\dfrac{-I_e + \omega - I_c\theta + \omega\theta + \varphi}{4\theta}$
Q_c^*	$\dfrac{\omega - I_c}{4}$	—	$-\dfrac{-I_e + \omega + I_c\theta - \omega\theta + \varphi}{4(-1+\theta)}$
Q_e^*	—	$Q_e^{o*} = $ $\dfrac{\omega - I_e + \varphi}{2\theta}$	$\dfrac{I_e + \omega(-1+\theta) + I_c\theta - 2I_e\theta - \varphi + 2\theta\varphi}{4(-1+\theta)\theta}$
Π_r^*	$\dfrac{(I_c - \omega)^2}{8}$	$\Pi_r^{o*} = $ $\dfrac{(\omega - I_e - \varphi)^2}{4\theta}$	$\dfrac{(I_e - \omega - \varphi)(\omega - I_c\theta - \omega\theta - I_e + 2I_e\theta + \varphi - 2\theta\varphi)}{8(-1+\theta)\theta}$ $+ \dfrac{(I_c\quad \omega)(\quad I_e + \omega + I_c\theta - \omega\theta + \varphi)}{8(-1+\theta)}$
Π_c^*	$\dfrac{(I_c - \omega)^2}{16}$	—	$\dfrac{(-I_e + \omega + I_c\theta - \omega\theta + \varphi)^2}{16(-1+\theta)\theta}$

结论7.1 模型 t、模型 o 和模型 d 中，对任意 $\theta > 1$，各个回收模式模型的回收价格满足关系：$p_e^{o*} < p_r^{t*}$，$p_e^{d*} < p_r^{t*}$，$p_c^{d*} > p_c^{t*}$。

证明： 由表 7-2 可求得，$p_e^{o*} - p_r^{t*} = -\dfrac{I_c + I_e + \varphi}{2} < 0$，$p_e^{d*} -$

$p_r^{t*} = -\dfrac{I_c + I_e + \varphi}{2} < 0$，$p_c^{d*} - p_c^{t*} = \dfrac{-I_e + \omega + \varphi}{4\theta} > 0$。结论7.1得证。

结论7.1表明，应急物资逆向物流引入自营回收模式后，第三方回收商提高了应急物资的回收价格，使外包回收模式的回收价格高于自营回收模式的回收价格。

结论7.2 模型 d 中，对任意 $\theta > 1$，Q_c^{d*}、Π_c^{d*} 是关于 θ 的增函数；p_c^{d*}、Q_e^{d*}、Π_r^{d*}，逆向供应链总回收量（$Q_c^{d*} + Q_e^{d*}$）和总利润（$\Pi_c^{d*} + \Pi_r^{d*}$）是关于 θ 的减函数。

证明： 根据表 7-2，对 p_c^{d*} 求关于 θ 的一阶偏导数，$\dfrac{\partial p_c^{d*}}{\partial \theta} =$

$\dfrac{I_e - \omega - \varphi}{4\theta^2} < 0$。对 Q_c^{d*} 求关于 θ 的一阶偏导数，$\dfrac{\partial Q_c^{d*}}{\partial \theta} =$

$\dfrac{I_c - I_e + \varphi}{4(-1+\theta)^2} > 0$。对 Q_e^{d*} 求关于 θ 的一阶偏导数，$\dfrac{\partial Q_e^{d*}}{\partial \theta} =$

$-\dfrac{\omega(-1+\theta)^2 + I_c\theta^2 + I_e(-1+2\theta-2\theta^2) + \varphi - 2\theta\varphi + 2\theta^2\varphi}{4(-1+\theta)^2\theta^2} < 0$。设

逆向供应链总回收量 $Q_{\text{total}}^{d*} = Q_c^{d*} + Q_e^{d*}$，求关于 θ 的一阶偏导数，

$\dfrac{\partial Q_t^{d*}}{\partial \theta} = \dfrac{I_e - \omega - \varphi}{4\theta^2} < 0$。设逆向供应链总利润 $\Pi_{\text{total}}^{d*} = \Pi_c^{d*} + \Pi_r^{d*}$，

由引理7.1可知 $\theta \geqslant -\dfrac{-I_e + \omega + \varphi}{I_c - \omega}$，即 $\theta \geqslant \dfrac{a}{b}$，可得：$\dfrac{\partial \Pi_c^{d*}}{\partial \theta} =$

$$- \frac{(-a + b\theta)(a - 2a\theta + b\theta)}{16(-1 + \theta)^2 \theta^2} > 0 \text{，} \frac{\partial \Pi_r^{d*}}{\partial \theta} = - \frac{(a - b)^2}{8(-1 + \theta)^2} - \frac{a^2}{8\theta^2} < 0$$

和 $\dfrac{\partial \Pi_{\text{total}}^{d*}}{\partial \theta} = \dfrac{1}{16}\left(- \dfrac{3(a - b)^2}{(-1 + \theta)^2} - \dfrac{a^2}{\theta^2}\right) < 0$ ，由此结论 7.2 得证。

结论 7.2 表明，在模型 d 下，需求中心的偏好增加使得处置中心回收量和利润增加的同时减少了线下回收的回收量和利润。总体而言，需求中心对自营回收模式的偏好度增加，导致了逆向供应链中的总回收量和利润增加。

结论 7.3 模型 t、模型 o 和模型 d 中，各回收模式的回收量满足关系：当 $1 < \theta < \theta_1$ 时，满足 $Q_e^{o*} > Q_{\text{total}}^{d*} > Q_c^{t*}$ ；当 $\theta_1 < \theta < \theta_2$ 时，满足 $Q_{\text{total}}^{d*} > Q_e^{o*} > Q_c^{t*}$ ；当 $\theta > \theta_2$ 时，$Q_{\text{total}}^{d*} > Q_c^{t*} > Q_e^{o*}$ ，其中，$\theta_1 = \dfrac{-I_e + \omega + \varphi}{-I_c + \omega}$ ，$\theta_2 = \dfrac{2(-I_e + \omega + \varphi)}{-I_c + \omega}$ ，令 $Q_{\text{total}}^{d*} = Q_c^{d*} + Q_e^{d*}$ 。

证明： 根据表 7-2，当 $1 < \theta < \theta_1$ 时，$Q_e^{o*} - Q_{\text{total}}^{d*} = \dfrac{-I_e + \omega + I_c\theta - \omega\theta + \varphi}{4\theta} > 0$ ，$Q_{\text{total}}^{d*} - Q_c^{t*} = \dfrac{-I_e + \omega + \varphi}{4\theta} > 0$ ；当 $\theta_1 < \theta < \theta_2$ 时，$Q_{\text{total}}^{d*} - Q_e^{o*} = \dfrac{-I_e + \omega + I_c\theta - \omega\theta + \varphi}{-4\theta} > 0$ ，$Q_e^{o*} - Q_c^{t*} = \dfrac{1}{4}\left(I_e - \omega + \dfrac{2(-I_e + \omega + \varphi)}{\theta}\right) > 0$ ；当 $\theta > \theta_2$ 时，$Q_{\text{total}}^{d*} - Q_c^{t*} = \dfrac{-I_e + \omega + \varphi}{4\theta} > 0$ ，$Q_c^{t*} - Q_e^{o*} = - \dfrac{1}{4}\left(I_e - \omega + \dfrac{2(-I_e + \omega + \varphi)}{\theta}\right) > 0$ ，由此结论 7.3 得证。

结论 7.3 表明，应急物资逆向物流的回收量受到需求中心的偏好影响,当需求中心的偏好度很高时 (θ 趋向于 1),应急物资逆向物流采用自营回收模式,回收量最高;当需求中心的偏好度居中时,采用联营回收模式,回收量最高。当需求中心的偏好度较低时,采用外包回收模式的回收量高于自营回收模式,但低于联营回收模式。

结论 7.4 模型 t、模型 o 和模型 d 中,应急物资逆向物流处置中心的最优利润满足关系:当 $1 < \theta < \theta_1$ 时,满足 $\Pi_r^{d*} > \Pi_r^{o*} > \Pi_r^{t*}$;当 $\theta = \theta_1$ 时,满足 $\Pi_r^{d*} = \Pi_r^{o*}$;当 $\theta_1 < \theta < \bar{\theta}$ 时,满足 $\Pi_r^{d*} > \Pi_r^{o*} > \Pi_r^{t*}$;当 $\theta = \bar{\theta}$ 时,满足 $\Pi_r^{o*} = \Pi_r^{t*}$;当 $\theta > \bar{\theta}$ 时,满足 $\Pi_r^{d*} > \Pi_r^{t*} > \Pi_r^{o*}$,其中,$\theta_1 = \dfrac{-I_e + \omega + \varphi}{-I_c + \omega}$,$\bar{\theta} = \dfrac{2(-I_e + \omega + \varphi)^2}{(I_c - \omega)^2}$。

证明: 根据表 7 - 2,当 $1 < \theta < \theta_1$ 时,$\Pi_r^{d*} - \Pi_r^{o*} = \dfrac{(-I_e + \omega + I_c\theta - \omega\theta + \varphi)^2}{8(-1+\theta)\theta} > 0$,$\Pi_r^{o*} - \Pi_r^{t*} = -\dfrac{1}{8}(I_c - \omega)^2 + \dfrac{(-I_e + \omega + \varphi)^2}{4\theta} > 0$;当 $\theta = \theta_1$ 时,$\Pi_r^{d*} - \Pi_r^{o*} = \dfrac{(-I_e + \omega + I_c\theta - \omega\theta + \varphi)^2}{8(-1+\theta)\theta} = 0$;$\theta_1 < \theta < \bar{\theta}$ 时,$\Pi_r^{d*} - \Pi_r^{o*} = \dfrac{(-I_e + \omega + I_c\theta - \omega\theta + \varphi)^2}{8(-1+\theta)\theta} > 0$,$\Pi_r^{o*} - \Pi_r^{t*} = -\dfrac{1}{8}(I_c - \omega)^2 + \dfrac{(-I_e + \omega + \varphi)^2}{4\theta} > 0$;当 $\theta = \bar{\theta}$ 时,$\Pi_r^{o*} - \Pi_r^{t*} = -\dfrac{1}{8}(I_c - \omega)^2 + \dfrac{(-I_e + \omega + \varphi)^2}{4\theta} = 0$,当 $\theta > \bar{\theta}$ 时,$\Pi_r^{d*} - \Pi_r^{t*} = $

$$\dfrac{\omega^2(-1+\theta) + I_c^2\theta + I_e^2(-1+2\theta) + 2\omega(-1+\theta)\varphi + \varphi(-\varphi + 2\theta(I_c + \varphi)) + 2I_e(\omega - \omega\theta + \varphi - \theta(I_c + 2\varphi))}{8(-1+\theta)\theta} > 0,$$

$\Pi_r^{t*} - \Pi_r^{o*} = \frac{1}{8}(I_c - \omega)^2 - \frac{(-I_e + \omega + \varphi)^2}{4\theta} > 0$ ，由此结论 7.4 得证。

结论 7.4 表明，从处置中心利润最大化出发，需求中心的偏好处于高中低三个区间时，采取联营回收模式都是最优策略。当需求中心的偏好处于较高或居中状态时，采用联营回收模式，处置中心的利润高于采用自营回收模式和外包回收模式；当需求中心的偏好处于很高和居中的中间状态时，采用联营回收模式和自营回收模式，处置中心所获得的利润相等。当需求中心的偏好处于居中和较低的中间状态时，采用自营回收模式和外包回收模式，处置中心所获得的利润相等。当需求中心的偏好处于较低状态时，采用外包回收模式则处置中心利润高于自营回收模式，但均低于联营回收模式所获得的利润。

结论 7.5　模型 t、模型 o 和模型 d 中，应急物资逆向物流各回收模式的总利润满足关系：当 $1 < \theta < \theta_1$ 时，满足 $\Pi_{total}^{d*} > \Pi_r^{o*} > \Pi_{total}^{t*}$ ；当 $\theta = \theta_1$ 时，满足 $\Pi_{total}^{d*} = \Pi_r^{o*}$ ；当 $\theta_1 < \theta < \theta'$ 时，满足 $\Pi_{total}^{d*} > \Pi_r^{o*} > \Pi_{total}^{t*}$ ；当 $\theta = \theta'$ 时，满足 $\Pi_r^{o*} = \Pi_{total}^{t*}$ ；当 $\theta > \theta'$ 时，满足 $\Pi_{total}^{d*} > \Pi_{total}^{t*} > \Pi_r^{o*}$ ，其中 $\theta_1 = \frac{-I_e + \omega + \varphi}{-I_c + \omega}$ ，$\theta' = \frac{4(-I_e + \omega + \varphi)^2}{3(I_c - \omega)^2}$ ，令 $\Pi_{total}^{t*} = (\Pi_c^{t*} + \Pi_r^{t*})$ ，$\Pi_{total}^{d*} = (\Pi_c^{d*} + \Pi_r^{d*})$ 。

证明：根据表 7 - 2，当 $1 < \theta < \theta_1$ 时，$\Pi_{total}^{d*} - \Pi_r^{o*} = \frac{-3(-I_e + \omega + I_c\theta - \omega\theta + \varphi)^2}{16(-1 + \theta)\theta} > 0$ ，$\Pi_r^{o*} - \Pi_{total}^{t*} = -\frac{3}{16}(I_c - \omega)^2 + \frac{(-I_e + \omega + \varphi)^2}{4\theta} > 0$ ；当 $\theta = \theta_1$ 时，$\Pi_{total}^{d*} - \Pi_r^{o*} = \frac{-3(-I_e + \omega + I_c\theta - \omega\theta + \varphi)^2}{16(-1 + \theta)\theta} = 0$ ；当 $\theta_1 < \theta < \theta'$ 时，

$$\Pi_{\text{total}}^{d*} - \Pi_r^{o*} = \frac{-3\left(-I_e + \omega + I_c\theta - \omega\theta + \varphi\right)^2}{16\left(-1+\theta\right)\theta} > 0 \text{ , } \Pi_r^{o*} -$$

$$\Pi_{\text{total}}^{t*} = -\frac{3}{16}\left(I_c - \omega\right)^2 + \frac{\left(-I_e + \omega + \varphi\right)^2}{4\theta} > 0 \text{ ; 当 } \theta = \theta' \text{ 时, } \Pi_r^{o*} - \Pi_{\text{total}}^{t*} =$$

$$-\frac{3}{16}\left(I_c - \omega\right)^2 + \frac{\left(-I_e + \omega + \varphi\right)^2}{4\theta} = 0 \text{ ; 当 } \theta > \theta' \text{ 时, } \Pi_{\text{total}}^{d*} - \Pi_{\text{total}}^{t*} =$$

$$\frac{\omega^2(-1+\theta) + 3I_c^2\theta + I_e^2(-1+4\theta) + 2\omega(-1+\theta)\varphi + 6I_c\theta\varphi + (-1+4\theta)\varphi^2 +}{16(-1+\theta)\theta} \frac{(I_c+\varphi) + 2I_e(\omega - 3I_c\theta - \omega\theta + \varphi - 4\theta\varphi)}{} >$$

$$0 \text{ , } \Pi_{\text{total}}^{t*} - \Pi_r^{o*} = \frac{3}{16}\left(I_c - \omega\right)^2 - \frac{\left(-I_e + \omega + \varphi\right)^2}{4\theta} > 0 \text{ , 由此结论 7.5}$$

得证。

结论 7.5 表明，在应急物资逆向物流中，从应急物资逆向供应链的总利润最大化出发，当采用联营回收模式时能够获得最佳效率。当需求中心的偏好处于较高或居中状态时，采用联营回收模式，整个逆向供应链的总利润高于采用外包回收模式和自营回收模式，但当需求中心的偏好处于很高和居中的中间状态时，采用联营回收模式和自营回收模式所获得的利润相等。当需求中心的偏好处于居中和较低的中间状态时，采用自营回收模式和外包回收模式所获得的利润相等。当需求中心的偏好处于较低状态时，采用外包回收模式利润高于自营回收模式，但均低于联营回收模式。

第五节　应急物资逆向物流
回收模式数值算例

本节为了验证结论的正确，采用了数值算例进一步分析。本数值算例中采用了如下数据：$I_e = 0.1$，$I_c = 0.2$，$\omega = 0.8$，$\varphi = 0.1$。

本节从应急物资逆向物流回收量最优角度，分析了需求中心的偏好对应急物资逆向物流回收量的影响。当需求中心的偏好处于较高状态时（$1 < \theta < \theta_1$），采用自营回收模式所获得的回收量大于外包回收模式和联营回收模式所获得的回收量。当需求中心的偏好处于居中状态时（$\theta_1 < \theta < \theta_2$），采用联营回收模式所获回收量大于自营回收模式和外包回收模式的回收量。当需求中心的偏好处于较低状态时（$\theta > \theta_2$），联营回收模式所获回收量最大，但在此时，外包回收模式的回收量高于自营回收模式，这与结论7.2和结论7.3的讨论一致，如图7-2所示。在本数值算例中 $\theta_1 = 1.33$、$\theta_2 = 2.67$。

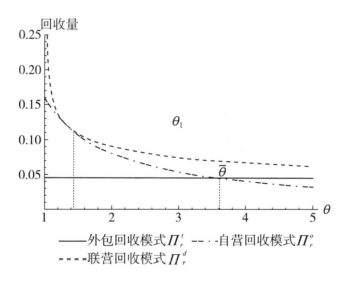

图7-2 三种回收模式回收量比较

从应急物资逆向物流处置中心自身利润最大化角度，无论需求中心的偏好如何变化，采取联营回收模式是最优策略。当需求中心的偏好处于较高状态（$1 < \theta < \theta_1$）、居中状态（$\theta_1 < \theta < \bar{\theta}$）以及处于较低状态（$\theta > \bar{\theta}$）时，采用联营回收模式，处置中心的利润高于采用自营回收模式和采用外包回收模式；但在 $\theta = \theta_1$ 时，处置中心通过联营回收模式和自营回收模式获得利润相等；在 $\theta > \bar{\theta}$ 时，处置中心采用外包回收模式利润高于自营回收模式，但低于联营回收模式。这与结论7.4讨论一致，如图7-3所示。在本数值算例中 $\bar{\theta} = 3.56$。

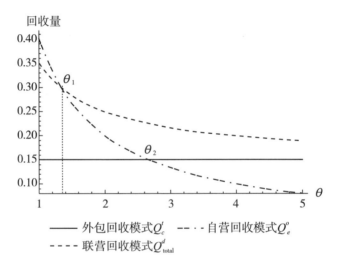

图7-3 三种回收模式中处置中心利润比较

从应急物资逆向供应链总利润最优角度，在采用联营回收模式时，逆向供应链能够获得最佳效率。当需求中心的偏好处于较高状态（$1 < \theta < \theta_1$）、居中状态（$\theta_1 < \theta < \theta'$）以及处于较低状态（$\theta > \theta'$）时，采用联营回收模式时应急物资逆向供应链获得最佳效率，但在 $\theta = \theta_1$ 时，采用自营回收模式和联营回收模式获得的总利润相等。当需求中心的偏好处于较低状态时，采用外包回收模式所获总利润高于自营回收模式，但低于联营回收模式，这与结论7.5讨论一致，如图7-4所示。在本数值算例中 $\theta' = 2.37$ 。

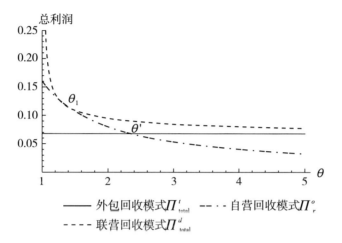

图7-4　三种回收模式逆向供应链总利润比较

第八章　应急物资逆向
物流技术

第一节 应急物资逆向物流技术的概述

在需要回收的应急物资中，包含应急可重复利用物资、医疗废弃物等，还有部分具有一定危险性的化学品、已经使用过的具有传染性的防疫品等。应急物资逆向物流涉及环节众多，所以实施起来相比日常的逆向物流活动难度更大，为了切实提高应急物资逆向物流管理的效率，降低应急物资逆向物流成本，需要借助相应的应急物资逆向物流技术。

随着条码技术、EDI（电子数据交换）技术、AI（人工智能）技术等逐渐应用于应急物资逆向物流服务过程中，物流活动中的重复劳动量减少、错误率降低、工作效率增加、信息流转加速，使应急物资逆向物流发生了巨大改变，更完善、更全面的物流体系也在慢慢构建形成。应急物资逆向物流技术的发展，也将为应急物资逆向物流服务提供更加有效的帮助。

一、应急物资逆向物流技术的内涵

应急物资逆向物流技术是指应急物资逆向物流活动中所涉及的策略、理论、方法、设施及工艺的总称。它包括在回收、处理、包装、自动仓储、分拣配送等应急物资逆向物流活动中所使用的工具或设备，也包括由科学理论知识总结而成的经验、管理方法等。

物联网技术通过相关的设备使应急物资信息与互联网结合起来，从而达到信息交换以及通信的目的，这不仅能够自动识别应急物资类别并对其进行定位、跟踪，还能够监测和管理所有的应急物资。

二、应急物资逆向物流技术的特征

应急物资逆向物流可以通过自身技术体系革新或其他技术进步两种方式带来应急物资逆向物流技术的创新，它可以在一定程度上帮助企业收集需要回收的应急物资的产品信息和所处位置，从而有效提高应急物资回收的效率，降低应急物资逆向物流的成本，使应急物资逆向物流能够更加顺利地进行。

应急物资逆向物流技术主要包含以下几点特征。

（1）信息化和智能化。当代应急物资逆向物流技术的显著特征就是信息化、数字化、网络化，并且朝着全球化、智能化方向不断发展。

（2）集成性。应急物资逆向物流技术在物流基础设施、商品包装上向标准化、信息化的方向发展，运作模式向社会化、共同化的方向发展，在数据与功能、技术与设备、人员和组织等各个层次上都在向集成化的方向发展。

（3）多样性。应急物资逆向物流技术各要素相互作用、相互适应，使不同企业之间的信息技术有着不同的发展变化，而且每个企业的发展历程也各不相同，造就了不同的应急物资逆向物流技术的应用，从而呈现出应急物资逆向物流技术的多样性。

（4）实时性和精确化。通信技术和跟踪技术的发展极大地提高了应急物资逆向物流技术的水平。地理信息系统（GIS）、全球定位系统（GPS）、EDI等技术的应用，极大程度上解决了信息的可得性、实时性和精确性等问题。

第二节　研究现状

目前，关于应急物资逆向物流技术相关学者鲜有研究，研究主要集中在应急物流技术和逆向物流技术两个方面。

一、应急物流技术研究现状

陈蕙珍等人（2013）以地震灾害下的应急物流系统为研究对象，在 ELS 运作模型和地震灾害下应急物流系统绩效评价指标体系的基础上建立了基于 BP 神经网络的应急物流系统（ELS）绩效评价模型。蔡克绳（2014）建立了一个基于物联网的应急物流信息系统，并分析了 GPS 技术、GIS 技术、RFID 技术、EDI 技术、条码技术等在应急物流中的应用。杨小春（2017）结合应急物流的特点，对全球定位系统、地理信息系统等在物流信息平台上进行整合，从而构建了完善的物流信息系统。马荣华（2014）基于物联网技术的城市突发公共事件构建了应急物流联合信息平台，并分析了 RFID 技术、GPS 技术、无线传感技术等技术在其中的应用。丁璐等人（2020）提出建立以物联网技术为基础的地震应急物流技术系统，借助物联网技术实现快速中转及实时监控，提高应急物流技术系统的效率和精准性。Hsu M. － H. 等人（2011）设计了基于 GIS 的决策支持系统，将实时降雨量监测、预测信息、危险等级和基础空间信息数据进行集成，用于台风等自然灾害的应急响应。

二、逆向物流技术研究现状

卢冰原等人（2013）根据城市突发公共事件的特点提出了逆向应急物流联合平台体多级协作模式，建立了基于 RFID 处理模块、GPS 模块、GIS 模块和多媒体处理模块等组成的应急物资逆向物流信息平台。周丽芬（2014）基于物联网技术建立了以物流管理中心、物资管理中心和物流参与机构为主体的逆向应急物流联合体协作方式，借助 RFID 技术、条码技术等构建了相应的网络信息平台。周子舒（2016）分析了物联网环境下逆向物流信息系统的重要性，并阐述了各硬件技术和软件技术在逆向物流信息系统运作流程中的具体应用。吴幸妮等人（2018）在对废弃木材逆向物流体系和 RFID 技术进行分析的基础上，重点研究了 RFID 技术在废弃木材逆向物流体系中各环节的应用。Kim T. 等人（2014）研究了可回收容器在回收时间随机和回收质量随机的情况下，使用 RFID 技术管理可回收容器的两阶段闭环供应链模型。

综上所述，相关学者对应急物流中应用的技术以及逆向物流中应用的技术研究较多，在其研究过程中也取得了一定的成果，但对应急物资逆向物流中应用的技术研究较少。在应急物资逆向物流中，应急物资逆向物流技术有提高应急物资逆向物流效率、降低应急物资逆向物流成本的重要作用，亟须学者对该领域展开研究。

第三节　传统应急物资逆向物流技术

传统应急物资逆向物流技术按照形态的不同，可以简单区分为应急物资逆向物流硬技术与软技术两个方面。

一、应急物资逆向物流的硬技术

应急物资逆向物流硬技术是指包括以条码技术、无线射频识别技术、电子数据交换技术为代表的应急物资逆向物流信息技术，以及以全球定位系统（GPS）、北斗卫星导航系统（BDS）、地理信息系统（GIS）为代表的应急物资逆向物流定位技术。

（一）条码技术

伴随着经济的迅猛发展，产业与产业之间的竞争也日益加剧。条码技术作为一种特殊的技术，它可以利用特定的机器进行自动的符号辨识，并且在 20 世纪 70 年代得到了广泛运用。在逆向物流的每个环节都需要用到条码技术，例如，应急物资识别分类、配送、运输、仓储、拆解处理等，基本实现了全自动化的信息采集和信息反馈，极大地提升了应急物资逆向物流管理的精准性和工作人员的办公效率，不仅提升了服务质量，还增加了企业的经济利益，是我国目前所有逆向物流行业中适用范围宽泛的技术之一。

当前电子信息科技和电子商务的发展促进了条码技术的产生和发展，条码技术的完整名称为条码自动识别技术，它的功能主要是将符号进行编排、收集其中的数据、自动辨识和录入信息、存储数据等。条码技术中不仅有 POS 系统还涵盖了 EDI 技术，是目前相对完善的技术，并有独特的作用。条码由许多个条纹和符号组成，这些条纹和符号有着它们自身特定的排列规则，并不是随机无序的。条纹和符号表示对应的字母、数字和符号，信息即由它们组合而成。将条码符号通过特殊的编排手段制作后，通过扫描阅读的方法形成了一种可以自主识别的系统，这就是条码系统。条码系统的用途很多，可以用来识别应急物资的各种信息。条码的分类手段也各不相同，分类的准则各异，条码的类型也多种多样。例如，依照条码的长度大小，可以将条码分为两类，即定长条码和非定长条码；按维数分类，可以分为一维条码（见图8-1）、二维条码（见图8-2）和多维条码。一维条码的信息容量很小，应用范围受到一定的限制。多维条码的容错性较差，一个像素的破坏或者一个像素的色彩承载色差，都会导致全部数据的丢失、无法读取，这也是多维条码没有流行起来的原因。二维条码（即二维码）具有信息容量大、可靠性高、保密防伪性强、易于制作、成本低等优点，是目前使用最广泛的条码。

图8-1　常见一维条码

图8-2　常见二维条码

条码具有以下三个特点。

1. 较强的灵活性

它自身具有很强的标签功能，无论什么样的扫描装置都能识别条码并扫描出来，其他的设备则不会具有如此强的灵活程度。将条码打印下来，附着于产品、物品的表面，既可以反复扫描，又保证了信息不会丢失。

2. 信息读取精度高

根据市场调研可以看出，通过键盘录入的信息出现错误的概率约为五百分之一；经过光学字符录入的信息出现错误的概率相比键盘录入的要低得多，约为万分之一。然而通过条码技术录入的信息出现错误的概率仅仅是百万分之一或者更低。通过条码技术扫描的内容，不仅精准而且安全程度和可信度都很高。

3. 操作方便

条码主要是通过条形符号起到作用，条形符号的制备很便捷，扫描条码也是个十分简单的过程，所以整个流程操作十分简便，且制作过程需要较少的资金。

条码技术应用的原则体现在：提高供应链的信息化程度，以条码技术作为关键的信息标识和采集手段，对产品进行全过程跟踪，需要在供应链各个环节实现无缝衔接，达到物流与信息流的统一，从而使供应链处于透明的状态，而信息标识是其中的关键和基础。条码技术在应急物资逆向物流中的应用主要体现在以下两个方面。

（1）源头回收分类。应急物资逆向物流管理中的应急物资回收分类管理相对于其他环节来说，对条码技术的依赖性更大。不同种类的应急物资产品设置不同的条码，工作人员在回收应急物资时通过扫描条码上的信息，将相同类别的应急物资收集在指定的位置，尤其是医疗垃圾、化学品等危险废弃物，需要谨慎分类收集。在提高分类的精确性、方便实现分类运输和储存、减少后期的分类工作量的同时，也可以减少安全事故的发生。

（2）储存环节。回收的应急物资运输至指定位置后，如果事先没有进行分类，则首先需要对其进行分类，然后将不同类别的应急物资放入指定的仓库中。在所有应急逆向物流的流程中，条码技术的优点在储存环节得到了极大发挥，应用条码技术，可使各个环节用时减少，同时也减少了存货所需要的资金，并且提高了应急物资逆向物流的服务品质。

（二）RFID 技术

RFID 是一种利用射频信号通过空间耦合（交变磁场或电磁场）实现无接触信息传递，并通过所传递的信息达到识别目的的技术。RFID 技术最重要的优点是非接触识别，它能穿透雪、雾、冰、涂料、尘垢等恶劣环境识别标签，并且阅读速度极快，大多数情况下不到 100 毫秒。

完整的 RFID 系统包括 RFID 数据采集端（标签、阅读器、天线）、中间件或者接口、应用系统和管理平台等。RFID 系统参考架构一般可采取四层结构形式，从下至上依次为阅读器层、边缘层、集成层和应用层。RFID 系统的工作原理是：阅读器通过天线发送一定频率的射频查询信号，当电子标签进入天线工作区域时产生感应电流，电子标签被激活并自动将自身编码等信息发送出去；系统接收载波信号后，经天线调节器传送到阅读器，阅读器对接收的信号进行调解和解码，然后通过计算机主机、无线 PDA 或发卡器等设备送到后台管理系统进行相应处理和控制，最终发出指令信号控制阅读器完成不同的读写操作。RFID 系统组成如图 8 - 3 所示。

随着应急物资逆向物流管理信息化的程度越来越高，作为应急物资逆向物流管理中重要组成部分的仓储管理信息化也备受关注，RFID

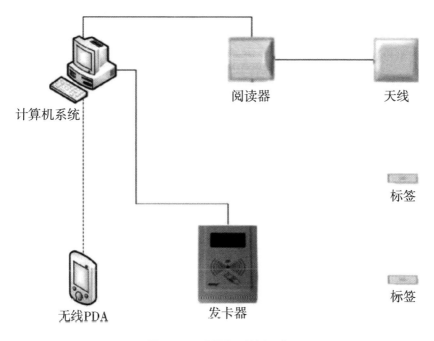

图 8 - 3 　RFID 系统组成

技术得到广泛应用。RFID 系统采用严格的权限控制，极大提高自动化程度、降低差错率、提高应急物资逆向物流管理效率，主要实现了以下功能。

（1）入库管理。对已贴有电子标签的应急物资进行入库系统自动识别，生成数据表，RFID 系统根据数据表自动归类且进行库位存放。在物资入库过程中，对物资信息实现自动收集，是 RFID 系统的一个重要功能，能很好地保证物资储备安全。

（2）在库管理。根据应急物资快速调动的特点，RFID 系统应及时进行数据更新。RFID 系统还可以进行仓储库位管理和查询，及时提供仓库的各种信息，以确保应急物资有库位存放。由于各种救灾物资性质不同，RFID 系统可对救灾物资自动识别，实现分类储存。

（3）出库管理。自动获取应急物资的流动状态，对出库物资的电子标签进行自动读取和过滤，在验证出库物资之后，自动更新关联数据表。RFID 系统对出库的救灾物资实行动态跟踪，有利于应急物资逆向物流的顺利进行。

（4）数据采集。在具体的应急物资逆向物流信息系统中，利用 RFID 技术建立物品之间的通信系统。RFID 系统中包含的数据录入和采集功能有效地保证了应急物资逆向物流信息系统的应急物资数据采集。

（三）GPS 技术

GPS（Global Positioning System），即全球定位系统，具有全天候、全面性、全球性优势的导航定位、定时、测速等功能。它包括三个子系统：空间卫星系统、地面监控系统、用户接收系统。GPS 地面监控系统如图 8 – 4 所示。

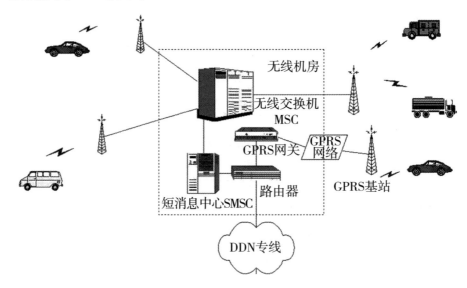

图 8 – 4　GPS 地面监控系统

GPS 在应急物资逆向物流的运用中，不仅可以实时地监控车辆运输、人员状况等信息，而且能促进整个应急物资逆向物流系统实现最大的整体效益、统筹安排最佳路径、最优装载量和及时准确运送，提高应急物资逆向物流的效率。目前 GPS 在应急物资逆向物流中主要实现了以下功能。

（1）应急回收车辆导航。导航是 GPS 的主要功能，由于自然灾害发生的不确定性，应急回收车辆的司机对来往灾区的路段不熟悉。为了在最短的时间内完成应急物资逆向物流工作，安全、及时地到达指定地点，GPS 导航系统起到了不可或缺的作用。

（2）应急回收车辆监控和调度。在应急物资逆向物流过程中，结合应急物资逆向物流特点，GPS 发送和接收应急回收车辆定位数据，发送调度命令和紧急的预警。

（3）应急物资跟踪和查询。结合 GPS 导航定位功能和现代通信技术，对于应急物资的流动和去向实行跟踪，从而及时提供应急物资数据给应急指挥中心，确保其能够准确地查找应急物资的位置，减少搜索时间，方便应急物资逆向物流工作的顺利进行。

（4）应急路线定制。结合 GIS 系统，对车辆行驶数据进行分析、处理，根据货源的去向，以及突发事件的限制，设计最佳行驶路线，从而提高应急物资逆向物流效率，节约应急物资逆向物流成本。

（四）BDS

BDS（北斗卫星导航系统），是我国根据当前国际形势与经济社会发展情况，建设的具有自主知识产权、独立管理的全球卫星导航系统。BDS 关乎国家安全和信息化建设进程，作为国家重要的空间基础设施，可为全球用户提供全天候、无间断的导航和授时服务。

BDS 由空间段、地面段和用户段三部分组成。空间段主要由若干地球静止轨道卫星、倾斜地球同步轨道卫星和中圆地球轨道卫星三种轨道卫星组合成混合导航星座。地面段包括主控站、时间同步/注入站和监测站等若干地面站，主要目的是监视卫星的轨道、时钟等信息。用户段包括主要应用于北斗且兼容其他卫星导航系统的芯片、模块、天线等基础产品，以及终端产品、应用系统与应用服务等，为使用者计算 PNT 信息。

BDS 把导航的定位系统和通信系统成功融合在一起，以便用户可以获取每一位置上实时的全角度的位置信息，使双向的报文通信功能的精度达到极高与极快的层次。在道路运输领域融入 BDS，使交通运输的安全度得到有力保障，实现了全面性的非静态的道路运输状况的监控。此系统在运作期间展现着自身的独特性。

1. 实用价值高

BDS 是依靠我国自有技术研发出来，从我国的现实状况入手，所以其相比其他导航系统更具有实用价值，在使用期间其局限性比较小、安全度高。

2. 灵活性强

BDS 能够把多样化的信息融合，使用户与用户、管理者间的数据能够进行互相传播，在没有网络涉及的区域环境中，还可以对道路运输状况进行监控。

3. 准确性高

创建在卫星系统层面上的大范围差分功能，使 BDS 所获取与传输的定位数据更加准确。

BDS 发挥了信息收集、加工与传播的功效。目前 BDS 在应急物资逆向物流中主要实现了以下功能。

（1）在交通信息中的应用。在发生应急事件后，应急物资运输车辆及救援车辆较多，容易发生道路堵塞，借助 BDS 可以将数据、车辆用户终端以及道路管理三方进行融合，如同将雷达监测或监控器安装在运输道路中，对路况信息实时更新，给予驾驶员导航数据，以实时监控到的数据为参考向驾驶员推荐最优的行车路线，持续更新路况实现车路配合的最大化，降低应急物资逆向物流受道路堵塞的影响。

（2）在交通监管中的应用。BDS 不仅在数据方面展现了获取与传播功能，并且在交通监管方面起着关键的作用，其主要表现之处为检测与管理层面，使应急物资逆向物流的监管部门得到相应的数据，有利于其检索应急物资运输车辆数据，以便对运输车辆实施监控工作，一旦发生意外事故，可以及时进行紧急救援，同时方便根据反馈的数据对事故进行鉴定与分析。

（五）GIS

GIS（地理信息系统），是指基于计算机硬件和软件的支撑，对地理环境信息进行采集、存储、检索、分析和显示的综合性技术系统。为了实现应急物资逆向物流系统各个环节更方便、高效的管理，将GIS 技术融入其中，不仅可以使企业对应急物资的回收更加合理，也能避免一些不必要的消耗，最终实现提高效率、降低成本的目的。将GIS 运用于应急物资逆向物流中，是物流信息化与现代化深度融合的必然要求。据研究，在物流管理过程中，涉及地理环境信息的物流数据占到80%以上，通过 GIS 与应急物资逆向物流管理的深度结合，可以实时监控车辆信息，及时对应急物资逆向物流路线进行优化，使得应急物资逆向物流工作的质量和效率极大提升。此外，GIS 融入应急物资逆向物流系统，使应急物资逆向物流信息更具全面性。可及时了解应急物资的动态信息。

GIS 不仅具有绘图、数据收集、数据整理、数据可视化等基本功能，而且还具有地理数据库建设、网络数据分析功能。此外，在规划结果和预测战略等方面具有很强的实用价值。GIS 在应急物资逆向物流中的作用主要体现在以下几个方面。

（1）应急物资回收区域路网。应用 GIS 可及时更新灾区地图数据，对回收应急物资的路径等信息进行监控和跟踪。灾害对路面的破坏程度是不可估量的，通过 GIS 对灾后的回收区域路网实行数据收集、分析和处理，可得出一个比较完整的回收区域路网图。

（2）应急物资回收车辆地理位置及行驶状态。应用 GIS 可实现对应急物资回收车辆地理位置、行驶状态等信息进行监控和路线反馈。灾区的交通路况非常复杂，各种突发状况随时可能发生，只有通过 GIS 对应急物资回收车辆地理位置及行驶状态实时监控，运用强大的计算机技术作为 GIS 的物理支持，快速计算交通路况，结合 GPS 及时传达交通信息，才能确保应急物资回收车辆和人员的安全。

（3）应急物资回收点。应用 GIS 可对应急物资回收点的状况进行监控，使应急指挥中心及时得到信息，制订正确分配方案。如何确保应急物资回收车辆能准确地到达应急物资回收点并安全回到回收中心，关键在于 GIS 对灾区地理数据的收集、分析和处理，确定相对安全的应急物资回收点，成功地实现应急物资的回收。

（六）电子数据交换（EDI）

EDI 包含三个方面的内容，即计算机应用、通信环境、网络和数据标准化。其中计算机应用是 EDI 的条件，通信环境是 EDI 应用的基础，网络和数据标准化是 EDI 的特征。这三个方面相互衔接、相互依存，构成 EDI 的基础框架。

EDI 技术按照同一规定的一套通用标准格式，将标准化的信息通过通信网络传输，在贸易伙伴的系统之间进行数据交换和自动处理。EDI 将传统上通过邮件、快递或传真的方法来实现多组织之间的信息交流，转化为用电子数据来实现，使信息传递速度大大快于传统的方法，实现了不同企业之间信息的实时传递。

EDI 在应急物资逆向物流中的作用主要体现在：应急物资逆向物流叫以从正向物流的电子数据中获得所需要的应急物资生产、销售情况（包括产品的销售地点、销售数量）、顾客使用情况等信息。EDI 技术可以通过模拟应急物资逆向物流的信息、商务单据等流转过程，对整个闭环供应链的各个环节进行简化，将人工干预降到最低程度，减少信息的录入次数，避免错误的产生。值得注意的是，为了使闭环供应链中涉及的各方系统都能获取并对这些回收信息进行分析，必须事先制定统一的标准进行规范化，才能有效提高运营效率。

二、应急物资逆向物流的软技术

应急物资逆向物流的软技术主要包括预测技术、绩效技术以及应急物流管理技术等社会科学方面的理论及方法。

（一）预测技术

所谓的应急物资逆向物流预测技术，就是在充分调查研究的基础上，通过一定的科学方法和逻辑推理，对需要回收的应急物资的数量、频率、时间、地区以及可能发生的二次伤害进行预计和推测，寻求最佳的应急物资逆向物流策略。预测的过程就是在调查研究或科学试验的基础上的分析过程，简称为预测分析。预测分析所利用的科学方法与手段，统称为预测技术。

突发公共卫生事件发生后，应急物资回收点存在着很多的不确定性因素。例如，突发公共卫生事件致使交通通道受堵，应急物资回收受阻；回收后的应急物资在运抵回收中心的途中，由于灾区次生灾害的发生，运输车辆及运输人员的安全无法保证等。因此，预测成功与否，将直接决定应急物资逆向物流是否能够正常进行。应急物资逆向物流中的预测分为以下几个步骤：①确定预测目标；②收集资料，分析数据；③建立预测模型；④分析评价；⑤修正预测值。

目前，国内较为缺乏有效的应急物资逆向物流预测模型，由于应急物资的回收难易度、分布情况等均呈现随机性及非线性的特征，且受到多种要素的影响，对于应急物资逆向物流的精准预测具有一定的难度。在没有较充分的数据可利用时，只能凭借直观材料，依靠个人经验和分析能力，进行逻辑判断，作出预测。

（二）绩效技术

绩效技术（Performance Technology，PT）又称为人类绩效技术（Human Performance Technology，HPT）。绩效是指有目的、有预定结果的行为倾向，是一企业组织所期望的，符合企业总目标的业绩。

绩效评价是指运用数量统计和运筹学方法来构建出特定的量化评价指标体系及相应的评价标准，在规定程序下，通过定性和定量对比分析，全面具体、客观公正和准确合理地对某一特定主体在一定期间内取得的成绩及效益进行综合评判。绩效评价的信息能够帮助企业准确决策，让管理者了解企业应急物资逆向物流构成因素。通过绩效评价可以发现成本控制的不足之处，采用准确的途径降低企业的成本。

绩效管理是围绕应急物资风险控制的战略目标，针对应急物资逆向物流特征构建一套科学合理的绩效评价指标，通过建立应急物资逆向物流绩效评价模型对各环节进行有效评估与分析。

绩效改进是绩效管理系统能否有效运行的关键环节，基于绩效评价结果，经过相关人员评审，找出当前存在的问题，并针对问题具体分析，通过在绩效改进中运用绩效技术，企业可以将分散的、孤立的绩效管理过程（如绩效目标的制定、绩效结果的评估、差距分析、原因分析、培训、激励等）加以整合，在各影响因素的动态联系中，把握影响个人或组织绩效的因素或结构，从而制定全面、有效的改进策略，科学化地加以实施，以实现组织绩效迅速提高，提升应急物资逆向物流企业的核心竞争力，使企业在激烈的竞争中得以生存和发展。

（三）应急物流管理技术

应急物流管理是为了应对突发事件问题而提出的，是为了降低突发事件的危害，达到决策目的，基于对突发事件的原因、过程及后果进行分析，有效集成社会各方面的相关资源，对突发事件进行有效预警、控制和处理的过程。应急物流管理是应对突发事件的重要环节和保障。应急物流管理体系的保障系统包括物资保障、技术保障、资金保障、人员保障等多方面内容。

相比于其他逆向物流管理体系，应急物资逆向物流管理体系面对的环境更加恶劣，由于糟糕的天气、阻断或恶化的交通网络、中断的通信线路，回收的应急物资难以实现其时间效应和空间效应，充满了不可预知的风险，这些都对应急物资逆向物流管理体系的能力提出了很大的考验。

在应急物流管理中，要在最短的时间内，以最快的流程和最安全的方式来满足对应急物资回收的需求，必须有一套运作高效、快捷的应急物资逆向物流系统来组织和实现逆向物流活动，以确保应急物资逆向物流活动的协调一致和准确及时，这就自然触发应急物流管理体系中的应急物资逆向物流系统。应急物资逆向物流以回收突发事件的应急物资为目的，是以追求时间效益最大化和灾害损失最小化为目标的特种逆向应急物流活动。应急物资逆向物流系统受到触发后，响应应急预案，在尽可能短的时间内，评估突发事件可能造成的危害，从应急物资逆向物流系统的目标出发，制订包括应急物资的回收、运输、储存以及处理的整套应急物资逆向物流方案。

然而面对此次新冠疫情大考，应急物资逆向物流暴露出了很多问题，例如，缺乏应急物资逆向物流统一管理常设机构，缺乏应急物资逆向物流重大疫情联动响应机制，缺乏应急物资逆向物流管理的政策保障，缺乏多方共建的应急物资逆向物流信息平台等。习近平总书记在中央全面深化改革委员会第十二次会议上强调，要健全统一的应急物资保障体系，把应急物资保障作为国家应急管理体系建设的重要内容。这就要求我们必须对此高度重视，加强顶层设计，研究并构建高效有力的应急物流管理体系，以更好地防患于未然。

吸取新冠疫情中应急物资逆向物流管理的经验教训，我国亟须以"整体规划、逐步完善，厉行节约、平战结合，政府主导、多方参与，统一管理、统筹全局"为原则，构建主要由政策保障、回收运输、信息管理、物资管理等政府部门组成，贯穿应急物资回收环节、应急物资运输环节、应急物资储存环节全流程的"政、企、军、民"应急物流管理体系。当前应着重加大应急物流管理体系理论与政策研究，完善应急物流管理体系的法律建设，建立应急联动响应机制，加快推动应急物资逆向物流的发展。

第四节　新兴应急物资逆向物流技术

应急物资保障及其逆向物流运转是应对突发事件的重要支撑。在新冠疫情防控工作中，医用口罩、防护服、护目镜、医用酒精和消毒剂等重点物资的合理调配十分重要，同时，担架、容器、帐篷等可多次利用物资的调配也迫在眉睫，出于相关物资生产的局限性和对相关资源利用的有效性考虑，应急物资逆向物流技术显得十分重要。自应急物流的概念提出以来，我国物流业快速发展，应急物流建设也取得了一些阶段性成果，在历次突发事件的应对中发挥了重要作用，但是对应急物资逆向物流的重视程度和理解程度尚显不足。在此次疫情防控中，尤其是前期，应急物资逆向物流暴露出诸多问题。例如，信息不对称，管理不规范，过程透明度低，可追责性差，捐赠物资去向和回收真实性难以保证等。因此，要加快应急物资逆向物流建设、优化应急物资逆向物流保障，必须紧跟时代发展，以问题为导向，充分运用先进理念和技术，其中，人工智能技术、区块链技术、物联网技术、云计算技术在未来应急物流建设和保障中大有可为。

一、人工智能技术

人工智能（AI）就是探索研究用各种机器模拟人类智能的途径，使人类的智能得以物化与延伸的一门学科。它借鉴仿生学思想，用数学语言抽象描述知识，用以模仿生物体系和人类的智能机制，目前主要的方法有神经网络、进化计算、粒度计算、深度学习等。

AI技术为现代应急物资逆向物流工作提供诸多方便。AI机器人、计算机可视化监测系统、会话交互界面以及自动运输工具、智能预测系统等都是AI在应急物资逆向物流运营中的实际应用。AI驱动的可视化监测技术作为应急物资逆向物流操作环境下的一支潜力股发挥着极大的功能。在逆向物流行业，回收物品由于质量及破损程度不一致，导致物品分拣具有很大的难度。中外运—敦豪国际航空快件有限公司利用AI图像识别技术研发小型高效自动分拣装置，通过AI引擎，不同的摄像头和传感器能够抓取实时数据，通过品牌标识、标签和3D形态来初步识别物品种类，可以在分拣的同时，自动获取数据形成数据库。IBM Watson目前通过追踪拍摄，已经成功实现了对货物损坏情况的识别和分类，并能够采取适当措施进行AI智能修复。

（一）应急物资逆向物流选址优化

仓库选址一般是通过地图和地理数据进行的，需要借助操作地理信息系统软件和对地理模型的理解。选址模型多选用距离衰减模型。但是在我国，其中的地理数据获取难度大，地理数据方面的分析一直处于瓶颈状态,对分析建模产生了障碍。随着人工智能的发展,它可以根据现实环境的约束条件,对应急物资生产企业、回收点的地理位置、运输量、物流成本等进行大数据方面的提取和分析,并进行更完善的学习和优化,最终构建出最优解决方案的选址模型。另外,对于应急物资逆向物流仓库选址的优化问题,AI技术能够根据现实环境的种种约束条件(如地理位置、时间急迫性、运输经济性、劳动力可获得性、建筑成本、税收制度等)进行充分优化,给出接近最优解决方案的选址模式。因为AI能够减少人为因素的干预,使选址更为精准,所以应急物资逆向物流的时间能够快速降低、相关不必要的成本能够降低,社会总体效益得以提升。

(二) 应急物资逆向物流库存管理

传统正向物流库存管理在一定程度上依赖经验丰富的员工,对物料库龄、库位存放位置、出入库时间等仍然缺乏实时可靠的管理。在应急物资逆向物流中,对时间的要求更加严苛、对安全和环境的考虑更加严密,因此在应急物资逆向物流库存管理中,可以通过分析应急物资库存信息和出入库数据,建立相关模型对以往的数据进行解释并预测未来的数据,动态调整应急物资库存量,以保障应急物资的物流畅通,在不影响企业正常生产和客户满意度的同时,降低应急物资库存量,降低应急物资逆向物流成本,为社会和企业提供高质量的库存服务。高效的库存管理系统,是结合了人工智能技术、可视化定位导引技术以及强大的生产数据运算能力,构建出的高效智能、实时可靠的应急物资逆向物流仓储管理系统。

目前,智能仓库中多采用机器人技术,像搬运机器人、分拣机器人和货架穿梭车等。机器人之间进行作业配合,大大提升了仓储作业的搬运速度、拣选精度以及储存密度。智慧化逆向物流仓库则是人工智能提升应急物流行业运转效能的最佳体现。苏宁在仓库管理中实施了机器人使用项目,200台仓库机器人载运着近万个移动式的货架,穿梭在1000平方米的仓库里,进行商品的拣选。据数据统计,使用机器人进行仓库小件商品的拣选,不仅准确率在99.99%以上,而且效率还是人工拣选的3倍以上。同样,如果在应急物资逆向物流仓库中利用AI技术进行库存管理,不仅能提高效率还能提高仓库安全系数。

(三) 应急物资逆向物流运输路径规划

在配送方面,目前正处于热点研发的智能逆向物流车或新能源物流车,未来将使逆向物流更为高效。首先,智能逆向物流车会接收订单。其次,智能逆向物流车会根据每一订单号来分析回收地点,自动运算出将整台车货物回收的最优路线,司机不需要进行运输路线的考虑,上车就直接开启导航出发即可。智能逆向物流车的装备与普通运输车辆有所不同,为改善传统人力装运时的耗时、耗力的问题,后车厢配备有全自动的装运系统,后车门与装载商品的货架做成一体式的,装货时,后车门和货架可以一同取下,装载完毕后再一起送上车。最后,智能逆向物流车到达仓库后,仓库会根据订单的内容进行自动储存,并通过传送带传送到相应的库位。

智能机器人的投递分拣、智能识别等系统的广泛使用都大大提高了逆向物流系统的效率,降低了行业对人力的依赖。随着无人驾驶等技术的成熟,未来的运输将更加快捷和高效。通过实时跟踪交通信息，以及调整运输路径，逆向物流的时间精度和效率将逐步提高。

二、区块链技术

狭义的区块链（Block Chain）是一种按照时间顺序将数据区块以链条的方式组合成特定数据结构，并以密码学方式保证的不可篡改和不可伪造的去中心化共享总账。中义的区块链是利用加密链式区块结构来验证与存储数据，利用分布式节点共识算法来生成和更新数据，利用智能合约来编程和操作数据的一种去中心化基础架构与分布式计算范式。广义的区块链不仅是一种技术，还是一种新架构理念、新组织形式和新应用模式。区块链技术的集成应用在新的技术革新和产业变革中起着重要作用，物流与供应链领域是区块链技术的重点应用方向，正迎来新的发展机遇。在推进应急物资逆向物流建设过程中，应加快推动区块链技术发展及其在应急物流领域的创新应用，提升应急物资逆向物流建设的智能化水平，推动实现科学、可信、有效的保障，使有限的资源得到高效的分配利用。

区块链具有分布式数据存储、点对点传输、共识机制、加密算法等技术优势，提供了一个可以让多方来参与维护、可共享但不可篡改的分布式数据库，增强了透明度、安全性和效率。本节着重研究区块链相关技术在应急物流领域的应用，以推动应急物资逆向物流的高效保障、信任治理和智能管理。

相比于人工智能、云计算、大数据等其他核心技术，区块链作为若干先进信息技术和数学算法的集合，是一种改变万物互联互通方式的技术，侧重于重塑"生产关系"。区块链技术中的分布式账本、Token 激励、智能合约等，将深刻改变应急物流机制，基于区块链可以高效传递供需信息，快速了解应急物资逆向物流的实际需求，有助于匹配资源和调控流程，解决高效率地筹集、调配、输送、分发物资等问题，构建新型应急物资逆向物流信息系统，实现应急物资逆向物流高效保障。

1. 高效进行上下游需求传递

区块链分布式的结构能够有效帮助应急物资逆向物流各方实现点对点的通信，而不必通过一个特定的中心化结构实现信息交流，免去烦琐的层级信息传递结构，其组织形式产生的"摩擦力"更小，为上下游需求传递增添了润滑剂，准确及时对接物资需求，改善信息流动和共享的效率及准确性，促进社会化协同，避免牛鞭效应和数据孤岛，为应急物资逆向物流需求方提供高效直接、更有针对性的物资回收服务与援助，实现有限物资的调度平衡、快速回收、按需发放。目前，武汉大学团队基于区块链技术推出了全国抗击新冠防护物资信息交流平台"珞樱善联"，开展疫情防控物资和应急保障物资的需求匹配与业务对接服务。目前，支付宝已利用蚂蚁区块链技术推出防疫物资信息服务平台，对物资需求信息进行审核和上链存证，并对公众进行信息披露。

2. 高效调配各环节逆向物流作业

利用区块链的分布式账本技术，有利于集中统筹人、车、物、场、路等资源力量，高效调配各环节逆向物流作业，实现应急物资保障全链条一体化组织运行。上链信息可十分详细，各物流节点的车辆及物资信息通过上链可实现物资的科学分类及装载，生成精细化装车及配送方案，大大提高作业效率，破解中转效率不高、路线不合理、缺乏在途监管的难题，减少错送、漏送等情况。结合人工智能自动进行路径优化，确保应急物资逆向物流运输的安全性和高效性，提升应急物流信息的可追溯性和可靠性。国际上已在应急物资逆向物流调配、发放等环节运用区块链技术，实现效果、效率和效益的同时改善。

3. 高效构建应急物资逆向物流信息系统

传统的应急物流指挥机构过度依赖于指挥中心，一旦出现故障或通信中断，将使整个应急物流指挥系统陷入瘫痪状态，应急物资逆向物流信息系统可依托半公开的联盟链，综合运用数据库、业务流程构建、GIS、大数据等技术集群，与指挥通信系统、视频会议和监控系统、响应通证等集成，通过整合区块链技术建立智能化的应急物资逆向物流信息系统，支持实现多层级、多区域、多中心的标准化应急指挥工作，推动应急物资产能、库存、调拨、分配的有效集中管控，提高应急物资逆向物流信息的完善度和可视度，确保第一时间公开透明地分发到位，通过建立跨链数据共享机制实现社会协同，基于智能合约实现权限约定，部署访问节点，避免系统崩溃，全面提升应急物资逆向物流管理的高效性和稳健性。

4. 区块链推动应急物资逆向物流信任治理

应急物资逆向物流信任治理的困难既源于利益独立的企事业单位之间存在信息不对称，又源于决策者有限理性导致的不完全契约，这可能引发参与者的机会主义行为。随着互联网信息传输的加速和共享理念的普及，应急物资逆向物流信任治理问题既因信息不对称消减而有所缓解，又因技术双刃剑所致新的机会主义风险和信任问题而有所加剧。区块链具有不可更改属性，区块链物流技术可以追踪物资流向，有效调配跟踪资源，区块链金融技术可以解决灾害救援资金的结算、事后补偿及利益分配问题，区块链技术和思想的引入将更好地推动应急物资逆向物流的信任治理。

（1）实现应急物资追溯，避免伪劣物资流入。

依托区块链，可将应急物资相关的生产和流转信息实时记录在区块链上，实现从源头到生产再到运输、交付直至回收的全程追溯，经过全网共认形成不可篡改的事实，对应急物资溯源起到强有力的支撑作用，防止应急物资掺杂假冒伪劣产品。早在 2017 年，京东就已发布区块链在溯源方面的应用，建立"京东区块链防伪追溯平台"，将原材料过程、生产过程、流通过程的信息进行整合并写入区块链，实现精细到一物一码的全流程正品追溯，特别是为民生领域的"食品安全""药品安全""应急物流"等场景搭建"可信供应链"。

（2）形成完整责任链条，有效降低信任成本。

以往应急物资逆向物流系统内的数据信息是各主体自行维护，当账本上的信息不利于其自身时，责任方会选择篡改甚至删除记录，追责将额外耗费大量人力、物力和时间成本。应急物流对物资质量及物流时效性有严格要求，须追踪记录物资及信息的流转链条，实现来源追溯、防伪鉴证。基于区块链可对应急物资流转信息进行实时动态追踪，增强应急物资逆向物流的透明度、可追责性和公信力，避免信息传递扭曲失真导致的信任危机，最大限度地降低信任成本和交易成本。

区块链通过提供实名认证、电子签名、时间戳、数据存证及全流程可信服务，建立完整信任体系，提供透明监督和责任追究的可靠依据，形成完整、防篡改的责任链条，区块链的可溯源和透明性特征将帮助应急物资逆向物流各方参与者实现自证，有效提升相关机构责任意识和服务意识，减少造谣传谣，极大增强政府公信力，为全民战"疫"提供坚实的群众基础。

（3）引入去信任化范式，破解捐赠信任危机。

近期，由于捐赠物资去向等信息发布不及时、不公开、不透明，运行管理效率低下，回收存在困难，一些慈善组织遭遇信任危机，区块链能够带来极高的透明度和严明的问责机制，引入去信任化的交易范式能够解决慈善公益事业痛点，其高度安全性可以保障记录十链上的每一批应急物资流转都真实可信，流向信息不可篡改，捐赠物资处于哪个环节、是否及时发放到位、哪里存在卡顿停滞、回收质量是否符合要求等信息透明清晰，杜绝暗箱操作，提高信用水平，公众无须质疑慈善组织在公布信息时有隐瞒或欺骗行为，有利于捐赠人和社会大众消除对于慈善组织的怀疑，可以在第一时间通过便捷、实时、公开、透明的捐赠方式奉献爱心，集全社会之力推进疫情防控工作。目前，趣链和雄安集团推出慈善捐赠溯源平台"善踪"，33 复杂美推出"33 区块链慈善平台"等，用于慈善捐赠的公示和溯源。

5. 区块链推动应急物资逆向物流智能管理

区块链的去中心化和去信任的技术特点，为互联网环境中应急物资逆向物流建设塑造了全新环境，特别是智能合约为应急物资逆向物流建设开辟了一个智能运作新层次。

智能合约是尼克·萨博在 1994 年提出的，但当时由于在技术上无法提供一套可信的执行环境而没有得到实际应用。区块链技术的出现，高度契合了智能合约有效执行须满足的两个要求：一是规则和数据一旦生成，则单方无法篡改，链上主体均可平等获取；二是交易行为公开可见，不允许任何虚假或者隐藏的交易存在。因此，区块链就自然成为智能合约的可信执行环境，拓展了应急物资逆向物流智能管理的多方面现实应用场景。

（1）实现灾害快速自主响应。

在突发事件面前，必须及时有效调动各方力量、调集各类资源参与抢险救援，快速自主响应成为应急物资逆向物流系统的核心能力。突发事件应急响应程序中，区块链技术凭借机器信任机制和可自动执行的智能合约等特性，可实现突发事件快速自主响应，根据其类型、烈度和范围等情况及时启动相应预案，紧急组织应急筹措、生产、调度，高效进行应急物资和设备的调集，确保应急物资保障有序有力，提高响应效率。

（2）提高应急物资逆向物流管理效率。

在应急物资逆向物流多方流转大量应急物资的过程中，面对大量、多点、弥散的复杂关联信息，智能合约自动化的特性凸显其优势。当应急物资交付方和接收方对合同约定事项的执行达成共识时，智能合约平台可自动触发签收、打款等行为，降低合约风险，提高执行效率，同时将相关流转信息上链公示，提高应急物资流转效率和应急物资逆向物流管理效能，压缩不必要的成本开销，突破流程壁垒，减少人力、物力和时间耗费，破解返工复工困难带来的人员短缺等现实问题。

（3）建立智能管理技术矩阵。

区块链并不是一个独立的技术，而是结合了多种现有技术进行的组合式创新，区块链与物联网、大数据、人工智能等技术的深度融合将成为趋势，通过集成创新和融合应用，必将从仓储、运输、配送及逆向物流等各个维度为应急物资逆向物流智能管理带来新的巨变。

区块链以物联网中的智能设备为节点，管理应急物资逆向物流各方在交互作用中的角色、行为和规则，其分布式特性为应急物资逆向物流的物联网自我管理提供了途径，使各节点具有去中心化、自信任、自治化和匿名化的特点，共同搭建万物互联时代的应急物资逆向物流信息和价值交换网络。运用大数据技术对链上信息的整合和数据价值的深度挖掘，可以形成应急物资逆向物流活动全方位的全景视图，提高需求预测精度，实现全流程、全部门数据整合，破解信息"碎片化"难题，对各方指标进行量化分析，并可以有效进行评价、监测和监督，为应急物资供应者、逆向物流管理者和其他利益相关者建立共同的运营标准和合作方式。运用人工智能技术可以对应急物资逆向物流区块链上的海量数据进行实时或近实时处理，并对沉淀的信息价值进行充分挖掘，为后续决策提供辅助支持，使应急物资逆向物流活动更加智能化。

区块链在应急物资逆向物流中具有广泛应用前景，但区块链技术也存在自身的局限性，面临着标准化、性能、容量、安全性、可拓展性等一系列技术方面的挑战，并非能解决所有问题，必须以科学理性的审慎态度对待，引导这项新兴技术在最适合的场景落地应用，也不应以单纯技术手段更新取代深层结构性应急体制机制改革。另外，应注意的是，疫情当前，应本着务实高效的原则。区块链技术可与既有系统进行有效对接，以缩短研发周期，降低人力、物力耗费，推动应急物资逆向物流的高效保障、信任治理和智能管理，推动应急物资逆向物流回收网络更加高效安全可控，实现更大的社会价值。

三、物联网技术

物联网（见图8-5）是指通过各种信息传感器、射频识别技术、全球定位系统、红外感应器、激光扫描器等装置与技术，实时采集任何需要监控、连接、互动的物体或过程，采集其声、光、热、电、力学、化学、生物、位置等各种需要的信息，通过各类可能的网络接入，实现物与物、物与人的泛在连接，实现对物品和过程的智能化感知、识别和管理。

图8-5　物联网

从通信对象和过程来看，物与物、人与物之间的信息交互是物联网的核心。物联网的基本特征可概括为整体感知、可靠传输和智能处理。整体感知：可以利用射频识别、二维码、智能传感器等感知设备感知获取物体的各类信息。可靠传输：通过对互联网、无线网络的融合，将物体的信息实时、准确地传送，以便信息交流、分享。智能处理：使用各种智能技术，对感知和传送到的数据、信息进行分析处理，实现监测与控制的智能化。

根据物联网的以上特征，结合信息科学的观点，围绕信息的流动过程，将应急物资逆向物流各个环节的物资以及各个设施设备连接起来，做到万物互联、实时连接。应急物资逆向物流应用物联网的优势与特点如表 8 - 1 所示。

表 8 - 1　　　应急物资逆向物流应用物联网的优势与特点

序号	特点	优势
1	获取信息的功能	在应急物资逆向物流过程中，逆向物流回收中心、逆向物流回收车等通过物联网连接的各类应急物资和设施设备来感知、识别各种信息，通过收集各种信息以供数据备份和数据分析。而应急物资信息的感知是指对其属性状态及变化方式的知觉和敏感；信息的识别是指能把所感受到的应急物资逆向物流状态用一定方式表示出来。通过物联网，逆向物流回收中心的后台系统可以感知应急物资的基本信息和库位存放等内容
2	传送信息的功能	在应急物资逆向物流过程中，不仅需要对信息进行感知与收集，还需要对信息进行发送、传输和接收等。例如，将应急物资逆向物流的基本信息传输到云计算平台，以方便计算出该应急物资的处理程序
3	处理信息的功能	在应急物资逆向物流过程中，利用已有的应急物资信息或感知的信息产生新的信息，实际是制定决策的过程，即通过感知的信息对应急物资的处理做进一步判断

四、云计算技术

云计算（见图 8 - 6）是分布式计算的一种，指的是通过网络"云"将巨大的数据计算处理程序分解成若干个小程序，然后，通过多部服务器组成的系统进行处理和分析这些小程序，并将得到的结果返回给用户。简单地说，就是简单的分布式计算，解决任务分发，并进行计算结果的合并。在应急物资逆向物流过程中，通过云计算这项技术，可以在很短的时间内（几秒钟）完成对数以万计的回收数据的处理，从而提供强大的网络服务。

图 8 - 6　云计算

云计算的可贵之处在于高灵活性、可扩展性等，应急物资逆向物流中应用云计算可改变对旧仓库人工统计、人工计算或普通电脑计算的传统。现在通过对应急物资和相关设施设备的云计算，可降低大量计算分析的人工成本。它在自主运行中实时更新分析数据，避免了数据的遗漏和分析的失误。应急物资逆向物流应用云计算的优势与特点如表 8 - 2 所示。

表 8 - 2　　应急物资逆向物流应用云计算的优势与特点

序号	特点	优势
1	虚拟化技术	虚拟化技术突破了时间、空间的界限，是云计算最为显著的特点，虚拟化技术包括应用虚拟和资源虚拟两种。在应急物资逆向物流过程中，通过虚拟平台对相应终端操作进行数据备份、迁移和扩展。例如，对应急物资逆向物流的大量回收数据、运输数据、入库数据、调配数据等需要及时更新和储存
2	动态可扩展	云计算具有高效的运算能力，在原有服务器基础上增加云计算功能，可以迅速提高计算速度，最终达到对应用进行扩展的目的。应急物资逆向物流的回收管理过程中，所有的智能设备并不是完全自主工作的，它需要人为地输入程序和算法，智能无人机、AGV 才可通过云计算技术模拟计算无人机的盘点路径、AGV 的搬运路径等。随着产业升级换代，所有的智能设备都可以进行完全自主工作
3	按需部署	计算机包含了许多应用、程序软件等，不同的应用对应的数据资源库不同，所以在应急物资逆向物流的回收管理过程中，应急物资逆向物流系统需按要求实时进行应急物资的调配工作，如应急物资的出库、入库等，而云计算平台能够根据用户的需求快速匹配计算能力及资源，如调配出入库应急物资、优化出入库顺序等
4	可靠性高	可靠性是指倘若回收服务器出现故障，也不影响计算与应用的正常运行。因为单点服务器出现故障可以通过虚拟化技术将分布在不同物理服务器上面的应用进行恢复，或者利用动态扩展功能部署新的服务器进行计算。如此一来，应急物资逆向物流系统的应急物资数据处理就有了保障，即使服务器出现故障，应急物资逆向物流系统也能利用虚拟技术实时恢复数据进行计算
5	性价比高	将数据放在虚拟资源池中统一管理，在一定程度上优化了物理资源，用户不再需要昂贵、存储空间大的主机，可以选择相对廉价的云电脑，一方面减少费用，另一方面计算性能不逊于大型主机，为应急物资逆向物流相关硬件设备节省了成本，同时还保障了计算性能

五、大数据技术

大数据（见图8-7）具有数据量大、数据种类多、要求实时性强、数据所蕴藏的价值大等特点。在各行各业中均存在大数据，但是众多的信息和咨询是纷繁复杂的。

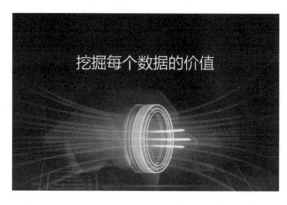

图8-7　大数据

（1）大数据对于应急物资逆向物流信息进行精确划分形成系统的网络，将回收点、需求点等出现的数据整合形成数据库，为应急物资逆向物流系统提供有效的反馈和误差分析，为应急物资逆向物流回收中心建设和发展提供参考数据，对分析应急物资回收效率存在的问题和后续处理方式都有着极为重要的意义。

（2）在应急物资逆向物流过程中，我们需要对应急物资逆向物流回收行业甚至整个回收行业做数据分析，通过获取数据，对比数据，找出对应急物资逆向物流发展有益的信息。例如，应急物资的回收数量、应急物资的回收质量、应急物资整体的回收情况、应急物资的回收效率等。

（3）通过大数据，应急物资逆向物流系统将会输入大量数据，包括应急物资实时数据、应急物资逆向物流回收中心处理数量数据、回收效率数据等。数据库将会分析出应急物资逆向物流系统需要的信息，例如，得到应急物资逆向物流逐年回收数量的趋势、应急物资逆向物流的回收成本、应急物资回收效率提高的关键点等。

第五节　应急物资逆向物流技术发展趋势

应急物资逆向物流的迅猛发展离不开先进的应急物资逆向物流技术与设施的支持，随着现代逆向物流技术的进步，应急物资逆向物流技术的应用及创新呈现如下的发展态势。

一、智能化

应急物资逆向物流系统是现代逆向物流技术的重要应用场景，该系统通过借助红外线、射频识别（RFID）、手持终端、二维码等感知技术获取回收物品信息，借助电子数据交换（EDI）、无线通信服务（WCS）等信息传输技术收集物品信息，结合数据库、云计算、系统管理软件等现代技术处理应急物资信息，通过应急物资追溯、自动调度系统等技术实现自动化、智能化的应急物资逆向物流回收。

快速化、信息化、智能化、集约化、小批量定制是未来应急物资逆向物流的发展趋势，应急物资逆向物流个性化定制可更灵活地满足消费者需求。应急物资逆向物流以社会效益为中心，社会总体需求什么就回收什么，以此灵活地调节逆向物流。互联网拓展了运营渠道，各个需求点也可通过互联网及时反馈需求信息。应急物资逆向物流促进了资源配置的优化与高效，根据逆向物流订单来回收产品可减少生产成本、避免浪费。

二、专业化

我国在应急物资逆向物流设备自动化水平和信息化程度上有了一定提高，目前已具备研发自动化逆向物流系统的能力。随着应急物资逆向物流环节分工的细化，结合其复杂、多元的特点，越来越多的应急物资逆向物流设备和技术为满足特殊化需求而不断改进。这些设备多是专门为逆向物流作业中的某一环节或特定的某一类物品而研发的，其专业化程度很高，如专门回收帐篷并对其进行消毒的逆向物流设备。由于我国人口红利逐渐消失，人工成本越来越高，一旦超过机器成本，在逆向物流过程中机器代替人工就会迅速普及。另外，应急物资逆向物流对时间有紧迫性要求，因此采用专业的自动化设备有利于提高效率，减少作业时间，尤其在应急物资仓储、分拣、干线运输、末端回收和配送上，自动化操作将越来越有优势。

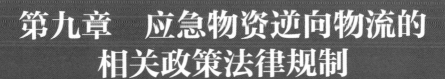

第九章　应急物资逆向物流的相关政策法律规制

1992 年联合国环境与发展大会提出了"可持续发展战略"，2002 年可持续发展世界首脑会议及 2012 年联合国可持续发展大会进一步拓宽和深化了对保护生态环境、建设生态文明的认识。中共十八大提出我国要把生态文明建设放到突出的地位，融入经济建设、政治建设、文化建设和社会建设各方面及全过程，就是要把生态文明的基本理念、原则和制度等贯穿于其他四大建设的全过程；不仅经济建设要以生态文明为准绳，政治建设、文化建设和社会建设也要把生态文明作为最重要的因素。生态文明作为人类文明的一种新形态，其基本内涵就是尊重和保护自然，以可持续发展为目标建设资源节约型、环境友好型社会。生态文明建设与环境保护的目标高度融合，环境保护是生态文明建设的主阵地和根本措施。

国内外经济飞速发展的同时，各种自然灾害、事故灾难、公共卫生事件和社会安全事件也频频发生，因此客观上需要应急救援物资的合理配置。基于循环经济和产品生产全生命周期的理论，对于应急物资逆向物流的合理规制符合经济社会发展的需要、符合环境保护的需要，是对资源合理配置的需要。在出现了自然灾害、事故灾难、公共卫生事件和社会安全事件之后，救援物资的逆向物流中会产生大量的环保问题，如固体废弃物的处理处置、垃圾排放等。我国目前有关应急物资逆向物流的立法存在一些不足，可在合理借鉴西方国家立法经验的基础上，不断完善具有我国特色的法律体系。同时市场主体应进一步加强固体废弃物和垃圾处置，提高污染排放标准，强化排污者责任，健全环保信用评价、信息强制性披露、严惩重罚等制度，积极构建政府为主导、企业为主体、社会组织和公众共同参与的环境治理体系。

第一节 我国应急物资逆向物流的相关政策法律规制

近年来，随着经济社会的发展，各种突发事件不断爆发。突发事件，是指突然发生，造成或者可能造成严重社会危害，需要采取应急处置措施予以应对的自然灾害、事故灾难、公共卫生事件和社会安全事件。突发事件的频频爆发造成了严重的社会反应，而突发事件的复杂程度也加大了应急救援的处理难度，所以世界各国对于应急物流管理都非常重视。在应急物流管理中，因为应急救援工作注重时间效率和社会效益，所以在突发事件发生后，往往在很短时间内，大量的救援物资就运入灾区。在救灾工作结束后，这些多余的救灾物资如果闲置，就会造成巨大的资源浪费。在灾区现场的救灾废弃物如果得不到及时的处理，也会造成严重的环境污染，所以如何进行应对突发事件的逆向应急物流体系建设是一个非常重要的问题。

逆向物流的概念在提出的时候，因为它的节约成本和绿色环保的概念，所以受到了国内外学者的关注。把逆向物流引入应对突发事件的应急物流管理中来，会进一步完善现在应急物资的供应和回收方式，从而产生良好的经济效益和社会效益。但是逆向应急物流因为过程复杂和经济效益比较低等特点，需要在各国政府的引导下，设计出适应逆向应急物流体系发展规律的特殊机制，才能保证逆向应急物流的有效实施。逆向应急物流主要包括两个方面的活动，一是回收与处理废弃物资，二是调剂闲置救援物资和再利用可重复使用的物资，其中，回收处理废弃物资指的是发生突发事件后，收集、分类与处理受灾区中类似于医疗废弃物与生活垃圾等众多废弃物资。此外，可重复利用的物资主要包括以下五种类型：生活类、救援类、医疗类、通信类、供电类。

一、我国应急物资逆向物流相关法律体系的构成

自从新冠疫情暴发以来，我国政府主管部门依据《中华人民共和国传染病防治法》《中华人民共和国突发事件应对法》《突发公共卫生事件应急条例》等相关规定启动了重大突发公共卫生事件Ⅰ级响应，其中，《中华人民共和国传染病防治法》强调各部门和机构对传染病的预防和控制、医疗救助；《中华人民共和国突发事件应对法》《突发公共卫生事件应急条例》更加强调各级政府应急处理的职责，并规定公民、法人和其他组织有义务参与突发事件应对工作；对于疫情报告和公布、传染病监测等内容二者均有规定。

突发公共卫生事件是指突然发生，造成或者可能造成社会公众健康严重损害的重大传染病疫情、群体性不明原因疾病、重大食物和职业中毒以及其他严重影响公众健康的事件。根据突发公共卫生事件性质、危害程度、涉及范围，突发公共卫生事件划分为特别重大（Ⅰ级）、重人（Ⅱ级）、较人（Ⅲ级）和一般（Ⅳ级）四级。每逢发生重大的突发公共卫生事件，就会有救灾物资回收、救灾物资重新利用和闲置救灾物资的调配。我国目前有关应急物资的逆向物流法律有以下几部。

（一）《中华人民共和国突发事件应对法》的相关规定

《中华人民共和国突发事件应对法》由中华人民共和国第十届全国人民代表大会常务委员会第二十九次会议于 2007 年 8 月 30 日通过，自 2007 年 11 月 1 日起施行。该法所称突发事件，是指突然发生，造成或者可能造成严重社会危害，需要采取应急处置措施予以应对的自然灾害、事故灾难、公共卫生事件和社会安全事件。经笔者整理后，与物资救援相关的规定如下。

（1）县级以上地方各级人民政府调集应急救援所需物资、设备、工具，准备应急设施和避难场所，并确保其处于良好状态、随时可以投入正常使用。

（2）履行统一领导职责的人民政府立即抢修被损坏的交通、通信、供水、排水、供电、供气、供热等公共设施，向受到危害的人员提供避难场所和生活必需品，实施医疗救护和卫生防疫以及其他保障措施。

（3）履行统一领导职责的人民政府保障食品、饮用水、燃料等基本生活必需品的供应。

（4）履行统一领导职责或者组织处置突发事件的人民政府，必要时可以向单位和个人征用应急救援所需设备、设施、场地、交通工具和其他物资，请求其他地方人民政府提供人力、物力、财力或者技术支援，要求生产、供应生活必需品和应急救援物资的企业组织生产、保证供给，要求提供医疗、交通等公共服务的组织提供相应的服务。

（5）履行统一领导职责或者组织处置突发事件的人民政府，应当组织协调运输经营单位，优先运送处置突发事件所需物资、设备、工具、应急救援人员和受到突发事件危害的人员。

从该法的现有条款来看，仅仅规定了应急救援时的正向物流，而对于应急物资的废弃物回收、可重复使用的物资回收再利用均未涉及，由此可见，《中华人民共和国突发事件应对法》中并未涉及救援物资的回收再利用问题。

（二）《中华人民共和国传染病防治法》的相关规定

《中华人民共和国传染病防治法》于 1989 年 2 月 21 日经中华人民共和国第七届全国人民代表大会常务委员会第六次会议通过，并于 2004 年修订、2013 年修正。《中华人民共和国传染病防治法》的立法宗旨是预防、控制和消除传染病的发生与流行，保障人体健康和公共卫生。经笔者整理后，有关救援物资与医疗废弃物的规定如下。

（1）对被传染病病原体污染的污水、污物、场所和物品，有关单位和个人必须在疾病预防控制机构的指导下或者按照其提出的卫生要求，进行严格消毒处理；拒绝消毒处理的，由当地卫生行政部门或者疾病预防控制机构进行强制消毒处理。

（2）医疗机构对本单位内被传染病病原体污染的场所、物品以及医疗废物，必须依照法律法规的规定实施消毒和无害化处置。

（3）疫区中被传染病病原体污染或者可能被传染病病原体污染的物品，经消毒可以使用的，应当在当地疾病预防控制机构的指导下，进行消毒处理后，方可使用、出售和运输。

（4）县级以上地方人民政府卫生行政部门在履行监督检查职责时，发现被传染病病原体污染的公共饮用水源、食品以及相关物品，如不及时采取控制措施可能导致传染病传播、流行的，可以采取封闭公共饮用水源、封存食品以及相关物品或者暂停销售的临时控制措施，并予以检验或者进行消毒。经检验，属于被污染的食品，应当予以销毁；对未被污染的食品或者经消毒后可以使用的物品，应当解除控制措施。

从该法的现有条款来看，主要从政府卫生部门、疾控部门、医院、单位、个人角度规定了不同主体对于医疗废弃物的处理方式，主要原则就是分类处理，能够回收使用的就予以再利用，否则就采取销毁、消毒和无害化处置。该法的规定体现了我国对于处理医疗废弃物的主要原则遵循"三化"管理原则。"三化"，是指固体废物减量化、资源化、无害化。首先是固体废物减量化，也称废物最小量化，是指减少固体废物的产生。努力控制固体废物的产生，是积极从源头控制污染的指导思想的要求。实行这一原则，不仅可以减轻污染的危害，也可以提高资源能源的利用率。其次是固体废物资源化，也称资源综合利用，是指通过回收、加工、循环利用、交换等方式，对固体废物进行综合利用，使之转化为可利用的二次原料或再生资源。最后是固体废物无害化，是指对固体废物进行无害化处置。对不能利用或者暂时不能利用的固体废物，特别是危险废物，必须按照环境保护的要求，进行收集、储存、处置，以防止或者减轻对环境和人体健康的危害。"三化"原则是各国防治固体废物污染立法中普遍适用和富有成效的原则。实行这一原则，可以做到既防治污染、改善环境，又节约和合理开发利用资源，使固体废物得以变废为宝、化害为利，实现经济效益、环境效益、社会效益的统一。

（三）《中华人民共和国固体废物污染环境防治法》中的相关规定

1995 年 10 月 30 日，第八届全国人民代表大会常务委员会第十六次会议通过《中华人民共和国固体废物污染环境防治法》（以下简称为《固废法》），自 1996 年 4 月 1 日施行。2020 年 4 月 29 日，《固废法》由中华人民共和国第十三届全国人民代表大会常务委员会第十七次会议第二次修订，自 2020 年 9 月 1 日起施行。

固体废物是指在生产、生活和其他活动中产生的丧失原有利用价值或者虽未丧失利用价值但被抛弃或者放弃的固态、半固态和置于容器中的气态的物品、物质以及法律、行政法规规定纳入固体废物管理的物品、物质，可以分为工业固废物、农业固废物、生活垃圾、危险废物等。医疗废物是指医疗卫生机构在医疗、预防、保健及其他相关活动中产生的具有直接或者间接感染性、毒性以及其他危害性的废物。联合国环境规划署制定的《控制危险废物越境转移及其处置巴塞尔公约》将此类医疗废物列为危险废物。根据《医疗废物分类目录（2021 年版）》规定，医疗废物分为感染性废物、损伤性废物、病理性废物、药物性废物、化学性废物 5 类。

2016 年，我国 214 个大、中城市一般工业固体废物产生量为 14.8 亿吨，工业危险废物产生量为 3344.6 万吨，医疗废物产生量为 72.1 万吨，生活垃圾产生量为 18850.5 万吨。其中，一般工业固体废物综合利用量为 8.6 亿吨、处置量为 3.8 亿吨、储存量为 5.5 亿吨、倾倒丢弃量为 11.7 万吨。工业危废方面，处置量为 1535.4 万吨、储存量为 380.6 万吨。医疗废物方面，处置量为 72.0 万吨，大部分城市的医疗废物处置率都达到了100%，城市生活垃圾方面，处置量为18684.4万吨，处置率达99.1%。《固废法》的立法宗旨是为了保护和改善生态环境，防治固体废物污染环境，保障公众健康，维护生态安全，推进生态文明建设，促进经济社会可持续发展。经笔者整理后，有关救援物资与医疗废弃物的规定如下。

（1）固体废物污染环境防治坚持减量化、资源化和无害化的原则。任何单位和个人都应当采取措施，减少固体废物的产生量，促进固体废物的综合利用，降低固体废物的危害性。固体废物污染环境防治坚持污染担责的原则。产生、收集、贮存、运输、利用、处置固体废物的单位和个人，应当采取措施，防止或者减少固体废物对环境的污染，对所造成的环境污染依法承担责任。

（2）产生危险废物的单位，应当按照国家有关规定和环境保护标准要求贮存、利用、处置危险废物，不得擅自倾倒、堆放。从事收集、贮存、利用、处置危险废物经营活动的单位，应当按照国家有关规定申请取得许可证。许可证的具体管理办法由国务院制定。收集、贮存危险废物，应当按照危险废物特性分类进行。禁止混合收集、贮存、运输、处置性质不相容并未经安全性处置的危险废物。贮存危险废物应当采取符合国家环境保护标准的防护措施。禁止将危险废物混入非危险废物中贮存。

（3）医疗废物按照国家危险废物名录管理。县级以上地方人民政府应当加强医疗废物集中处置能力建设。县级以上人民政府卫生健康、生态环境等主管部门应当在各自职责范围内加强对医疗废物收集、贮存、运输、处置的监督管理，防止危害公众健康、污染环境。医疗卫生机构应当依法分类收集本单位产生的医疗废物，交由医疗废物集中处置单位处置。医疗废物集中处置单位应当及时收集、运输和处置医疗废物。医疗卫生机构和医疗废物集中处置单位，应当采取有效措施，防止医疗废物流失、泄漏、渗漏、扩散。

（4）重大传染病疫情等突发事件发生时，县级以上人民政府应当统筹协调医疗废物等危险废物收集、贮存、运输、处置等工作，保障所需的车辆、场地、处置设施和防护物资。卫生健康、生态环境、环境卫生、交通运输等主管部门应当协同配合，依法履行应急处置职责。

危险废物是指列入国家危险废物名录或者根据国家规定的危险废物鉴别标准和鉴别方法认定的具有危险特性的固体废物，医疗废物按照国家危险废物名录管理。《固废法》中针对突发事件专门规定了医疗废物等收集和处置的主体、流程，从法律角度明确了职责分配，强化了监管。我国《固废法》充分体现了循环经济发展的要求，确定污染者依法负责的原则，还建立了电器电子、铅蓄电池、车用动力电池等产品的生产者责任延伸制度。

（四）《中华人民共和国环境保护法》中的相关规定

《中华人民共和国环境保护法》于 1989 年 12 月 26 日经中华人民共和国第七届全国人民代表大会常务委员会第十一次会议通过，并于 2014 年 4 月 24 日经中华人民共和国第十二届全国人民代表大会常务委员会第八次会议修订。经笔者整理后，有关救援物资与医疗废弃物的规定如下。

（1）在发生或者可能发生突发环境事件时，企业事业单位应当立即采取措施处理，及时通报可能受到危害的单位和居民，并向环境保护主管部门和有关部门报告。

（2）生产、储存、运输、销售、使用、处置化学物品和含有放射性物质的物品，应当遵守国家有关规定，防止污染环境。

（3）排放污染物的企业事业单位和其他生产经营者，应当采取措施，防治在生产建设或者其他活动中产生的废气、废水、废渣、医疗废物、粉尘、恶臭气体、放射性物质以及噪声、振动、光辐射、电磁辐射等对环境的污染和危害。排放污染物的企业事业单位，应当建立环境保护责任制度，明确单位负责人和相关人员的责任。重点排污单位应当按照国家有关规定和监测规范安装使用监测设备，保证监测设备正常运行，保存原始监测记录。严禁通过暗管、渗井、渗坑、灌注或者篡改、伪造监测数据，或者不正常运行防治污染设施等逃避监管的方式违法排放污染物。

《中华人民共和国环境保护法》较为原则性地规定了固体废物、医疗废物的处理处置方法，特别强调预防为主、综合治理原则，突出预防为主的方针，"防患于未然"，从源头防治环境污染和生态破坏，坚持环境保护与经济社会发展综合决策，综合运用法律、经济、技术和必要的行政手段解决环境问题。

二、我国应急物资逆向物流的基本政策制度

我国目前逆向应急物流的立法规制除了上述的法律之外，还有大量的政策制度。我国目前有关应急物资的逆向物流政策法规有以下几部。

（一）2003 年的《突发公共卫生事件应急条例》

《突发公共卫生事件应急条例》是为有效预防、及时控制和消除突发公共卫生事件的危害，保障公众身体健康与生命安全，维护正常的社会秩序制定。该条例于 2003 年 5 月 7 日经国务院第 7 次常务会议通过，由国务院于 2003 年 5 月 9 日发布并实施。《突发公共卫生事件应急条例》规定，突发事件发生后，国务院有关部门和县级以上地方人民政府及其有关部门，应当保证突发事件应急处理所需的医疗救护设备、救治药品、医疗器械等物资的生产、供应；铁路、交通、民用航空行政主管部门应当保证及时运送。该条例还规定，根据突发事件应急处理的需要，突发事件应急处理指挥部有权紧急调集人员、储备的物资、交通工具以及相关设施、设备；必要时，对人员进行疏散或者隔离，并可以依法对传染病疫区实行封锁。

（二）2003 年的《医疗废物管理条例》

《医疗废物管理条例》于 2003 年 6 月 16 日由国务院发布，根据 2011 年 1 月 8 日《国务院关于废止和修改部分行政法规的决定》修订。经笔者整理后，与医疗废物有关的规定如下。

（1）医疗废物是指医疗卫生机构在医疗、预防、保健以及其他相关活动中产生的具有直接或者间接感染性、毒性以及其他危害性的废物。医疗卫生机构收治的传染病病人或者疑似传染病病人产生的生活垃圾，按照医疗废物进行管理和处置。医疗卫生机构废弃的麻醉、精神、放射性、毒性等药品及其相关的废物的管理，依照有关法律、行政法规和国家有关规定、标准执行。

（2）县级以上各级人民政府卫生行政主管部门，对医疗废物收集、运送、贮存、处置活动中的疾病防治工作实施统一监督管理；环境保护行政主管部门，对医疗废物收集、运送、贮存、处置活动中的环境污染防治工作实施统一监督管理。

（3）医疗卫生机构和医疗废物集中处置单位，应当采取有效措施，防止医疗废物流失、泄漏、扩散。

此外，我国环境主管部门还制定了相关标准：《危险废物填埋污染控制标准》《危险废物焚烧污染控制标准》《危险废物贮存污染控制标准》。这三个标准从不同角度对危险废物的处理处置提出了具体要求。在2007年还出台了《危险废物鉴别标准》，这些强制性标准的出台对于处理应急物资产生的危险废弃物有指导意义。

根据《固废法》以及《医疗废物管理条例》的规定，产生的临床废物、医药废物及废药物、药品等医疗危险废物，必须按照国家有关规定进行消毒等预处置；无能力处置的或者处置不符合国家控制标准的，必须由所在地县级以上人民政府环境保护和卫生行政主管部门指定的有相应资质的单位代为处置。

违反规定随意处置医疗废物，造成严重后果的，根据《中华人民共和国刑法》第三百三十八条、《中华人民共和国刑法修正案（八）》第四十六条以及相关司法解释规定，将有可能构成污染环境罪。严重污染环境的，处三年以下有期徒刑或者拘役，并处或者单处罚金；后果特别严重的，处三年以上七年以下有期徒刑，并处罚金。

（三）2007年的《药品召回管理办法》

2007年起，我国开始实行《药品召回管理办法》，该办法明确规定了企业在药品召回中的责任，即药品生产企业必须建立和完善药品召回制度。企业应定期对药品的安全性进行评估，一经发现药品存在或可能存在安全问题，必须对药品进行召回。药品生产企业还应当将药品召回信息公开，保证消费者的知情权。同时也规定了违反办法的处罚措施，明确了政府相关部门在药品召回中的责任。在自然灾害、事故灾难、公共卫生事件和社会安全事件发生以后，如果发现药品存在质量问题，医疗机构可以依据《药品召回管理办法》开展应急物资的逆向物流活动。

（四）2008 年的《救灾物资回收管理暂行办法》

为了加强救灾物资管理，提高救灾物资的回收水平和使用效率，防止救灾物资的浪费，2008 年民政部出台《救灾物资回收管理暂行办法》。该办法首先明确了可回收利用的救灾物资的种类，可回收利的救灾物资是指救灾过程中由各级政府有关部门安排、采购、征用、调拨（包括对口支援在内），以及由各级政府有关部门接收和管理的社会捐赠的、可回收重复利用的救灾物资。主要分为以下几类。

（1）生活类物资：包括帐篷、活动板房、移动厕所、净水设备、照明设备等。

（2）救援类物资：包括挖掘机、运输车、装载机、吊车、拖车、推土机等大型机械设备和运输工具，以及铁锹、镐、撬棍、千斤顶等小型救援工具等。

（3）医疗类物资：包括常用医疗器械、高值医疗器械、监测器械、消毒器械，以及救护车和药品等。

（4）通信类物资：包括应急通信设备和卫星电话等。

（5）供电类物资：包括大型发电车和发电机等。

（6）其他物资。

灾区县级以上人民政府及有关部门要做好救灾物资的使用管理及回收、清理和登记工作。生活类物资移交民政部门储备管理，作为各级救灾物资储备。其中，帐篷和活动板房，回收后要分别作为中央和地方救灾储备。作为中央储备的，省际调运和储备费用，由中央财政负担；作为地方储备的，调运和储备费用，由地方财政负担。救援、医疗、通信、供电类等物资移交灾区原采购部门、受援单位或受赠单位，纳入国有资产管理，统筹安排使用。

由各级政府和有关部门征调的救灾物资，应当在救灾任务完成后及时归还。对一般损坏的，应由使用单位修复后归还。对于严重损坏的，应当由征调单位或灾区县级人民政府使用物资的有关部门按照国家有关规定给予合理补偿，或出具相关证明，作为被征调单位核销的依据。

对于因时间长久自然损耗（坏）等不能继续使用的物资，要逐件核查登记，经县级以上人民政府民政、财政等有关部门审批后作报废处理。对其中可再利用部分进行组装整合再利用，作为回收救灾物资管理。对于不宜长期收储的过剩物资或者当地收储能力有限的物资，经省级人民政府民政、财政等有关部门审批后调剂使用，用于省内外其他地区救灾，避免救灾物资的浪费。

案例 救灾物资回收利用有章可循

2020 年，荆州市应急管理局向各地发出通知，要求各地在合适的时候全面回收疫情防控期间发放的救灾物资，为下一步开展自然灾害救助工作做准备。随着疫情防控形势的逐步好转，荆州市除中心城区外，其所属县（市、区）均无病例，生产生活和交通恢复正常。为防止救灾物资丢失损坏及挪作他用，该市应急管理局及时下发通知，要求各地应急管理部门认真搞好清理、回收，并做好维修、清理、消毒工作。该市要求，对丧失使用价值的，要严格依程序履行报废手续，严禁流入社会。对在疫区使用过、具有污染性、不宜再使用的，由县级以上政府卫生防疫主管部门出具证明、县级应急管理部门上报市应急管理局汇总，再由市应急管理局上报省应急管理厅批准后，予以销毁。截至 3 月 25 日，荆州全市已回收帐篷 306 顶、折叠床 60 张。

新冠疫情发生后，湖北省应急管理厅积极为各地疫情防控工作提供物资支持，先后 18 批次向全省各地紧急调拨中央和省级救灾帐篷、折叠床、棉衣被等 6 个品种救灾物资共 28.37 万件，总价值约 8445 万元。随着全省疫情防控形势逐渐向好，多地逐步恢复正常生产生活秩序，根据省应急管理厅相关通知要求，荆门市、恩施土家族苗族自治州、潜江市、安陆市、武穴市、大冶市等多地正在组织开展救灾帐篷、折叠床等可回收类救灾物资的清理、消毒、维修、回收等工作。根据救灾物资管理有关规定，该省按照"谁发放谁回收、谁使用谁管理"的原则，由各县（市、区）对全部可回收类救灾物资进行回收，并作为本级应急物资储备，以应对日后自然灾害所需。

（五）2013 年的《循环经济发展战略及近期行动计划》

国务院于 2013 年发布了《循环经济发展战略及近期行动计划》，这是我国首部循环经济发展战略规划。计划中指出，发展循环经济是我国的一项重大战略决策，是推进生态文明建设的重大举措，是我国实现可持续发展的必经之路，是推动我国改善环境、减少资源浪费的重要手段。

（六）2014 年的《中央救灾物资储备管理办法》

2014 年修订后的《中央救灾物资储备管理办法》（以下简称《办法》）更加详尽地说明了救灾物资的回收类别、回收程序、报废程序等内容。

（1）中央救灾物资是指中央财政安排资金，由民政部购置、储备和管理，专项用于紧急抢救转移安置灾民和安排灾民生活的各类物资。中央救灾物资的储备种类、数量和经费由民政部商财政部确定。中央救灾储备物资实行统一规格、统一标志。中央救灾物资的有关技术标准由民政部负责制定。

（2）因非人为因素致使破损严重不能继续使用或超过储备年限无法使用的中央救灾储备物资，经检测后，由代储单位及时向民政部报告，经民政部、财政部审核批准后方可进行报废。对报废物资的可利用部分应充分利用。

（3）中央救灾物资分为回收类物资和非回收类物资。回收类物资和非回收类物资品种由民政部、商财政部确定。救灾物资使用结束后，未动用或者可回收的回收类中央救灾物资，由使用省份省级人民政府民政部门组织指导灾区人民政府民政等部门进行回收，经维修、清洗、消毒和整理后，作为省级救灾物资存储。对使用后没有回收价值的回收类中央救灾物资，由使用省份省级人民政府民政部门组织指导灾区人民政府民政等部门统一进行排查清理。对非回收类物资，发放给受灾人员使用后，不再进行回收。

在发生突发事件时，救援物资中有一部分是中央救灾储备物资。《办法》明确了中央救灾储备物资一经划拨，调拨使用的救灾物资所有权归使用省份省级人民政府，从而明确了责任主体。救灾物资回收过程中产生的维修、清洗、消毒和整理等费用，由使用省份省级人民政府财政部门统一安排。《办法》对于中央救灾储备物资的回收逆向物流规定得较为清楚，明确了回收主体、回收流程、报废程序、回收费用等。

第二节　国外应急物资逆向物流的政策法律规制

20 世纪 90 年代，发展循环经济无疑已经成为国际社会的大趋势。1992 年 6 月联合国通过了《里约环境与发展宣言》，宣言以可持续发展为核心。为了顺应时代发展的潮流，发达国家纷纷把注意力转移到对资源的低消耗、回收再利用以及减少废弃物上来。因此，各国对逆向物流的发展显得尤为迫切，发达国家借助自身的优势，进行理论研究，对逆向物流立法问题的必要性和可行性进行了充分的研究与实践。发达国家有关应急物资的逆向物流立法无论是在广度上还是在深度上都值得我们去学习借鉴。我国应该充分发挥法律法规的指导性作用、强制性作用，通过建立完善的逆向物流法律体系，推动我国循环经济的建设，践行可持续发展战略。

一、美国应急物资逆向物流的政策法律规制

美国在应急物资逆向物流方面的立法是处于世界领先水平的，其法律法规十分完善，对美国逆向物流的发展起到积极的指引和促进作用。美国议会在过去的几年中，不断加大对逆向物流的关注度，引入了多个固体废品处理法案。美国先后通过了《运输安全法》《清洁空气法》《清洁水法》《资源保护和回收法》《综合环境责任赔偿和义务法》《危险品材料运输法》，旨在通过法律法规的强制力来推动逆向物流的发展，减少对资源的消耗、保护生态环境，提高公众生活质量。

（一）《资源保护和回收法》强调对应急物资的回收再利用

应急救援物资主要包括以下几种类型，一是生活类，二是救援类，三是医疗类，四是通信类，五是供电类。在救援活动中，部分物资会产生闲置和废弃情况。在废弃物资源回收利用方面，美国于1965年制定了《固体废弃物处置法》。1970年该法修订为《资源回收法》，1976年该法进一步修订更名为《资源保护和回收法》，其后又分别在1980年、1984年、1988年、1996年进行了四次修订。该法建立了恢复、回收、再利用、减量的4R（Recovery、Recycle、Reuse、Reduction）原则，将废弃物管理由单纯的清理工作扩展为兼具分类回收、减量、资源再利用的综合性规划。资源的再生利用应从产品制造的源头控制开始，谋求使用易于回收的资源以减少垃圾制造量，而不是只着重末端废弃物或垃圾的回收。同时该法确立并完善了包括信息公

开、报告、资源再生、再生示范、科技发展、循环标准、经济刺激与使用优先、职业保护、公民参与和诉讼等诸多与固体废物循环利用相关的法律制度。州级层面，目前美国大多数州也根据自身情况制定了相关的再生循环利用法规，确立了废弃物资源回收目标，有效规范了再生资源行业管理，为实现全社会资源循环利用提供了法律保障。

美国专门区分了固体废物和有害废物（等同于我国的危险废物），并分别实施不同法规。美国危险废物管理的两大系列制度是跟踪制度和许可制度，体现了全过程管理的原则，这个方面值得我国借鉴。

（二）《非常基金修正案及授权法》推动了废弃物的综合利用

在 1986 年颁布的《非常基金修正案及授权法》中，对废弃物处理技术、各州之间法规的协调、增加国家资金投入等多个方面做了详尽的规定，这些规定对美国的国家环境保护及废弃物综合回收利用起到了极大推动作用。

美国是高度发达的市场经济国家，特别强调市场对于资源的合理配置。同时美国又是联邦制国家，再加上采用三权分立的政治体制，联邦政府只是制定大政方针，通过制定促进经济发展的产业政策、财政政策、金融政策等进行宏观管理和调控，防止要素市场、产品市场价格扭曲，确保市场机制在循环经济发展中的推动和协调作用。联邦政府对各州及有关循环经济管理部门制定的循环经济战略、计划、措施等不进行过多的干预。美国政府充分发挥和调动市场主体的积极性，利用经济、法律、技术多种手段来推进废弃物的回收利用，这非常符合其"小政府、大社会"的治理特点。

二、德国应急物资逆向物流的政策法律规制

欧盟的有关应急物资逆向物流法律体系由法规、条例、指令、建议等构成，是各成员国进行逆向物流的法律依据，指导各成员国逆向物流法律体系的建设。欧盟重视对固体废弃物的资源化管理，强调从源头上减少废物的产生，在固体废物生命周期的每个阶段，都以可持续发展的方式对固体废物进行管理。而德国作为工业大国，非常重视应急物资的回收利用。德国的应急物资逆向物流法律体系以欧盟的有关规定为指引，由联邦法和地方法组成，其中，联邦法主要有《废物清除法》《防止污染扩散法》《危险废物贮存控制条例》《废物鉴别条例》《废物运输条例》等。关于应急物资逆向物流的主要法律有：1972 年的《废弃物管理法》、1991 年的《包装管理条例》、1996 年的《封闭物质循环与废弃物管理法》和《循环经济法》等。

在应急物资逆向物流立法方面，德国主要通过立法推动减量化、再利用和资源化，积极推行生产者责任延伸，政府与企业相互合作三种形式发展循环经济。在政府层面，德国于 1991 年通过了《包装管理条例》，《包装管理条例》成为世界上第一个遵循"资源—产品—再生资源"思路的法律，并规定产品生产商和零售商应首先避免包装的产生，并负责包装废弃物的回收和利用。德国立法既有基本法，同时又有针对不同产品回收再利用的法律，如《生物废弃物条例》《可再生能源促进法》《废车限制条例》《废弃电池条例》《废弃木材处置条例》等。有关数据显示，德国工业 14% 的原材料使用来源于回收的废弃物，从而减少了原材料提取过程对环境的影响。

在市场经济条件下，经济政策是政府干预经济主体行为的主要手段。德国在发展循环经济的过程中，除采取有效的法律措施之外，还采取了一系列的经济措施。其中包括减免税、财政绿色补贴、政府绿色采购、环保和再生产品价格支持、政府直接投资、金融机构的低息贷款等措施及相关产业政策，以此大力支持企业的环保行为及拉动循环型产品的消费。此外，还实行了押金退款制度，各种收费、征税制度，如征收排污费、生态补偿税、资源使用税，以此提高直接利用原生自然资源的产品的税收标准。同时还制定明确的废弃物处置定量目标等，以此限制企业及个人的非环保行为，形成了比较完善的激励与约束的双重机制。

三、日本应急物资逆向物流的政策法律规制

日本作为一个资源相对短缺的国家，非常注重废弃物的回收利用。日本政府很早就颁布了《废弃物处理法》《资源有效利用促进法》《容器包装分类收集和循环利用促进法》《食品再生利用法》《促进循环型社会形成基本法》等法律，并对生产者责任延伸制度进行了明确规定，使企业环保的重点从限制生产阶段的行为控制转向以降低产品整个生命周期的环境影响为中心，改变了传统的先污染后再治理的模式，强调从"末端治理"向"源头控制"转变。

日本在实施再生资源回收利用的进程中，一直居于世界领先地位。日本不仅分类别制定了资源再生利用的单项法规，而且还形成了具有很强的现实性和前瞻性的循环经济法律体系。这个法律体系可以分成三个层面，第一层面是基础层，是一部基本法，即《促进循环型社会形成基本法》；第二层面是综合性的两部法律，分别是《固体废

弃物管理和公共清洁法》和《资源有效利用促进法》；第三层面是根据各种产品的性质制定的四部具体法律法规，分别是《容器包装分类收集和循环利用促进法》《特定家用电器再生利用法》《食品再生利用法》及《绿色采购法》。

日本有关救援物资逆向物流的立法是非常完备的，它既有总体性的立法，也有具体领域内的专门立法；它既强调政府和企业的责任，又不忽视消费者的责任以及对企业、消费者的引导。

第三节　我国应急物资逆向
物流立法的不足

自 20 世纪 80 年代以来，可持续发展理论逐渐被世界各国所承认，将环境保护与经济和社会的协调发展结合起来，以追求人与人、人与自然的和谐为核心，从而实现生态环境的可持续性和资源的永续利用。我国政府坚持以人为本，实现全面协调可持续发展的科学发展观，在科学发展观理念的基础上，正确处理经济社会发展与环境保护的关系。经济发展不能超越环境资源的承载能力，当代人的经济发展不能以牺牲下一代人的利益为代价，更不能以破坏环境、浪费资源为代价。要在发展中保护，在保护中发展，实现可持续发展，同时必须牢固树立保护环境就是保护生产力，改善环境就是发展生产力的理念，把调整优化结构、强化创新驱动和保护环境结合起来，推动绿色发展、循环发展和低碳发展，以最小的资源环境代价支撑更大规模的经济社会发展，将经济社会活动对环境的损害降到最低，实现经济效益、社会效益和环境效益的统一。我国的应急物资逆向物流立法目前在《中华人民共和国突发事件应对法》《中华人民共和国环境保护法》《固废法》《医疗废物管理条例》《救灾物资回收管理暂行办法》等法律法规中已经有所体现，但还存在着立法层次低、可操作性不强、立法空白等问题，特别是和欧美等国相比还有较大差距。

一、应急物资逆向物流未适用生产者责任延伸制度

生产者责任延伸制度是指将生产者对其产品承担的资源环境责任从生产环节延伸到产品设计、流通消费、回收利用、废物处置等全生命周期的制度。实施生产者责任延伸制度，是加快生态文明建设和绿色循环低碳发展的内在要求，对推进供给侧结构性改革和制造业转型升级具有积极意义。我国现行立法中已经有相关规定，如《固废法》第 66 条规定：国家建立电器电子、铅蓄电池、车用动力电池等产品的生产者责任延伸制度。

应急物资中的一部分使用后会产生固体废弃物，其中一部分由于是危险废弃物会依照技术规范进行处置，还有一部分是再生资源，可以将其回收、分类、再制造。对于闲置的应急物资应按照民政部的规定进行调剂使用。但我国《固废法》目前对于应急物资的生产者责任延伸制度并未有法律上的明确规定，这样的立法空白不利于从源头减少污染，也不利于生产企业社会责任的承担。"污染者付费原则"可以很好地解决生产、消费与废弃物处理的法律责任，将废弃物的管理与生产者的社会责任有机结合，是生产者责任的必要延伸。在发达国家，特别强调企业的社会责任的承担，良好的社会责任有利于企业的社会评价。

二、应急物资逆向物流立法可操作性不强

我国关于救灾物资回收、救灾物资重新利用和闲置的救灾物资如何处理的相关法规还不够健全，可操作性不够强。政府相关部门应完善这方面的法规，明确救灾物资回收的管理制度和相关数据统计制度，让从事该方面工作的工作人员有法可依、有据可查，可以更好地开展工作。另外，通过公布回收再利用救灾物资的统计数据，接受民众的监督，可以提高政府公信力。

从欧美等国家的相关立法可知，国外对于应急物资逆向物流立法的体系非常完备，既有一般法又有特别法；对于不同固体废物的分类非常详细并且有针对性，针对废弃物的特征有专门的法律规定；我国很多应急物资逆向物流的立法还停留在任意性规范层面，不能从强制性规范的角度出发来规定责任主体和义务主体。

目前我国《固废法》对于危险废物污染防治有非常详细的规定，如规定了危险废物名录和鉴别制度，明确划分、界定危险废物的种类和范围；对危险废物的容器和包装物以及收集、贮存、运输、处置危险废物的设施、场所，必须设置危险废物识别标志；且规定可以实现强制处置、达标处置和代为处置三种方式，并且规定对危险废物污染防治实行经营许可证制度，危险废物收集、贮存、处置的经营活动只限于单位进行；将危险废物进行转移时采用危险废物转移联单制度。这些制度从全流程进行了监管，明确了主体责任，可操作性非常强。由于一部分应急物资在使用后会产生危险废物，应严格按照《固废法》的上述规定进行处置，对于一般的固体废物，也要明确回收责任和处置责任的承担主体，对于其中可以再利用再制造的固体废物，可

以由生产企业自行回收或采用联合回收、第三方回收等方式形成逆向供应链。对于生产者、销售者不明确的产品可以通过建立应急物资逆向物流信息系统，通过可溯源的技术让生产者承担其回收责任。

三、应急物资逆向物流立法配套制度有待完善

在我国《固废法》中已明确规定电器电子、铅蓄电池、车用动力电池这三类产品必须由生产厂家承担强制回收责任，而对救援物资的回收利用并没有明确规定。一方面要在立法中明确救援物资也适用生产者责任延伸，另一方面要建立配套制度，如生产者责任延伸评价管理办法，建立完善产品生态设计、回收利用、信息公开等方面的标准规范，支持制定生产者责任延伸领域的团体标准。开展生态设计标准化试点，建立统一的绿色产品标准、认证、标识体系，将生态设计产品、再生产品、再制造产品纳入其中。

国家鼓励和支持科研单位、固体废物产生单位、固体废物利用单位、固体废物处置单位等联合攻关，研究开发固体废物综合利用、集中处置等的新技术，推动固体废物污染环境防治技术进步。

第四节 我国应急物资逆向
物流立法的完善

当突发事件发生时，有多个主体在应急物流资源的配置过程中发挥作用，其中政府既是责任主体又是管理主体。我们可以在逆向

应急物流资源配置阶段，在政府是逆向资源配置主体并发挥核心作用的基础上，通过相关制度引入其他多个主体参与，创造多种主体进入逆向应急资源管理体系的客观环境和条件，用法律、政策明确各主体责权的协同与配合关系，用制度化的管理模式和信息共享平台来规范各自行为。虽然应急救援工作是政府主导的，在应急救援工作中社会效益大于经济效率，但为了达到救援的社会效益和经济效益的最优化效果，我们也可以引入市场化的多方面的主体参与救援，通过法律、政策来规范它们的责任和收益。这样一方面可以通过明确责任的相关法规来保证救援工作的顺利进行；另一方面，也可以通过收益的激励发挥多种市场主体的能力，激发它们的工作热情，获得更好的救援效果。

一、推动建立绿色低碳循环发展产业体系

针对我国应急物资逆向物流立法中存在着可操作性不强、责任主体不明确的情况，在立法中应推动建立具有我国特色的绿色低碳循环发展产业体系。

（一）政府主导，市场驱动

应急物资逆向物流立法中应充分发挥市场在资源配置中的决定性作用，更好发挥政府规划引导和政策支持作用，形成有利的体制机制和市场环境。我国应急物资逆向物流要充分发挥政府有形之手和市场无形之手的作用。很多应急物资的调配是政府主导或者军民援助的，在这种情况下，应明确规定在每个逆向供应链中主体的回收责任。如医疗废弃物的处置应由医院承担；不合格药品的召

回应由药品生产厂家承担，对于可回收的救援物资应由民政部门负责调配、由使用部门进行回收。

（二）明晰责任，依法推进

应急物资逆向物流立法中应逐步完善生产者责任延伸制度相关法律法规和标准规范，依法依规明确产品全生命周期的资源环境责任。立法中应创新激励约束机制，调动各方主体履行资源环境责任的积极性，形成可持续商业模式。政府应加强生产者责任延伸制度实施的监督评价，不断提高行政管理水平。在立法中合理确定生产者责任延伸制度的实施范围，把握实施的节点和力度。

医疗卫生机构应当依法分类收集本单位产生的医疗废物，交由医疗废物集中处置单位处置。医疗废物集中处置单位应当及时收集、运输和处置医疗废物。医疗卫生机构和医疗废物集中处置单位应当采取有效措施，防止医疗废物流失、泄漏、渗漏、扩散。

（三）社会组织和公众共同参与环境治理体系

在我国各级政府主导和积极推动下，充分调动企业的积极性，通过设置环保基金或者生产者缴纳环保税费的方式，使污染者承担责任的原则能够充分落实。在环境治理体系和逆向物流过程中，政府应该充分发挥行业协会和非政府组织的作用。在西方国家，非常强调市场主体的自律，还有一些环保组织也会积极参与，通过多种约束和监督机制，社会组织和公众能够增强自我管理能力，提高环境治理水平，充分运用先进治理技术和新兴技术加大治理力度，从而形成多措并举、多管齐下的生态治理模式。

二、建立健全生态设计及信息披露制度

应急物资逆向物流立法应通过开展产品生态设计、使用再生原料、保障废弃产品规范回收利用和安全处置、加强信息公开等，推动生产企业切实落实资源环境责任，提高产品的综合竞争力和资源环境效益，提升生态文明建设水平。

（一）开展生态设计，规范回收利用

救援物资生产企业要统筹考虑原辅材料选用、生产、包装、销售、使用、回收、处理等环节的资源环境影响，深入开展产品生态设计。具体包括轻量化、单一化、模块化、无（低）害化、易维护设计，以及延长寿命、绿色包装、节能降耗、循环利用等设计。在保障产品质量性能和使用安全的前提下，鼓励生产企业加大再生原料的使用比例，实行绿色供应链管理，加强对上游原料企业的引导，研发推广再生原料检测和利用技术。

救援物资生产企业可通过自主回收、联合回收或委托回收等模式，规范回收废弃产品和包装，直接处置或由专业企业处置利用。产品回收处理责任也可以通过生产企业依法缴纳相关基金、对专业企业补贴的方式实现。

（二）信息强制性披露

在发生自然灾害、事故灾难、公共卫生事件和社会安全事件后，应由生态环境主管部门负责收集应急救援物资使用后所产生的固体废物、排放的污水和废气等信息；设区的市级人民政府生态环境主管部

门应当会同住房城乡建设、农业农村、卫生健康等主管部门，定期向社会发布固体废物的种类、产生量、处置能力、利用处置状况等信息。产生、收集、储存、运输、利用、处置固体废物的单位，应当依法及时公开固体废物污染环境防治信息，主动接受社会监督。利用、处置固体废物的单位，应当依法向公众开放设施、场所，提高公众环境保护意识和参与程度。

2020 年在全国抗击新冠疫情中，做好医疗废物和医疗污水的安全处置，是救援物资逆向物流的主要环节。2020 年 4 月 12 日国务院联防联控机制新闻发布会上，生态环境部固体废物与化学品司副司长周志强表示，目前，全国医疗废物、医疗污水的处理处置平稳有序，做到"两个 100％"，即全国所有医疗机构及设施环境监管与服务 100％全覆盖，医疗废物、医疗污水及时有效收集和处理处置 100％全落实，抓紧抓实抓细疫情防控的相关环保工作。医疗废物"应收尽收、应处尽处"，基本实现"日产日清"。截至 2020 年 4 月 10 日，全国医疗废物处置能力为 6074 吨/天，相比疫情前的 4902.8 吨/天提高了 23.9％。4 月 10 日，全国共收集医疗废物 3701.8 吨，其中，涉疫情医疗废物 262.6 吨，占 7.1％。当日全国集中处置医疗废物 3692.3 吨（另外又收集的 9.5 吨，处置计入次日），平均负荷率为 60.8％，涉疫情医疗废物得到全部及时转运处置。自 2020 年 1 月 20 日以来，全国累计处置医疗废物 25.2 万吨。

通过政府主管部门定期公布回收再利用救灾物资、废物处置的统计数据，接受民众的监督，政府公信力可以提高。如果政府主管部门以及接受和使用救援物资的企事业单位、社会团体不能做到有关救援物资信息的公开透明，很可能会引起社会各界的质疑，会影响救灾物资的后续供应。

（三）建立健全逆向应急物流标准和规范

逆向应急物流的实施离不开全面的、通用的逆向应急物流的法律规章制度以及科学的、系统的逆向应急物流标准。民政部已经在2008年出台了《救灾物资回收管理暂行办法》，军队、地方可按照《救灾物资回收管理暂行办法》共同制定具体的回流应急物资的工作规范和标准，涉及收集、评估、检测、分类、回流配送、维修、报废、再利用等环节。由于回流应急物资的品类多、处理方式差别大，因此需要全面细化回收鉴定应急物资的作业标准，制定科学的回流应急物资分类与处理标准。对已有的逆向应急物流规章制度需加快补充完善，对在逆向应急物流中未涉及的和新出现的回流应急物资，应尽快建立相关的分类处理标准，推进逆向物流标准化制度的建设。

三、完善应急物资逆向物流监督及奖惩机制

应急物资逆向物流立法中应发挥政府等公共机构的带头示范作用，实施绿色采购目标管理，扩大再生产品和原料应用，率先建立规范、通畅、高效的回收体系，遴选一批生产者责任延伸制度实施效果较好的项目进行示范推广。政府主管部门应加强生产者责任延伸方面的舆论宣传，普及绿色循环发展理念，引导社会公众自觉规范交投废物，积极开展固体废物的收集、分类、再利用、再制造，提高生态文明意识。

（一）完善应急物资逆向物流监督机制

目前法律中并没有关于应急物资逆向物流监督机制的规定，建议

在信息强制披露的基础上，明确对应急物资逆向物流进行监督的主体、流程，通过主管部门、媒体、用户的监督，可以增强公信力。如2020年2月武汉市红十字会由于在救援物资调配和使用中缺乏透明度、效率低下，引起了社会公众、医院和患者的不满。最后引入了第三方物流企业进行调配，运用科学合理的物流配送系统大大提高了配送的准确率。在救援物资退货或者回收系统中可以引入第三方物流企业提供专业配送服务，并且定期公开救援物资逆向物流信息，接受来自社会各界的监督，不断提高物流效率、提高固废物处置率。

（二）引入信用联合惩戒机制

立法中应明确由环保主管部门负责收集应急救援中个能遵守《中华人民共和国环境保护法》《固废法》的企业和个人的负面信息，并定期报送到全国信用信息共享平台，对严重失信企业实施跨部门联合惩戒。立法中应推出骨干生产企业履行生产者责任延伸情况的报告和公示制度，并率先在部分企业开展试点，建立生产者责任延伸的第三方信用认证评价制度，引入第三方机构对企业履责情况进行评价核证，定期发布生产者责任延伸制度实施情况报告。

政府主管部门应加大对救援物资逆向物流中违法行为的惩处，综合运用经济、法律、技术手段开展对违法者的联合惩处，加大奖惩力度，严格行政执法。

（三）加大政府支持力度

国家应鼓励和支持社会力量参与固体废物污染环境防治工作，并按照国家有关规定给予政策扶持。国家发展绿色金融，鼓励金融机构加大对固体废物污染环境防治项目的信贷投放。从事固体废物综合利用等固体废物污染环境防治工作的企事业单位，依照法律、行政法规的规定，享受税收优惠。政府也应该建立突发环境事件保险机制，由巨灾保险、救援人员意外险、环境责任公众险几部分构成。由于突发事件往往是自然灾害、事故灾难、公共卫生事件和社会安全事件，属于保险合同的除外责任，可以通过保险公司的险种扩展来解决。对于从事收集、储存、运输、利用、处置危险废物的单位，应当按照国家有关规定，强制其投保环境污染责任保险。

保险公司可以进行金融创新，推出针对突发事件的巨灾保险或者公众责任险，即将损害赔偿责任分摊到成千上万的投保人，极大地降低了政府和污染企业的经济负担，有利于企业投入更多资金用于突发环境事件的防治，有利于社会的和谐稳定。

第十章　各国应急物资
逆向物流发展

第一节　国内外研究现状

目前国内外关于应急物资逆向物流的研究还不多，大部分学者将这一内容融合在应急管理、应急物流中进行研究。

游志斌等人（2011）围绕应急反应活动，总结了美国应急管理体系的特点及启示。赵丽梅（2015）选取1992—2008年这一时期美国国家安全视野中的突发公共卫生事件对策研究作为研究题目，并研究了相关案例，进一步探讨相关的国际关系理论的发展。郑静晨（2014）总结了美国应急医疗救援的国家反应框架以及协调部门、支持部门在国家反应框架中的职责，系统梳理了美国国家灾难医疗救援系统的组织结构、核心功能、核心要素及其运行机制。胡倩（2019）整理了近年来美国应急管理领域的组织间网络相关研究，重点评析社会网络分析在应急管理研究中的应用；介绍了美国应急管理中的多层级、跨部门组织间网络，并着重分析应急管理组织网络四个方面的问题。吴大明等人（2019）将美国应急管理法律体系分为专门、相关和其他应急管理法律三类。通过归类，采用归纳分析的方法，从美国联邦政府层面和州政府层面两个角度出发，分别对各层面的应急管理法律作了分析总结。吉荣荣等人（2013）对美国公共卫生医学应急物资研发储备的战略部署、组织管理、经费投入、未来目标四个方面进行了系统分析，以期为我国公共卫生应急准备提供有益参考。吴晓涛（2014）基于美国政府最新出台的与应急准备相关的法律法规、指南、标准等，深入剖析美国突发事件应急准备理念的三个核心元素（概念内涵、愿景目标和能力体系）发展动态，提出对我国加快推进国家应急准备工作的建议。俞祖成（2020）以政策文本分析为研究方法，考察和剖析日本地方政府公共卫生危机应急管理机制及其经验，以期推动相关研究并提供实务参考。姚国章（2007）介绍了日本的应急组织体系、灾害救援体系以及应急教育、社会应急宣传和动员，总结了日本应急管理体系对我国的借鉴意义。黄杨森等人（2020）对美国、日本、俄罗斯、英国为代表的发达国家的应急管理模式进行梳理总结，并为我国应急管理体系提出相关建议。陈成文等人（2010）探讨了美国、加拿大、澳大利亚、日本、俄罗斯五国应急管理问题，分析了五国应急管理体制，并针对五国的应急管理体制，对我国的应急管理提出建议。刘助仁（2010）从国际的视野审视各国的灾害应急管理，总结世界各国特别是发达国家灾害应急管理体系的建设经验，对中国灾害应急管理体系的构建和完善，提出建议。黎昕等人（2010）分析比较美国、日本、俄罗斯三个国家突发事件应急管理的特点和差异，探讨其对构建我国突发事件应急管理体系的有益启示。姚国章（2006）对美国、加拿大、澳大利亚、日本和俄罗斯等典型国家的应急管理体系作了概括性分析，借鉴典型国家的先进经验，结合中国的实际，提出了促进中国应急管理体系建设和应急管理能力提升的策略与措施。谭小群等人（2011）结合我国跨区域应急管理框架不尽统一的局面，建议从区域管理、法律约束、跨区域应急预案、应急信息网络、应急管理人员队伍建设及跨区域应急物流中心网络建设 6 个方面初步构建跨区域应急管理的主要框架，为我国地方政府跨区域应急体系的建设提供有益的借鉴。

综上所述，无论是从实践层面还是从理论层面，都说明了对应急物资逆向物流的发展和研究还存在很多空白。国外对于应急管理或应急物流的相关研究比国内要早，了解这些国家的相关措施，对于发展我国的应急物资逆向物流具有重要的参考作用，也可以避免很多弯路。

第二节　美国应急物资逆向物流发展现状

美国目前没有单独的应急物资逆向物流管理机制或组织机制，应急物资逆向物流的运营主要依存于传统的应急管理机制。

一、美国应急物资逆向物流管理组织机制

（一）突发公共卫生事件下的美国应急管理发展历史沿革

正如 2020 年的新冠疫情一样，突发公共卫生事件强调的是一种紧急状态，即一种特别的、迫在眉睫的危机或危险局势，对群体健康和社会的正常生活构成了威胁。美国的应急物资逆向物流管理往往融入应急管理体制当中。近些年随着美国产业的空心化，工业生产能力不足，导致其更加注重应急物资逆向物流的作用，用应急物资逆向物流回收消毒后可再次利用的物资来弥补产能的不足。

就突发公共卫生事件下美国应急管理的发展而言，其内容越来越完善。2000 年美国国会通过的《公共卫生威胁与紧急状态法》认为，突发公共卫生事件既包括由疾病或动乱引发的突发公共卫生事件也包

括由重大传染病疫情或生物恐怖分子攻击引发的突发公共卫生事件。美国医疗灾难系统联邦合作伙伴备忘录将突发公共卫生事件界定为"为应对自然灾害、重大传染病暴发、生物恐怖袭击引发的重大或灾难性危机而提供医药、医疗援助的事件"。按照美国《州卫生应急授权法示范文本》的解释，突发公共卫生事件，一方面是指任何由生物恐怖、传染性疾病的病原或其生物霉素、自然灾害、化学攻击或泄漏、核攻击或泄漏等引起的疾病或健康威胁；另一方面是指任何引起受害人群大量死亡、引起受害人群长期或严重残疾、引起受害人群广泛暴露于将会对未来健康造成明显伤害的传染病原或有毒因素。以下是对于从罗斯福政府至今应对突发公共卫生事件政策的发展变革的梳理。

1929—1933 年，严重的经济危机使美国的公共卫生状况逐渐恶化，各类突发公共卫生事件对国家安全的影响日益突出，同时日渐迫近的战争使突发公共卫生事件与军队和国防之间的联系日益紧密，罗斯福创造性地将传统意义上的国家安全扩展到社会保障、经济安全、公共卫生和地缘政治等领域，从而催生了联邦保障局。它的建立标志着联邦政府在对资本主义自由市场宏观调控力度加强的同时，对个人生活和社会生活干预的力度也在加强，公共卫生和社会保障事务由私人和社会领域开始向政府身上转移。艾森豪威尔总统组建卫生、教育与福利部之后，美国联邦政府开始致力于预防、控制与根除长期以来对公共卫生安全影响较大的、由传染病引发的重大突发公共卫生事件，其中根除美国的脊髓灰质炎成为其中最典型的案例。

直到 1976 年《国家紧急状态法》的出台和 1978 年联邦紧急事务管理局的组建，结束了 1933 年以来每当应对突发事件时，美国总统

"任意"宣布国家紧急状态的混乱状态，但联邦政府缺乏专业的突发事件管理机构，应急管理机构管理效率低下、突发事件响应机制不健全的问题在里根执政时期凸显出来。在里根任期内，联邦紧急事务管理局对自然灾害引发的突发事件应急管理不力和过于热衷于所谓"国家安全"的做法，引起了联邦紧急事务管理局的官员及国会立法机构的强烈不满。而 G. 布什政府绕过联邦紧急事务管理局，实施突发事件行动的做法也带来了严重的后果。

1992—2000 年，克林顿政府时期应对突发公共卫生事件的政策首先从《联邦应对预案》与联邦紧急事务管理局作用的加强、麻疹的暴发与《儿童免疫计划》对美国公共卫生安全政策的影响、疯牛病和口蹄疫的暴发与《2001 年动物疫病风险评估、预防和控制法》对美国国家安全政策的影响三个方向阐释了克林顿政府应对突发公共卫生事件的新特点；从《面向新世纪的国家安全战略》报告与应对生物恐怖主义政策的重新评估、《公共卫生威胁与紧急状态法》与应对生物恐怖主义袭击的准备两个层面论述了克林顿政府应对潜在生物恐怖主义袭击引发的突发公共卫生事件的新政策。联邦紧急事务管理局在克林顿政府获得了"凤凰涅槃般"的重生，在积累了诸多突发事件应急管理经验的基础上，分别在 1992 年和 1999 年制定了两个版本的《联邦应对预案》，尤其是 1999 年版《联邦应对预案》专门设置了突发事件支持功能，即卫生与医疗服务功能，第一次将突发公共卫生事件与其他类型的突发事件区别开来，实现了突发公共卫生事件应急管理的专业化。此外，还特别针对恐怖主义引发的突发事件出台了一系列切实可行的应对政策。上述两项富有前瞻性的新举措，对未来美国突发公共卫生事件应对政策的制定和实施产生了巨大而深远的影响。克林顿政府的国家安全战略报告及 2000 年颁布的《公共卫生威胁与紧急状态法》建立了一个以卫生与公共服务部，特别是疾病控制与预防中轴为支点的联邦领导体制，体现了"9·11"恐怖袭击事件以前，美国政府防范生物恐怖主义和其他类型突发公共卫生事件政策的新高度，是美国突发公共卫生事件应对政策史上具有里程碑意义的一部法律。

"9·11"恐怖袭击事件后，美国建立了一套五级国家威胁预警系统，用红橙黄蓝绿五种颜色分别代表从高到低的五种危险程度，对危险程度不同的突发公共事件实行分级预警管理。同时，为防御敌对国家和恐怖组织蓄意使用化学、生物、放射和大规模杀伤性武器，美国重点加强了战略防御准备。布什总统发布《国土安全第 8 号总统令》，特别强调国家应急准备。加快研发、生产并储备安全、有效、充足的疫苗、药物、诊断剂和治疗剂等医学应急物资用于防御、减缓和治疗大规模杀伤性武器以及突发新发传染病造成的公共卫生危害，成为美国国家安全战略的重要内容。

从上文可以看出美国以往对于公共卫生预警的重视局限在国家安全与恐怖事件方面，这些事件的发生往往是离散的、零星的；对全面暴发的 2020 年新冠疫情应对不足。相较于以前事件波及度有限的特点，新冠疫情的传播面广、传染性强、持续性久，美国对此类事件的应急物资逆向物流没有提高到一个新高度。在 2020 年新冠疫情的发生之初，除了产能不足，也没有充分考虑到对相关应急物资的合理回收和再次利用。

（二）美国应急管理体系特点

美国国家应急医疗救援体系是以《国家应急反应框架》为基本指

南，以国家灾难医疗系统（NDMS）为运行主体，以国家健康和人类服务部（DHHS）、联邦紧急事务管理署（FEMA）、国防部（DoD）和退伍军人事务部（VA）四大联邦机构为协调和参与机构的庞大应急体系。其中，NDMS 自 1984 年成立以来，历经数次调整和改革，其管理和运行体制日渐成熟，在应对自然灾害、恐怖袭击、战争等重大事故灾难中发挥了重大的作用，担负起了美国全国范围内卫生应急和物资救援的重任，成为美国国家应急体系中最具活力、最具示范意义的一部分。

实现医疗救援的国家级应急物流有两种触发模式。一种是公共卫生服务法案规定的由国家健康和人类服务部（DHHS）部长直接触发的模式，另一种是 Stafford 法案规定的由美国总统宣布国家级灾害的间接触发模式，两种模式均可独立触发，没有直接联系。直接触发模式中，国家健康和人类服务部（DHHS）部长根据应急医疗事件事态发展，在咨询委员会的协助下，直接宣告启动应急救援预案，通过准备和应急反应部长助理办公室（SPR）统一调度、指挥应急医疗救援所需的资源。间接触发模式中，事发地区所辖州州长通过事态评估，如果认为救援任务已经超出州政府的能力，就向总统直接报告，由总统宣布启动国家级应急救援预案，并由联邦紧急事务管理署（FE-MA）总体协调，根据《国家应急反应框架》第 8 模块的各项任务，由国家健康和人类服务部（DHHS）牵头实施救援，并接受联邦紧急事务管理署（FEMA）的总体调度和指挥。

（三）美国应急物流组织机制

在卫生和医疗灾害发生时，《国家应急反应框架》要求州政府和各级地方政府提供应急物流，包括为突发事件受害人和应急反应人员的精神健康、行为健康等提供物流支持，以及满足流行性传染病和各类灾害准备法以及《国家应急反应框架》中提及的其他所有医疗物资需求。

根据《国家应急反应框架》的要求，第 8 模块由国家健康和人类服务部协调负责，由国土安全部、国防部、退伍军人事务部以及美国红十字会等其他组织提供协助和支持，这些组织的具体职责如下。

（1）国家健康和人类服务部（DHHS）。应急物资物流主要由 DHHS 下属的应急管理办公室（OEM）负责综合协调。OEM 由包括国家灾难医疗系统（NDMS）在内的十个机构组成（见图 10 - 1），其主要职能是：制订和准备应急管理计划、培训公众应急反应能力、分析发布应急信息，确保部门、联邦和公众在国内外公共健康和应急医疗事件中快速反应、高效应对并尽快恢复。作为整个应急医疗救援事件的管理联络中心，OEM 一方面整合了 DHHS 内部的救援资源，如美

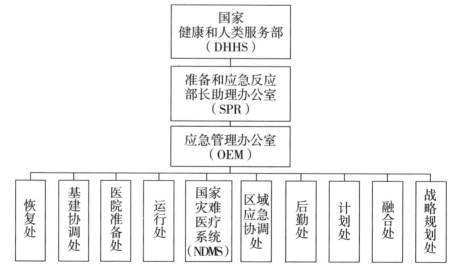

图 10 - 1　应急管理办公室（OEM）的组织结构

国疾控中心（CDC）、食品和药物管理局（FDA）、健康资源与服务管理局（HRSA）等，另一方面是其他相关联邦机构（如 VA、DoD 等）的协调中心。

（2）国土安全部。主要为应急物流提供信息、运输等方面的支持，如通过国土安全网了解情势进展，提供信息技术支持；利用全球定位系统跟踪救援物资到达地点，提供可视化跟踪信息；通过移动设备如微型和射频/无线电通信技术，提供各种通信支援；通过美国海岸警卫队提供紧急空运等运输支持。

（3）国防部。围绕应急物流，在国家公共卫生与医疗应急事务中主要有四大职能：其一，通过陆海空三军协调中心发布支援、专门报警及各医院接收病人信息；其二，通过现有的运输资源协助有医疗需求人群撤离，并转运至相关医院；其三，提供现场救治和动员部署现有军队医院提供医疗救助，做好病人接收、跟踪和管理，开展公共卫生工作；其四，通过美国陆军工程兵部队提供物资和技术等其他援助，如医疗设备、药品和后勤等物资支持，危机评估和管理等技术支持，公共事业设施修复以及尸体管理等方面援助。

（4）退伍军人事务部。主要通过其所属的美国退伍军人医疗系统为应急医疗救援提供应急物流方面的支持，包括：协调参与国家灾难医疗系统（NDMS）的所有医院，提供各医院医疗救治和管理的技术咨询；部署有资格的所属医院提供卫生护理和伤病医疗服务；提供死亡管理服务。

（5）美国红十字会。作为独立的非政府组织，在应急管理中主要提供相关物流协助服务，包括：向现场轻微伤病员及受灾人提供急救、心理安抚、护理、卫生等必要的物资服务；辅助医疗机构救助伤员；向临时救济院、医院、陈尸所、疗养院等机构提供行政支撑、后勤支援；与美国血液银行协会协调提供血液产品和服务；与政府机构协调，通过"安全与健康"网站支援离散家庭重聚；向关心动物的人推荐美国兽医医疗协会协助动物救治护理。

二、美国应急物资逆向物流管理对策及启示

我国逆向物流体系在应对 SARS、汶川地震、玉树地震等突发事件时发挥了重要作用，但总体来说逆向物流体系建设刚刚起步，管理和运行机制均不完善，特别是针对我国人多地广的特殊国情，合理规划国家应急物资回收网络与应急物资转运体系的布局，关系到应急物资逆向物流的未来发展，提升应急逆向物流管理能力显得十分紧迫。研究美国国家应急物流体系的建设现状和运行机制可以为我国建设国家级应急逆向物流体系提供宝贵的经验借鉴。

（一）法律基石

美国为国家应急物流管理体系的建设出台了一系列的法律，并且通过不断修正和完善，使应急医疗物流体系的组织领导、实施体系进一步明确，也使各参与方的权责进一步明确。DHHS 作为美国公共卫生和应急医疗救援的领导机构，其领导地位并不是与生俱来的，而是通过 1944 年《公共卫生服务法案》，1950 年、1974 年《灾难救济法》，1988 年《斯塔福德法案》，以及 2006 年《流行病及灾害预防法案》、2013 年《大流行与全风险防范再授权法案》等一系列法案逐步明确下来的。特别是 2000 年以来，国家灾难医疗系统（NDMS）的管辖权两次变更，需要建立成熟完善的法律体系来规定和明确 NDMS 的

领导者和参与者。由此可见，法律是 NDMS 系统不断完善的基础。类似地，应急物资逆向物流体系的建设是受完善的法律体系引导的，法律制度能够使应急物资的全过程处置有法可依，也要求回收处置过程有法必依。

（二）协调机制

国家灾难医疗系统（NDMS）的运作成功与否，关键在于 DHHS、FEMA、DoD、VA 四家联邦机构之间的关系处理以及协同效果。首先是国家灾难医疗系统（NDMS）和联邦紧急事务管理署（FEMA）的关系处理上，FEMA 作为国家应急体系的管理机构，对 NDMS 并不起直接领导作用，而是将 NDMS 转交给拥有更多相关资源的国家健康和人类服务部（DHHS）来管理，NDMS 仅是在《国家应急反应框架》第 8 功能模块激发时，受 FEMA 委托开展应急医疗救援行动；其次是国家健康和人类服务部（DHHS）、国防部（DoD）和退伍军人事务部（VA）三家参与机构之间的协同机制，NDMS 结合了三家机构下辖的优势救援资源，分别是 DHHS 的救援队伍、DoD 的空中医疗后送队伍、DoD 和 VA 的联邦协调中心和医院系统，这些优势资源连接起来共同构成了国家应急医疗救援的整个过程。NDMS 的救援效率体现在各机构参与救援的各个分过程并没有任务的大量重叠，仅有任务的相互衔接，使得各机构在救援过程中能够各司其职，将多头领导、任务重叠造成的效率低下降到最低。由此可见，我国应急物资逆向物流体系的建设同样需要多部门协调推进，因此，未来应呈现主要部门牵头、相关部门协调，奏出共同推进的和谐之音。

（三）保障系统

NDMS 系统中涉及庞大的雇员队伍，美国联邦及州政府为这些雇员提供了良好的培训机会以及优厚的福利待遇。国家灾害医学救助队伍虽然是以地方资助为主的志愿队伍，但是他们需要经过严格的认证、持证上岗，并且需要接受州政府及地方政府开展的常规培训和演练。在开展应急救援期间，国家灾害医学救助队伍直接自动转化为联邦公职人员，在保留原职的同时，队伍成员还能享受到联邦津贴以及各种福利待遇。这些措施既保障了美国应急医疗救援队伍的专业性，同时也降低了救援队伍的流动性，使得第一时间聚集大量救援力量成为可能。

此外，还包括物资保障、资金保障、社会心理保障、职业安全保障等。物资保障方面主要以 CDC 管理的全国药品储备为核心，12 个专用药品存放场遍布于美国各地，每个存放场内至少有 84 种药品，如抗生素、神经毒气解毒剂等，美国国内任何地方如果发生公共卫生突发事件，12 小时内就可以获得这些药品。资金保障方面主要有医疗保险和国家拨款。社会心理保障方面主要是在国家资助下，由国家精神卫生研究所进行大规模灾难性事件引起的精神病预防和治疗的研究。应急反应者职业安全保障方面主要是由国家职业安全和健康研究所提供关键性职业安全建议。

在保障系统方面，对于我国发展应急物资逆向物流的要求可以总结为以下三点。第一，对于应急物资的保障，要求各目标地区按需发放应急物资，一旦出现闲置冗余情况，需要在第一时间就将物资转运到相关地区；第二，对于资金的保障，要求医疗保险与国家拨款的工作到位，保障应急逆向物流建设可持续化；第三，对于相关工作人员的保障，要求在职业安全与职业素养等方面达标。

（四）应急准备

美国国家应急准备已成为应急管理全过程的工作，不再是应急管理的一个阶段。这个理念的变化十分关键，它决定美国国家应急管理工作的战略定位，影响应急准备工作的具体设计与部署。目前，我国仍然将"应急准备"作为应急管理的一个环节，而不是贯穿于应急管理整个流程之中。所以，我国政府要高度重视国家应急准备工作，将应急准备工作提升到国家安全的战略高度，强化顶层设计，从国家整体层面研判我国应急准备面临的基本态势，提出我国应急准备战略框架，明确指出我国国家应急准备的战略目标、战略重点和战略步骤。此外，还要正确认识应急预案的地位和作用。应急预案只是事先设想的一个可能的行动计划，其主要内容还是关于组织、职责、程序、资源等方面的原则性规定。实际发生的事件不可能按照设想的情形发生，因此，预案中的各项应对措施应当具有较强的灵活性。预案编制的过程、确定的原则、构建的应急组织框架、配置的应急资源、梳理的响应程序、汇总的联系方式，以及预案编制、培训和演练中熟悉的人员和装备等才是最有价值的。美国在各种实际事件的应急响应过程中，都要求根据实际情况将预案转变为现场应急行动方案（IAP），并不是直接用应急预案来指导或指挥应急响应行动。

应急预案与应急准备对于我国应急物资逆向物流的建设同样至关重要，有备方能无患，未来我国应当重点规范预案编制、预案构建、人员培训、基础设施等多方面，加强对于应急逆向物流的前期准备工作。

第三节　日本应急物资逆向物流发展现状

一、日本应急物资逆向物流管理组织机制

（一）公共卫生事件下的日本应急物流管理发展历史沿革

日本是一个自然灾害频发的岛国，因此在其应急管理体制机制的构架中，防灾减灾对策一直处于最重要的位置。换句话说，日本应急管理体制机制的构建主要是围绕应对自然灾害风险而展开的，历史上发生的三次重大自然灾害事件成为日本完善综合性应急管理机制的重要契机。

第一次是1959年日本中部地区遭到"伊势湾台风"袭击，当时由于灾害预防和灾后救助的无序，造成5000多人遇难。1961年日本政府制定《灾害对策基本法》，首次以立法的形式规范了应急管理多元主体的责任义务、组织机构、应急对策、灾后重建等内容，使日本应急管理体制建设走上法制化轨道。

第二次是1995年日本发生里氏7.3级的阪神大地震，政府应急管理由于初期应对反应迟缓而饱受民众和媒体的诟病和质疑。灾后，日本一方面相继制定了《地震防灾对策特别措施法》《建筑物抗震改修促进法》以及《受灾者生活再建支援法》等法律，另一方面重点强化政府初期应对能力，增设内阁危机应急管理总监、危机管理专门小组、24小时值班的内阁情报汇集中心、官邸危机应急管理中心等机构，开通中央防灾无线网、直升机影像传输、地震灾害早期评价等

系统，以尽早掌握灾害信息。一系列的机制化改革有效提升了日本的危机应急管理能力。

第三次是 2011 年 3 月在日本东北部地区发生里氏 9 级巨大地震并引发海啸、核泄漏等次生灾害。面对这次出乎意料的复合型灾害，日本政府以"什么是日本最佳的危机应急管理体制"为视角，对危机应急管理组织形式以及防灾理念等进行深入探讨。2015 年 3 月内阁府完成《关于政府防灾、安全保障危机管理体制现状调查报告》，就建立统一的国家危机应急管理响应机制、设计能够最大限度地发挥中央与地方政府作用的制度、完善紧急灾害对策本部与核灾害对策本部的整合等提出了建议。此后，由于日本应急管理观念的转变，促使人们树立起居安思危、防患于未然的意识。

日本在应对各类危机的过程中，强调初期快速响应，其特点是程序启动迅速、成员分工明确、步骤衔接紧密。

（二）日本应急物资逆向物流管理机制特点

日本突发公共卫生事件应急物资逆向物流管理机制是在国家危机管理体系的基础上建立的，由厚生劳动省、派驻地区分局、检疫所、国立大学医学院和附属医院、国立医院、国立疗养院、国立研究所等构成。

1. 有法可依、有法必依的法制框架

日本在应对危机的过程中，不仅能够有法可依，而且做到有法必依。以 1961 年制定的《灾害对策基本法》为例，截至 2019 年，日本政府对该法总共进行了 50 多次修订。近年来，日本政府针对 2011 年日本大地震暴露出的问题，加快了修订《灾害对策基本法》的步伐，具体为 2012 年和 2013 年各修订了三次、2014 年两次、2015 年一次、

2016 年两次、2018 年一次。2020 年 1 月 30 日，日本政府成立了"新型冠状病毒感染症对策本部"，在每次 10～15 分钟的会议上，几乎都有议论相关法律法规的适用、调整和实施等内容，以最大限度地确保危机应对始终在法制的框架内运行。在日本，应急逆向物流管理隶属于应急管理的范畴，因此，应急逆向物流管理机制的法律框架是一致的。

2. 寓教于乐、普及防灾的文化框架

日本政府部门及社会团体通过各种形式的应急科普宣教工作，如组织综合防灾演练、应急物资循环利用方法、图片宣传、媒体宣传、模拟体验以及免费发放应急宣传手册、应急物资循环利用手册等，向公众宣传防灾避灾知识，增强公众的危机意识。同时将防灾教育列入国民中小学生教育课程，每学期都进行防灾演习，掌握基本的自救、互救技能。此外，日本在防灾减灾教育方面也注重将趣味性和知识性相结合，让人们在轻松愉快的氛围里体验防灾文化。例如，从 1995 年起，日本汉字能力鉴定协会每年都会向全国征集一个表现该年度所发生重大事件的代表性汉字，在至今评选出的 24 个汉字中，与公共危机事件相关的有八个，其中"灾"字入选过两次。

3. 通信技术、人工智能的信息化框架

日本的应急信息化建设从完善基础设施建设入手，充分应用各种先进的信息通信技术，构筑起了高效、严密、适合实际国情的应急信息化体系。主要包括两部分：一是覆盖全国、功能完善、技术先进的防灾通信网络，加快了应急物资逆向物流的信息传递；二是由中央防灾无线网、消防防灾无线网以及防灾相互通信网所组成的专用无线通信网。另外，移动通信技术、无线射频识别技术、临时无线基站、网络技术等现代通信技术以及救助机器人也广泛应用于危机事件管理中，加强了应急物资逆向物流的反应能力。

4. 应急保障、物资保障的系统框架

日本的应急保障体系主要包括人员储备、资金保障及物资保障等。人员储备方面，主要是建立了专职和兼职相结合的应急队伍，兼职队伍由公民自愿参加，接受专业培训，持有专业机构发放的应急救援资质证，是本地区防灾和互助的骨干力量。资金保障方面，一是通过立法明确规定了国民在应急救治中负担的比例，二是各都区市町村政府每年均按照以本年度前3年的地方普通税收额的平均值的千分之五作为灾害救助基金进行累积。物资保障方面，建立了应急物资储备和定期轮换制度，并大力开发防震抗灾用品，日本家庭基本上都储备有防灾应急用品和自救用具。

二、日本应急物资逆向物流管理对策及启示

（一）强化应急管理机构综合协调职能

强化应急管理机构综合协调职能是实现资源整合、提高应急处置效能的关键。虽然日本应急管理组织形式不同，但从日本中央层级的应急管理机构组建历程来看，都有由分到合、由弱到强、由虚到实的共同特点。历经几十年的应急管理工作实践，日本政府明确了主管部门的中枢地位，强化了应急机构综合协调职能，形成了以强有力的机构为核心、相关部门按照职责协同配合的运行机制，并建立了专设、专职、专任、专管的应急物资逆向物流统一组织管理模式。目前，我

国按突发公共卫生事件类型分别由不同行业或专业部门负责相应的应急管理工作，在各级政府办公厅室设立应急管理工作机构，发挥运转枢纽的作用。为加强各部门的协同应对能力、提高应急管理工作水平，建议进一步加强各级政府应急管理机构建设，强化其综合、协调职能，确保其作为运转中枢的权威性。有利于其在常态下整合各类应急资源、夯实工作基础；在非常态下协调各方面力量，实现快速反应、提高应急处置的效能。

（二）注重法律法规的制定、修订与执行

日本在应对突发公共卫生事件方面，坚持立法先行的理念，建立了完善的应急物资逆向物流管理法律体系。其中，《灾害对策基本法》是日本防灾领域的根本大法，对防灾组织体系及其责任、防灾规划、灾害预防、灾害应急对策、灾后修复、废弃物资处置、财政金融处置措施等事项作了明确规定，有效地提高了日本整体应急管理的能力和水平。因此，为了应对各种可能发生的危机事件，需要提供根本保障。法律是治国之重器，良法是善治之前提。日本政府在危机应急管理机制的建设中，注重依法规范政府及相关职能部门在应对危机事件中的权利、义务和行为。这种立法先行的做法，一方面能够增强危机管理的有序性和有效性，确立应急管理体制与机制启动实施的合法性，并对政府实施危机管理的过程进行严密的法律约束与监督；另一方面依靠法律可以调整危机情境下的各种社会关系，以防止因突发事件导致国家和社会秩序的失控。

（三）善于总结反思，把应对灾害过程中的经验教训变为社会的宝贵财富

首先，倡导"防灾主流化理念"，强调在制订发展计划和进行公共投资时评估潜在自然灾害可能造成的风险，并将政府应对自然灾害的能力作为衡量执政能力的重要标准。阪神大地震后，日本从强调防灾对策的实效性角度提出了"自助、共助、协动"三大减灾理念，强化民众灾后靠自身力量组织自救互救的意识和能力。其次，灾后报告细致、具体、管用。如 2016 年熊本地震后，日本政府在深刻总结教训的基础上提出《2016 年熊本地震初期响应检验报告》，就成立有关"灾民生活支援队"、相关省厅如何迅速派遣官员指导抗灾以及建立实施嵌入性物资支援的"紧急物资供应队"等提出建议。这些措施在日本近年来应对灾害中发挥了明显作用。又如 2018 年 7 月日本多地发生暴雨灾害，政府成立了以杉田和博内阁官房副长官为召集人的"暴雨初期响应检验团队"，在受灾地区开展各种志愿活动。灾后 79 名队员都提交了总结报告，内容包括避难场所及物资回收处置情况、瓦砾砂石清理、供水修复、确保居民居住安全、自治体支援五个重点，同时提出发现的问题和改进方案。

（四）积极参与国际防灾合作，在防灾领域发挥引领作用

日本政府积极开展国际防灾减灾合作，为提升其国家软实力和影响力、增强话语权、参与全球治理和赢得更多的国家权益争取了有利条件。一是承办联合国世界减灾大会；二是吸引国际防灾机构落户日本；三是积极参与有关公共危机下应急物资处置方面的国际

标准制定工作。

综上，以下四个方面是值得我国应急物资逆向物流管理借鉴的。第一，要建立以废弃物资回收处置为核心的应急物资逆向物流管理法律体系；第二，要注重对于应急物资可循环方法的科普宣教工作；第三，要善于总结反思，减少因应急物资处置不当所造成的资源浪费与环境污染；第四，要积极参与国际合作，向世界发出中国声音。

第四节　欧洲应急物资逆向物流发展现状

一、德国应急物资逆向物流管理组织机制

（一）德国应急物资逆向物流管理的组织

德国拥有一套较为完备的灾害预防及控制体系和机制。其应急管理体系，是由多个担负不同任务的机构共同组成与协作。德国各州的内政部门负责抢险救灾工作以及救援物资清理回收工作，而最高协调部门是公民保护与灾害救治办公室，隶属于联邦内政部。在发生水灾、火灾以及疫情等自然灾害时，各部门各司其职、依法办事，最大限度地减少灾害损失以及对环境的影响、资源的浪费。联邦政府主要是在战时发挥作用，平时的自然灾害应急管理工作是由各州政府负责的，即德国实行的是以政府灾害应急管理为基础的区域模式。

（二）德国应急物资逆向物流管理的人力资源保障

当发生自然灾害时，首先由各州的消防队员和警察参加抢险救灾工作。各州抢救能力不足时，则向国家内政部门提出申请，经总统批准后调动联邦国防军参加抢险救灾工作。在德国的应急物资逆向物流管理体系中，民间组织发挥了巨大的作用，这也是德国应急物资逆向物流管理体系中的一大特点，即政府机构与民间慈善组织相结合的一种模式。

德国应急物资逆向物流的发展，离不开完善的民间组织的支持。首先，德国较早建立了一支民防专业队伍。这支队伍中除了有6万多人专门从事民防工作，还有约150万名消防救护、医疗救援以及技术救援志愿人员。这支庞大的队伍均接受过一定的专业技术训练，并按照地区组成抢救队、消防队、卫生队、维修队、空中救护队。其次，德国技术救援网络等专业机构可以为救灾物资的运送、供应和回收等方面提供专业知识和先进技术装备的帮助，并在救灾物流中发挥重要的作用。另外，德国有一家非营利性的国际人道主义组织——德国健康促进会，长期支持该国的健康计划并对紧急需求做出立即反应，在救灾物流管理中发挥着极其重要的作用。据了解，该组织每年通过水路、公路、航空向世界80多个国家和地区配送300多万千克的供给品，并利用计算机捐赠管理系统，保持产品的快速移动与逆向物流回收。一旦确定需求，供给品通常会在30~60天就迅速运送到需求点，避免了医药物品的库存。而一旦有灾难通知时，德国健康促进会就会立即启用网络通信资源，收集灾难的性质、范围等信息，并迅速组织救灾物品送往灾区或者进行相关应急物资的回收。

（三）德国应急物资逆向物流管理的技术保障

德国是一个应急物资逆向物流信息化水平极高的国家，政府部门通过物联网、云计算、GPS、RFID 等技术对运输的物资进行溯源管理，避免货物在途中丢失或者发生其他意外的情况并可以及时、有效地回收救援物资。德国健康促进会在灾害发生时，也会迅速启动网络资源收集灾害信息，然后利用计算机捐赠管理系统迅速组织救灾物品，将其配送到指定的地点，后续及时将物资回收处理。通过信息化的控制模式，物流系统可以在灾情发生的第一时间响应，调拨物资运达灾区，并在第一时间内将救援物资回收。

（四）德国应急物资逆向物流管理的法律保障

德国具有健全的法律制度。德国颁布了《民众保护法》《灾害救助法》等，各州也都有完备的关于民事保护和灾害救助的法律设置。总体而言，应急物资逆向物流管理的相关法律法规与应急管理的法律法规一致。

二、英国应急物资逆向物流管理组织机制

（一）英国应急物资逆向物流管理模式

英国内政部早在 1991 年就明确提出整合应急管理的指导思想，认为只有依靠跨领域、各层级组织机构彼此间的整合与协同，才能有力应对复杂多变的突发性事件。至今，英国应急物资逆向

物流管理和应急管理一样，也从"水平、垂直、理念、系统"四个方面入手，已然形成了"整合管理型"应急物资逆向物流管理体系和能力建设模式（见图10-2）。水平整合即在中央、地方的同层级组织部门内部进行横向整合，能够有效避免多头领导，形成统一管理。建立相应的应急物资逆向物流管理协调组织，这些组织往往隶属于应急管理部门或组织，如国民紧急事务委员会、国民紧急事务秘书处、地方应急管理讨论会，推动同级各组织部门达成一致。垂直整合，即在中央、地方等不同层级组织部门间协调组织划分与职能分配。比较有代表性的是"金、银、铜"三级应急处置机制。理念整

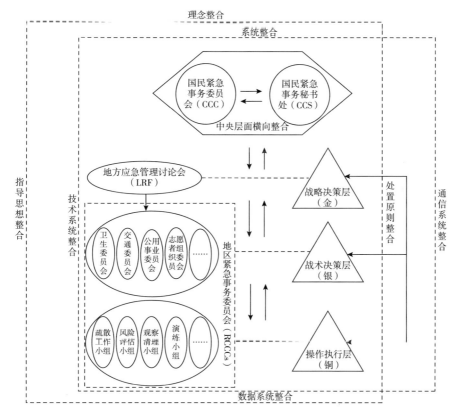

图 10-2 英国"整合管理型"应急物资逆向物流管理体系和能力建设模式

合，即通过立法、编制手册、培训等方式，确保各应急管理组织部门的指导思想、处置原则和处置方式保持一致。系统整合，即对应急物资逆向物流管理中的通信系统、数据系统、技术系统的整合与共享。

（二）英国应急物资逆向物流管理的人力资源保障

英国在强化政府部门间协调和协作的同时，还重视社会民间组织的应急救援作用和应急物资回收处置能力，通过民间组织灵活的应急响应措施和具备广泛专业支撑等有利特征，采取预防措施降低自然灾害易损性，按照各自的应急预案，一旦重大灾害发生，在联合国有关组织的协调下，各个救援组织避免重复工作，在灾害现场协调统一卫生、营养、健康、正向物流和逆向物流等方面的支撑，及时对救助进行总结并提出合理化建议，供受助政府和社会应对下次灾害时参考。英国强化基层社区的公共安全管理，善于动员和储备社会应急力量。

（1）改善社会公共服务和管理，化解公共安全隐患。英国中央和地方政府支持改善社区公共服务和安全管理，并建立了逆向物流评级制度，起到良好的导向作用。

（2）广泛普及应急知识。英国注重在日常生活中通过教育、培训和情景训练，增强公众的危机意识和自救互救能力。英国内政部向全国每户居民寄送《紧急事故指南》，帮助公众为紧急事故做好必要准备。全国各地每年都要举行多种紧急应变演习，并在宣传中告知民众如何保存和回收可再利用的应急物资。

（3）建立应急志愿者队伍。英国非政府组织和团体众多且由来已久，一部分机构还承担公共服务职能。政府把这些民间力量纳入应急管理体系，支持建立各类专业性、技能性的应急志愿者队伍，在很大程度上弥补了政府应急资源的不足，同时增强了民间组织的社会责任感。

（三）英国应急物资逆向物流常态化以及信息公开

做好各种突发事件的应急准备和响应以及突发事件的事后应急物资处置，包括对应急物资的需求与处置反馈已成为英国社会各界的常态事项，这与规范化的日常应急演练以及对媒体和公众在信息公开方面的规范化管理是分不开的。

媒体在促进应急防范和应急物资回收措施实施过程中也相当重要，在发生意外事件和灾难时，有关部门一般都会及时与媒体沟通，准确通报情况，避免谣言和猜测造成不必要的恐慌和过分渲染引起的社会不安与骚乱。同时，各有关部门还就可能发生的事件发出经常性忠告，增强人们的自我保护意识，及时回收和处置灾后的救援物资，避免对人的身体健康和环境造成很大的影响。

（四）英国应急物资逆向物流管理的技术保障

英国一直以来从政府、大学、非政府组织等各层面都非常重视减轻自然灾害，并从科技上创新应急救援物资回收处置的方法措施。如伦敦大学学院通过政府和联合国专门组织的资助，参与 2008 年汶川地震灾害现场的调查工作，基于高分辨率遥感图像开展灾害现场建筑物破坏的自动和人工识别，为快速应急决策部署，决定救灾力量分布、合理的救灾行动交通路线、物资发放地点和救灾物资回收地点，提供决策者能理解的高技术成果，通过正确的研究成果影响决策效果。同样，其在 2010 年的海地地震和巴基斯坦洪灾中也发挥了积极作用。

（五）英国应急物资逆向物流管理的法律保障

英国具有健全的法律法规，在应急物资逆向物流管理方面相关的法律法规主要内容和应急法律法规相同。自 1948 年颁布《民防法》以来，后续相继颁布了《民事紧急状态法》《国内紧急状态法案执行规章草案》《2006 年反恐法案》《中央政府应对紧急状态安排：操作框架（CONOPS)》等多部法律法规，规范英国中央政府及其部门的应急行为，明确了中央与地方政府战略层的具体权责界面。

三、俄罗斯应急物资逆向物流管理组织机制

（一）俄罗斯应急物资逆向物流管理体系

俄罗斯是世界上灾害发生较为频繁的国家之一。2005 年仅火灾就发生了 22 万多起，造成 1.8 万人死亡，消耗了大量的物资，同时因时间紧迫，大量救援物资使用后无法及时有效回收与处置，对环境造成了很大的影响。如何提升应急管理能力及应急物资逆向物流管理能力，是俄罗斯必须关注的问题。就俄罗斯目前的情况来看，其具有特色的决策系统以及其应急情况处理的主要部门——紧急情况部，在应对突发事件过程中起到了不可替代的作用，同时也为各应急管理体制有待改进的国家树立了非常宝贵的可以借鉴的榜样。

1. 由中枢指挥系统组成的决策系统

俄罗斯应急管理模式以总统和联邦安全会议为核心。总统具有应急管理的绝对领导权，可通过法律将外交部、国防部、内务部、紧急情况部、对外情报局、联邦安全局和联邦政府通信与情报署等强力部门直接置于自己的领导之下，这些部门的首长直接对总统负责；联邦安全会议是俄罗斯应急反应的常设机构，专门负责国家的安全事务，主席由总统担任，副主席由总理担任。在出现重大紧急状况时，负责统一政府对策，协调内务部、联邦安全局、国防部等部门，共同应对各种危机。俄罗斯联邦安全会议机构设置如图 10－3 所示，其中，应急物资逆向物流管理由紧急情况部管辖。

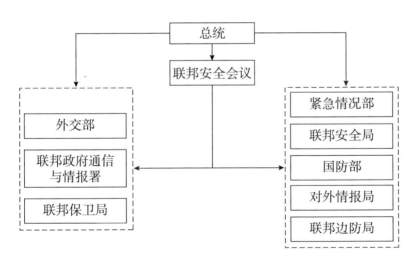

图 10－3　俄罗斯联邦安全会议机构设置

2. 由紧急情况部组成的执行系统

俄罗斯在 1994 年由叶利钦总统发布总统令，成立俄联邦民防、紧急情况与消除自然灾害后果部（以下简称"紧急情况部"），处置人为和自然因素造成的各种灾难。近年来，紧急情况部的规模和任务不断扩大和延伸，逐渐形成了具有鲜明特征的应急管理体系和能力建设模式（见图 10-4）。纵向贯通、垂直管理是俄罗斯应急管理体系的框架内核。俄罗斯在联邦管区、联邦主体、城市和基层村镇等各政府层级均建立起专门的应急管理组织机构。与此同时，为了强化紧急情况部的核心地位与权威领导，在俄联邦下设了六个"区域中心"，分别管理下属各联邦主体的紧急管理局。基于此，全国紧急情况预防和应对体系（USEPE）的建立能进一步覆盖各个行政区划单位，促进全俄形成组织、地方、地区、区域直至联邦的层级鲜明、纵向贯通、自上而下、垂直统一的应急管理体系。其中，应急物资逆向物流管理的体系结构也与此相同。

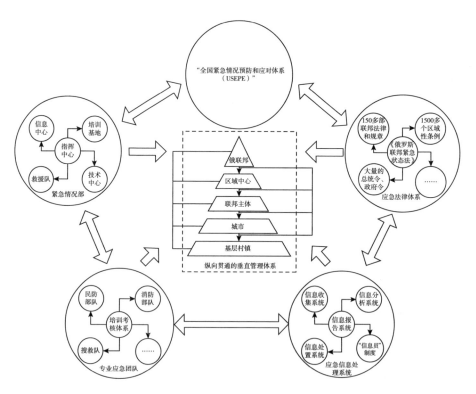

图 10-4 俄罗斯"垂直统一型"应急管理体系和能力建设模式

这个体系突出了决策系统和执行系统的协同合作，总统和联邦安全会议具有决策的强势，紧急情况部有独立部队的支持，有层级分明的垂直管理模式，保证了应急物资逆向物流管理的高效、快捷。

（二）俄罗斯应急物资逆向物流管理的人力资源保障

俄罗斯拥有强大的专业应急团队，不仅应急资源保障到位，而且应急物资逆向物流能够快速响应。一方面，俄罗斯拥有消防队、搜救队、水下设施事故救援队、小型船只事故救援队、心理医疗救援队、救援物资逆向处置等多支专业应急救援和应急物资逆向处置力量，其中仅联邦一级的航空救助队就拥有多种专业的救援设备和技术，如直升机和运输机、航空器材特种汽车、纤维光学设备、液压气压装置以及特制潜水服和呼吸装置等，并且可得到内务部、国防部及其所属武装力量的协助。同时，俄罗斯为了提高专业应急管理及援助人员、专业逆向物流人员的综合素质，建立了领导培训体系、专业救援人员以及专业逆向物流培训和考核体系。另一方面，俄罗斯联邦国家储备局统一负责紧急状态所需要的物资采购与储存，该部门会根据需要及时补充或增加新的补给。

（三）俄罗斯应急物资逆向物流管理的技术保障

功能强人、反应灵敏的信息报告系统是俄罗斯应急物资逆向物流管理体系的"善治经脉"。

俄罗斯在 2010 年设置国家危机管理中心（国家应急管理中心），并在俄紧急情况部的各个地区中心设立分支机构，从而形成统一的信息空间，完善全国危机情况预防和应对体系。另外在基层，全俄境内每个居民点均设置了"信息员"，其主要责任是将灾害的实时情况通过网络报告的渠道报送给紧急情况部。危机管理中心信息平台与卫星通信系统相结合，自主运营，移动指挥和控制，可实时通过视频转播和网络了解灾害和救援进展情况，并及时做出预测预报、救援部署和调整、安排后勤物资等，并将权威准确的信息传递给公众。

同时，公众可以根据灾害和救援之后所遗留的救援物资情况，及时向各个居民点反馈，每个居民点的"信息员"均可根据居民反馈的信息，及时合理处置遗留的救援物资，减少资源的浪费。同时居民点"信息员"处置遗留的救援物资后，向各个地区的紧急情况部汇报情况，所有的信息及时记录，所有的数据均形成统一的信息空间，可随时监督追踪。

（四）俄罗斯应急物资逆向物流管理的法律保障

俄罗斯的应急法律体系也相当完善，其在苏联时期分别颁布了《紧急状态法律制度法》和《联邦紧急状态法》，普京执政时期又制定了《俄罗斯联邦紧急状态法》和《俄罗斯联邦战时状态法》，这标志着俄罗斯危机管理的法律体系已经基本确立。俄罗斯以宪法和紧急状态法为基础，总共制定有150多部联邦法律和规章、1500多个区域性条例以及大量的总统令、政府令。这一系列法律法规的设立，总体上体现了国家的法治原则，对应急管理过程的各个环节和层面都有比较详细科学的规范，并向专业化和专门化发展，针对各种具体的紧急情况政府出台许多单行法，另外也允许各种地方政府因地制宜，制定本辖区范围内的应急法规标准，从而有力地保障了俄罗斯应急物资逆向物流管理在制度化、规范化轨道上运行。

四、欧洲国家经验对我国应急物资逆向物流管理体系构建的启示

（一）提高对应急物资逆向物流管理的认识，逐步完善应急物资逆向物流管理的立法

通过多种形式和方法，加强对应急物资逆向物流管理的教育和宣传，提高全民对应急物资逆向物流管理重要性的认识，这对于提高应急物资逆向物流管理能力是十分有益的。各级政府必须秉着对人民负责、最大限度地保障人民群众的生命健康的态度来对待应急物资逆向物流管理工作，强化责任意识，加强对应急物资逆向物流管理的组织和领导，踏踏实实、真抓实干，努力提高我国应急物资逆向物流管理体系的建设和管理水平。

目前，我国虽已有多部与应急物资逆向物流相关的法律，比如《救灾物资回收管理暂行办法》《医疗机构废弃物综合治理工作方案》《国家突发公共事件医疗卫生救援应急预案》等，不少地方政府也已相继出台了一些相关的地方法规，但已有的相关法律法规显得有些不成体系，执行起来还可能相互"打架"。尽快出台针对应急物资逆向物流管理的"基本法"，对科学、规范、有序地开展应急物资逆向物流管理工作关系重大。相关的立法应该借鉴和吸收国际一些成熟的经验和做法，在组织机构设置、职能重组、资源组织、管理体制等方面要有一定的前瞻性和预见性，要能够为我国应急物资逆向物流管理体

制的改革与发展指明前进的方向。

（二）健全应急物资逆向物流管理组织体系，优化政府应急物资逆向管理职能

依据以上几个国家的经验，应急组织体系的构建应坚持"分级负责，属地管理"的原则，形成"纵向一条线，横向一个面"的组织格局，成为应对突发公共事件的强有力的组织体系。

由于历史原因，我国在计划经济体制条件下形成的分部门、分灾种进行应急物资逆向管理的模式，至今还没有发生大的改变。这种单一的管理模式表面看起来各司其职、各负其责，但由于缺乏有机的集成，常常会出现推诿、扯皮等现象，特别是在应对极端事件等复杂局面时，因为缺乏必要的协同机制，必然会影响应急反应的速度和效率。

另外，公安、卫生、交通、消防等由于分散管理、多头领导，使得车辆、人员等资源得不到高效的利用，造成既紧张又浪费的结果，对解决实际问题十分不利。所以，要学习和研究国际上的一些先进做法，在全局范围内优化政府应急职能，最大限度调集和整合应急力量，使应急物资逆向物流工作得到充分的资源保障。

（三）加快应急物资逆向物流电子政务发展，加强应急物资逆向科技研究

应急信息系统是应急管理的"大脑"，是传递应对突发公共事件各种信息、做出各种应急决策的基本载体。现代信息通信技术在应急管理中的应用使得应急电子政务应运而生，并已成为当今各级政府提

高应急管理水平所面临的一项重要任务。应急电子政务的建设要考虑到我国的国情和政情的实际，要考虑到各级党政机关的决策需求和群众的参与便利，成为党和政府以及广大群众共同参与应急物资逆向物流的重要平台。

随着科学技术的快速发展，应急物资逆向管理对科学技术的要求也越来越高，特别是近些年来，不断暴发的各种疾病、自然灾害，对于物资需求预测以及救援物资的紧急回收、物资的紧急配送等都起到了重要的作用。与此同时，还必须认识到，要提高应急物资逆向物流管理的水平和层次，离不开一大批高素质的应急专门人才发挥基础性的支撑作用。在这一点上，我们的基础还非常薄弱，无论是应急科技的研究，还是应急专门人才的培养，都不能与日本、美国、澳大利亚等国同日而语，必须从资金支持、政策鼓励等多方面入手，及时补上应急"木桶"的这块"短板"，否则，很难真正提升应急物资逆向物流管理的水平。

应急物资逆向物流管理工作在面临"技术要求越来越高、处置难度越来越大"挑战的同时，应急处置所积累的知识和经验也变得越来越多。在信息技术高度发达的今天，建立起科学完善的应急知识共享体系，不但很有必要，而且也比较容易实现。应急知识库是应急知识共享体系的基础资源，是专门用来为应急决策服务的高级知识资源库，包含与应急相关的各种知识、技能、经验和技巧，通过网络的应用可使得该数据库实现充分的共享和全方位的动态更新。政府有关部门应在政策和机制上对这样的知识库予以足够的支持，号召应急人员最大限度地应用和参与更新，使其成为应急物资逆向物流决策最有效的智囊库。可以肯定，高科技应急已成为一种必然的趋势，必须顺应这种潮流，让高科技更好地为应急物资逆向物流管理服务。

（四）加强应急物资逆向物流教育宣传，重视社会力量在应急物资逆向物流管理中的作用

当与人民群众关系密切的突发公共事件发生后，大量的救援物资不及时回收清理会给环境、人民健康造成危害，也会浪费资源，但现阶段我国对于应急物资逆向物流的处置措施尚不全面，人们的回收处理意识较为薄弱。我们要通过多种方式和手段扩大对公众的应急物资逆向物流宣传，尽力使人们了解到救灾物资有效回收的优点。具体可以通过编印通俗读本、摄制和播放影像资料、知识讲座、网上宣传等多种形式，向公众传播医疗废弃物、救援物资回收利用等专门知识，让公众逐步了解到应急物资逆向物流，及时回收清理救援物资，节约资源、保护环境。

毫无疑问，政府是参与突发公共事件应急物资逆向物流处置的主力军，无论在资金、人员的投入，还是在应急物资逆向物流事件的组织、指挥、协调、管理等各个方面，都占据主导地位。但考虑到我国的国情，以及应急物资逆向物流工作的实际需要，可以大胆探索市场经济体制下拓宽应急思路的可行方法。根据澳大利亚等国的经验，可以充分发动民间力量参与到应急物资逆向物流事务的处置中来，政府可以通过政策引导、经费资助、规范指导等多种途径使民间应急逆向物流力量得到发展壮大，成为政府应急逆向物流力量的重要补充。

（五）积极参与国际交流，加强国际合作

从全球范围来看，世界各国普遍面临着包括新型传染病、恐怖主

义、网络攻击、战争和自然灾害等人类可能面临的各种突发公共事件灾难，尽管国与国之间、地区与地区之间有着明显的边界限制，但很多突发公共事件，比如新型传染病并没有边界的局限，救援物资逆向物流、医疗废弃物处置也没有国界。面对共同面临的挑战和威胁，各国政府和人民根本的选择就是加强合作与交流，形成合力、共同应对。

"全球化问题，全球性解决"，这是全世界在近些年经历了SARS、禽流感、疯牛病等袭击以后，救援物资出现大量浪费现象后得出的结论。作为有14亿人口的发展中国家，在经济、科技相对落后，应对突发公共事件应急物资逆向物流方面的经验、技术和条件等方面都还很欠缺的情况下，尤其需要加强国际间的交流与合作。在交流中学习、在合作中提高，把中国融入世界应急物资逆向物流管理的大背景中去，必然会赢得更大进步和发展。

参考文献

［1］袁强，张静晓，陈迎．建立我国应急物流体系的构想与对策——基于新冠肺炎疫情防控的经验教训［J］．开放导报，2020（3）：86－92．

［2］邹江，陈俞佳．军民融合式应急物流体系构建研究［J］．经济研究导刊，2019（33）：49，54．

［3］杜潘．我国应急物流体系构建及优化研究［D］．兰州：兰州大学，2016．

［4］程琦，云俊．论自然灾害应急物流管理体系的构建［J］．武汉理工大学学报（社会科学版），2009，22（1）：18－22．

［5］TOVIA F. An emergency logistics response system for natural disasters［J］. International Journal of Logistics Research and Applications，2007，10（3）：173－186．

［6］谢如鹤，邱祝强．论应急物流体系的构建及其运作管理［J］．物流技术，2005（10）：78－80．

［7］李旭东，王耀球，王芳．突发公共卫生事件下基于区块链应用的应急物流完善研究［J］．当代经济管理，2020，42（4）：57－63．

［8］刘伯超．我国灾害性事件应急物流法律保障机制问题与对策［J］．物流技术，2015，34（3）：65－67，71．

［9］刘俊．军民融合应急物流体系保障力生成机理及仿真研究［D］．西安：长安大学，2014.

［10］徐慧敏．美日灾害性事件应急物流体系法律保障机制分析及对我国的启示［J］．物流技术，2014，33（9）：64－66，77.

［11］张薇．应对自然灾害的应急物流保障机制研究［J］．物流技术，2013，32（17）：103－105.

［12］刘霞，严晓，周微．我国应急保障建设的现状、问题与对策［J］．经济体制改革，2010（3）：11－16.

［13］欧忠文，李科，姜玉宏，等．应急物流保障机制研究［J］．物流技术，2005（9）：13－15.

［14］刘明，李颖祖，曹杰，等．突发疫情环境下基于服务水平的应急物流网络优化设计［J］．中国管理科学，2020，28（3）：11－20.

［15］ZAHEDI A，KARGARI M，KASHAN A H. Multi－objective decision－macking model for distribution planning of goods and routing of vehicles in emergency［J］. International Journal of Disaster Risk Reduction，2020，48：101587.

［16］冯情情．华东地区应急物流配送网络规划研究［D］．福州：福州大学，2017.

［17］徐琴，马祖军，李华俊．城市突发公共事件在应急物流中的定位——路径问题研究［J］．华中科技大学学报（社会科学版），2008（6）：36－40.

［18］TZENG G H，CHENG H J，HUANG T D. Multi－objective optimal planning for designing relief delivery systems［J］. Transportation Research Part E：Logistics and Transportation Review，2007，43（6）：

673 – 686.

［19］MATSUTOMI T，ISHII H. An emergency service facility location problem with fuzzy objective and constraint ［C］// IEEE International Conference on Fuzzy Systems. IEEE，1992.

［20］李柯，谭柱森，唐小艳. 基于贝叶斯网络的应急物流风险预测与控制研究 ［J］. 物流科技，2017，40（2）：98 – 101，106.

［21］王庆荣，赵小柠，杨景玉. 基于粒子群算法的虚拟应急物流风险识别投影寻踪模型 ［J］. 兰州交通大学学报，2013，32（1）：142 – 145.

［22］张杰，汤齐. 基于 BP 神经网络的企业应急物流风险管理 ［J］. 物流技术，2012，31（15）：229 – 232.

［23］王艳秋. 应急物流系统风险因素识别与评价研究 ［D］. 长沙：长沙理工大学，2012.

［24］李志伟. 基于 AHP 法与 BP 神经网络的应急物流风险评估与预测模型 ［J］. 物流技术，2008（9）：75 – 77.

［25］姚峣. 基于 BP 人工神经网络的应急物流绩效评价研究 ［D］. 武汉：武汉理工大学，2017.

［26］张乃平，姚峣，陈龙，等. 基于证据推理的应急物流绩效评价方法研究 ［J］. 物流科技，2016，39（7）：32 – 37.

［27］张强. 军地应急物流配送模型及绩效评估研究 ［D］. 西安：长安大学，2014.

［28］冀巨海，张锐芳. 基于可拓物元模型的粮食应急物流系统绩效评价 ［J］. 物流技术，2014，33（1）：130 – 133.

［29］杨雪，宋爱峰，王菲. 基于 DEA 的自然灾害应急物流绩效

评价 [J]. 物流技术, 2014, 33 (3): 75-78.

[30] 陈蕙珍, 杨育, 杨涛, 等. 地震灾害下应急物流系统绩效评价 [J]. 计算机应用研究, 2013, 30 (6): 1656-1659.

[31] 任慧, 王东宇. 基于云服务的考虑预期调配的应急物资储备策略 [J]. 中国管理科学, 2020, 28 (3): 31-39.

[32] 周敏. 地震灾害下应急物资需求预测与供应策略仿真研究 [D]. 北京: 北京交通大学, 2019.

[33] 张磊. 面向地震灾情时序变化的应急救援物资需求动态预测研究 [J]. 灾害学, 2018, 33 (3): 161-164.

[34] 郭子雪, 韩瑞, 齐美然. 基于多元模糊回归的应急物资需求预测模型 [J]. 河北大学学报 (自然科学版), 2017, 37 (4): 337-342.

[35] 陈艺娴. 救灾应急物资需求预测与储备管理研究 [D]. 重庆: 重庆邮电大学, 2016.

[36] 王兰英, 郭子雪, 张玉芬, 等. 基于直觉模糊案例推理的应急物资需求预测模型 [J]. 中国矿业大学学报, 2015, 44 (4): 775-780.

[37] 亢丽君. 粒子群优化 BP 神经网络在应急物资需求预测中的应用研究 [D]. 兰州: 兰州交通大学, 2013.

[38] DAVIDSON R, NOZICK L, DODO A, et al. Equity in regional earthquake mitigation investment [C]. In Proceedings Symposium on Risk Modeling and Loss Reduction Strategies for Natural and Technological Hazards, Part of 9th International Conference on Structural Safety and Reliability-ICOSSAR05, Rome, 2005: 19-23.

309

［39］扈衷权，田军，冯耕中．基于数量柔性契约的双源应急物资采购定价模型［J］．中国管理科学，2019，27（12）：100－112．

［40］田军，张海青，汪应洛．基于能力期权契约的双源应急物资采购模型［J］．系统工程理论与实践，2013，33（9）：2212－2219．

［41］张琳，田军，杨瑞娜，等．数量柔性契约中的应急物资采购定价策略研究［J］．系统工程理论与实践，2016，36（10）：2590－2600．

［42］刘乃娟．应急物资采购的供应商选择研究［D］．北京：北京交通大学，2011．

［43］刘扬，张国富，苏兆品，等．救灾物资多阶段分配与调度问题建模与求解［J］．控制与决策，2019，34（9）：2015－2022．

［44］张国富，王永奇，苏兆品，等．应急救援物资多目标分配与调度问题建模与求解［J］．控制与决策，2017，32（1）：86－92．

［45］王海军，杜丽敬，胡蝶，等．不确定条件下的应急物资配送选址－路径问题［J］．系统管理学报，2015，24（6）：828－834．

［46］胡飞虎，马贝龙，杨丽，等．基于改进遗传算法的应急物资配送车辆调度优化问题研究［J］．计算机应用研究，2014，31（10）：2928－2932，2936．

［47］缪成，许维胜，吴启迪．大规模应急救援物资运输模型的构建与求解［J］．系统工程，2006（11）：6－12．

［48］ZONOUZI M N, KARGARI M. Modeling uncertainties based on data mining approach in emergency service resource allocation［J］. Computers & Industrial Engineering, 2020, 145.

［49］王熹徽，张文鑫，余玉刚，等．考虑灾民痛苦感知的应

急避难所选址与物资分配优化［J］. 中国管理科学，2020，28（12）：162 – 172.

［50］熊晓雯. 地震灾害应急医学救援物资优化配置和调度方法研究［D］. 北京：军事科学院，2019.

［51］王卫国. 城市地震灾害应急救援资源配置规划研究［D］. 天津：天津大学，2016.

［52］王新平，王海燕. 多疫区多周期应急物资协同优化调度［J］. 系统工程理论与实践，2012，32（2）：283 – 291.

［53］唐康. 基于受灾点需求动态变化的多阶段应急物资分配问题研究［D］. 杭州：浙江大学，2011.

［54］陈达强. 基于应急系统特性分析的应急物资分配优化决策模型研究［D］. 杭州：浙江大学，2010.

［55］林朝阳. 逆向应急物流管理机制构建［J］. 现代商业，2016（34）：125 – 126.

［56］王浩，郭瑞东. 应对突发事件的逆向应急物流体系构建研究［J］. 经济论坛，2015（10）：114 – 116.

［57］赵淑红. 逆向应急物流管理机制构建［J］. 商业时代，2014（36）：25 – 26.

［58］郭婧博. 自然灾害下应急逆向物流的系统动力学模型研究及仿真［D］. 重庆：重庆大学，2013.

［59］郭影，孟庆春，戎晓霞. 基于临期回收和响应供给策略的易逝性应急物资库存决策研究［J］. 中国管理科学，2019，27（11）：127 – 137.

［60］BROWN C，MILKE M. Recycling disaster waste：Feasibility，

method and effectiveness ［J］. Resources, Conservation and Recycling, 2016 (106)：21 – 32.

［61］廖灿，李剑敏，刘佩. 基于博弈论的应急产品逆向物流机制探讨 ［J］. 科技管理研究，2012，32（10）：225 – 228.

［62］周树尧，葛洪磊，郑思远，等. 政企合作模式下基层应急物资储备点的选址与库存决策模型 ［J］. 现代商贸工业，2020，41（15）：19 – 20.

［63］余佳，王维莉，韩新，等. 考虑逆向物流的应急物资配置流程 SPN 建模分析 ［J］. 中国安全生产科学技术，2019，15（4）：12 – 18.

［64］BATTINI D，PERETTI U，PERSONA A，et al. Sustainable humanitarian operations：closed – loop supply chain ［J］. International Journal of Services and Operations Management，2016，25（1）：65 – 79.

［65］孙丹丹，李珂，谢礼斌，等. 需求和成本扰动下闭环供应链的应急决策及协调研究 ［J］. 山东大学学报（理学版），2020，55（7）：88 – 102，110.

［66］蔡凌. 危险化学品突发环境事件应急处置方法及决策支持系统构建研究 ［D］. 天津：天津大学，2017.

［67］郭婧博，杨育，于鲲鹏，等. 基于系统动力学的自然灾害应急物流逆向回收决策研究 ［J］. 计算机应用研究，2013，30（7）：1979 – 1982.

［68］JANG Y C，LEE C，YOON O S，et al. Medical waste management in Korea ［J］. Journal of Environmental Management，2006，80（2）：107 – 115.

［69］全洁. 医疗废弃物物流体系的构建与演化研究 ［D］. 北

京：北京邮电大学，2019.

［70］卢冰原，黄传峰．物联网下的城市医疗废弃物多级协作处理模式研究［J］．物流技术，2014，33（1）：310－313，327.

［71］石丽红．城市医疗废弃物回收处理模式及其网络研究［D］．大连：大连海事大学，2011.

［72］ANANTH A P, PRASHANTHINI V, VISVANATHAN C. Healthcare waste management in Asia［J］．Waste Management，2010，30（1）：154－161.

［73］赵亚东．不确定条件下考虑环境影响的医疗废弃物物流运作优化研究［D］．沈阳：东北大学，2013.

［74］AUNG T S, LUAN S, XU Q. Application of multi－criteria－decision approach for the analysis of medical waste management systems in Myanmar［J］．Journal of Cleaner Production，2019，222：733－745.

［75］田华，徐琳娜．安定区动物医疗废弃物收集处置指标评估优化体系［J］．畜牧兽医杂志，2015，34（3）：77－79.

［76］邓乔丹．广东部分医院医疗废弃物管理水平调查及评价研究［D］．广州：广州中医药大学，2011.

［77］YU H, SUN X, SOLVANG W D, et al. Reverse logistics network design for effective management of medical waste in epidemic outbreaks：insights from the coronavirus disease 2019（COVID－19）outbreak in Wuhan（China）［J］．International Journal of Environmental Research and Public Health，2020，17（5）：1770.

［78］李凌云．医疗废弃物逆向物流网络研究［D］．西安：西安电子科技大学，2019.

［79］肖鸿，陈丽因．三明城市医疗废弃物回收物流网络规划［J］．三明学院学报，2019，36（6）：65－72．

［80］刘晓艳．城市医疗废弃物回收处理及其回收网络规划研究［D］．杭州：浙江工业大学，2019．

［81］蒲松，夏嫦．城市医疗废弃物回收路径的鲁棒优化模型［J］．系统工程，2018，36（6）：117－123．

［82］郑晨光，温兴漳，王李冬．基于物联网的医疗废弃物智能管理技术研究［J］．计算机科学与应用，2019（7）：1239－1244．

［83］方书起，崔俊乐，白净，等．医疗固体废弃物处理技术综述［J］．应用化工，2019，48（11）：2677－2681，2687．

［84］马颖慧.GIS在医疗废弃物管理中的应用［D］．扬州：扬州大学，2011．

［85］蔡克绳．基于物联网的应急物流信息系统的构建与评价研究［D］．兰州：兰州理工大学，2014．

［86］杨小春．基于应急物流的物流信息系统的构建研究［J］．电子商务，2017（6）：5－6．

［87］马荣华．基于物联网技术的城市突发公共事件应急物流联合信息平台构建［J］．物流技术，2014（24）：94－97．

［88］丁璐，赵兰迎，李立，等．基于物联网的地震救援装备物资应急物流技术系统研究［J］．灾害学，2020，35（2）：200－205．

［89］HSU M－H，CHEN A S，CHEN L－C，et al. A GIS－based Decision Support System for Typhoon Emergency Response in Taiwan［J］. Geotechnical and Geological Engineering，2010，29（1）：7－12．

［90］卢冰原，吴义生，黄传峰．物联网环境下的城市逆向应

急物流联合体协作平台研究 ［J］. 科技管理研究，2013，33（17）：220 – 226.

［91］周丽芬. 基于物联网技术的逆向应急物流联合体协作平台研究 ［J］. 物流技术，2014，33（15）：400 – 402.

［92］周子舒. 物联网背景下逆向物流信息系统的构建研究 ［J］. 商场现代化，2016（2）：50 – 51.

［93］吴幸妮，孟利清. 废弃木材逆向物流体系中 RFID 技术的应用研究 ［J］. 物流工程与管理，2018，40（7）：89 – 90.

［94］KIM T, GLOCK C H. On the use of RFID in the management of reusable containers in closed – loop supply chains under stochastic container return quantities ［J］. Transportation Research Part E, 2014, 64：12 – 27.

［95］游志斌，魏晓欣. 美国应急管理体系的特点及启示 ［J］. 中国应急管理，2011（12）：46 – 51.

［96］赵丽梅. 美国国家安全视野中的突发公共卫生事件对策研究（1992—2008）［D］. 长春：东北师范大学，2015.

［97］郑静晨. 美国国家应急医疗救援体系的建设与启示 ［J］. 中国行政管理，2014（1）：119 – 123.

［98］胡倩. 美国应急管理组织间网络研究述评 ［J］. 公共管理与政策评论，2019，8（1）：31 – 39.

［99］吴大明，宋大钊. 美国应急管理法律体系特点分析与启示 ［J］. 灾害学，2019，34（1）：157 – 161.

［100］吉荣荣，雷二庆，徐天昊. 美国公共卫生医学应急物资研发储备管理研究 ［J］. 中华医学科研管理杂志，2013（2）：89 – 93.

［101］吴晓涛. 美国突发事件应急准备理念的新特点及启示

［J］．灾害学，2014，29（2）：123－127.

　　［102］俞祖成．日本地方政府公共卫生危机应急管理机制及启示
［J］．日本学刊，2020（2）：12－22.

　　［103］姚国章．日本突发公共事件应急管理体系解析［J］．电子
政务，2007（7）：58－67.

　　［104］黄杨森，王义保．发达国家应急管理体系和能力建设：模
式、特征与有益经验［J］．宁夏社会科学，2020（2）：90－96.

　　［105］陈成文，蒋勇，黄娟．应急管理：国外模式及其启示
［J］．甘肃社会科学，2010（5）：201－206.

　　［106］刘助仁．灾害应急管理：国际经验的审视与启示［J］．郑
州航空工业管理学院学报，2010，28（4）：101－105.

　　［107］黎昕，王晓雯．国外突发事件应急管理模式的比较与
启示——以美、日、俄三国为例［J］．福建行政学院学报，2010
（5）：17－21.

　　［108］姚国章．典型国家突发公共事件应急管理体系及其借鉴
［J］．南京审计学院学报，2006（2）：5－10.

　　［109］谭小群，陈国华．美国应急管理合作对我国跨区域应急管
理的启示［J］．工业安全与环保，2011，37（10）：51－53，56.

　　［110］张骞．基于环境友好的报废汽车蓄电池回收可行性评价研
究［D］．上海：上海第二工业大学，2019.

　　［111］葛静燕．闭环供应链契约协调问题研究［D］．上海：上
海交通大学，2007.

　　［112］周向红，成鹏飞，李丹萍．具有行为偏好的再制造闭环供
应链定价研究综述［J］．物流技术，2018，37（5）：112－118.

［113］康晨阳.信息不对称时双渠道销售和不同回收模式下闭环供应链的定价策略［D］.青岛：青岛大学，2019.

［114］于菲.物流器具绿色闭环供应链管理的双向决策与政策激励［D］.北京：北京交通大学，2019.

［115］宫艳雪.不确定条件下闭环供应链管理若干问题的研究［D］.上海：华东理工大学，2011.

［116］贺琳.论自然灾害应急物流管理体系的构建［J］.科学技术创新，2020（4）：186－187.

［117］刘昕昱.对条码技术在空港物流应用的几点探讨［J］.才智，2019（7）：240.

［118］邵海龙，敖勇，吴谆谆，等.基于RFID的物联网技术在物流仓储管理中的应用［J］.物流技术与应用，2018，23（6）：139－141.

［119］阮舟一龙，陆琳.基于物联网技术的应急物流研究［J］.江苏商论，2011（9）：60－62.

［120］王立民，李丛新，牟晓娜.GPS在中小型物流公司中的应用及探究［J］.现代农业研究，2018（7）：77－78，72.

［121］黎亮.北斗/GPS双模差分定位系统及卫星导航天线研究［D］.成都：电子科技大学，2020.

［122］王淑慧.北斗卫星导航系统在道路运输中的应用［J］.中国新通信，2020，22（11）：117－118.

［123］张月华.基于ARM的GPS/GPRS/GIS物流配送车辆调度管理系统设计［D］.重庆：重庆大学，2012.

［124］刘晓华，易颖.EDI在我国应用的现状及其前景［J］.商

场现代化，2007（1）：113 - 114.

［125］王明刚.EDI 数据中心信息集成研究［D］.大连：大连海事大学，2012.

［126］王德迅.日本危机管理体制机制的运行及其特点［J］.日本学刊，2020（2）：1 - 7.